U0139512

谎

《吴越春秋》 里的忠与谋

董铁柱 著

中华书局

图书在版编目（CIP）数据

"谎":《吴越春秋》里的忠与谋/董铁柱著. —北京:中华书局,2024.4

ISBN 978-7-101-16574-6

Ⅰ.谎… Ⅱ.董… Ⅲ.《吴越春秋》–研究 Ⅳ.K225.04

中国国家版本馆 CIP 数据核字(2024)第 049629 号

书　　名	"谎":《吴越春秋》里的忠与谋
著　　者	董铁柱
责任编辑	董洪波
封面设计	王铭基
责任印制	陈丽娜
出版发行	中华书局
	（北京市丰台区太平桥西里 38 号　100073）
	http://www.zhbc.com.cn
	E-mail:zhbc@zhbc.com.cn
印　　刷	河北新华第一印刷有限责任公司
版　　次	2024 年 4 月第 1 版
	2024 年 4 月第 1 次印刷
规　　格	开本/880×1230 毫米　1/32
	印张 11⅞　插页 3　字数 255 千字
印　　数	1-6000 册
国际书号	ISBN 978-7-101-16574-6
定　　价	68.00 元

　　董铁柱　美国加州大学伯克利分校东亚语言文化系哲学博士，现为北京师范大学－香港浸会大学联合国际学院副教授。主要研究方向为中国古代思想和文学，出版有《孔子与朽木——中国传统思想的现代诠释》《演而优则士：〈世说新语〉三十六计》等，译有《与历史对话：二十世纪中国对越王勾践的叙述》《重读鲁迅：荣格的参照视角》，在《文史哲》《孔子研究》等刊物上发表论文数十篇。

目录

从《吴越春秋》看"说谎"

一、伍子胥和勾践：两个"说谎"大师的较量

在中国，越王勾践可谓是一个家喻户晓的人物。一说起他，几乎每个人都会想到"卧薪尝胆"这个成语——越国被吴国打败后，勾践在吴国为奴多年，忍辱负重；回到越国后的他决意复仇，于是在座位上挂了一颗苦胆，坐着卧着都要看苦胆，吃饭时也尝一下胆的苦涩之味，提醒自己不要忘记仇恨与屈辱。最终勾践带领越国人民发奋图强，一雪前耻，击溃了吴国。

在这个故事中，很多人都可能忽略了一个细节：勾践卧薪尝胆背后的真实目的，吴王夫差并不知晓。在夫差面前，勾践一直扮演着一个乖顺臣子的角色，毫无破绽地掩饰了自己的复仇之心。或者可以说，勾践的"卧薪尝胆"是以其对夫差的成功"欺骗"为前提的。他不但是一个能够忍辱负重的人，而且也是一个善于"说谎"的人。

和尝胆相比，勾践为了复仇吃过更加令人吃惊的东西——夫差的粪便。在被吴国打败之后，勾践曾带着妻子和大臣范蠡远赴

吴国为奴，其间夫差患病久治不愈，勾践便询问范蠡有何良策。范蠡说夫差其实即将痊愈，建议勾践前去求见夫差，表示能通过尝他的粪便来判断病情。勾践依计而行，尝过后，恭喜夫差大病将愈，从而一举获得了夫差的信任，也为自己能够顺利返回越国展开复仇大计打下了坚实的基础。勾践这般令人瞠目结舌的举动无疑配得上顶级"说谎"高手的称誉——高的不仅在于骗术，更在于为了"说谎"而不顾一切的态度。

在吴越争霸的过程中，还有一位"说谎"大师，那就是伍子胥。很多人对于伍子胥的印象，停留在其为了替父亲报仇而历经艰难险阻，最终带领吴国大军大破楚国后鞭打楚王之尸，或是力谏吴王夫差而不得，最终壮烈地死去。对父亲来说，他是孝子；对吴王而言，他是忠臣。[1]

其实，身负孝子忠臣之名的伍子胥也是一位不折不扣的"说谎"高手。当父亲伍奢为奸臣陷害而被捕后，伍子胥也受到了楚王的追捕。他一路逃窜，靠的就是不停地"说谎"来隐瞒自己的身份和意图。在最终到了吴国后，伍子胥先是伪装成疯子在集市上乞讨；在知晓公子光想要篡位的野心之后，他又伪装成农夫在田野耕作，制造与公子光偶遇的假象；为了帮助公子光实现抱负，他又将刺客专诸献给公子光，然后骗吴王僚前来赴宴，成功行刺，使公子光成为了吴王阖闾；但是当阖闾询问他该如何治国时，他依然隐藏了自己想要杀回楚国复仇的目的，说自己并不知道如何治国。

吴越两国的争霸看似是越王勾践和吴王夫差之间的较量，实则是勾践和伍子胥这两位"说谎"高手之间的比拼。勾践试图

"欺骗"夫差，获得后者的信任；而伍子胥则看破了勾践的伪装，努力让夫差了解勾践的真面目，却以失败告终。可以说，勾践最终的成功离不开"说谎"、隐瞒和掩饰；而吴国的失败，则在于说真话的伍子胥无法获得夫差的信任。"说谎"成为了吴越之间博弈的一个决定性因素。

二、为什么要"说谎"

1. 赵晔与《吴越春秋》

也许有人会问，这些关于勾践和伍子胥"说谎"和"欺骗"的情节，似乎在司马迁的《史记》里看不到，在《左传》中也没有详细的记载？没错，尽管司马迁在《越王勾践世家》《吴太伯世家》和《伍子胥列传》中详细讲述了吴越争霸的经过，尽管《左传》是记录吴越争霸最为古老的历史文献，但是并没有告诉我们这些情节。让两千年后的我们能真切感受到勾践和伍子胥斗智斗勇的，是赵晔的《吴越春秋》。

赵晔（生卒年不详）生于东汉，字长君，绍兴人，相关事迹在《后汉书·儒林传》有记载。他早年为县吏，后拜经学大师杜抚为师，习韩诗。根据杜抚的生平，赵晔应该活跃于公元1世纪晚期。赵晔著有《诗细》《历神渊》和《吴越春秋》等。蔡邕对《诗细》颇为赞赏，以为胜于王充《论衡》，可惜今不传。

《吴越春秋》原书12卷，今存10卷。前5卷叙吴，起自太伯，迄于夫差；后5卷记越，始于无余，终至勾践。和《史记》《国语》《越绝书》等其他史料相比，《吴越春秋》更为详尽地讲述了勾践战败称臣，十年生聚、十年教训，最终灭吴称霸的整个过程。

正是由于"详尽"二字,《吴越春秋》被认为糅合了除正史之外的其他资料,因而长期被归类于稗史或小说。《四库总目提要》称:"(《吴越春秋》)近小说家言,然自是汉、晋间稗官杂记之体。徐天祐以为不类汉文,是以马、班史法求之,非其伦也。"要言之,《吴越春秋》不类汉文,与司马迁《史记》和班固《汉书》的不同在于有"失实之处"。这样的描述很自然地让我们觉得《史记》和《吴越春秋》的主要区别之一在于《史记》"实"而《吴越春秋》"失实"。亦即如果说《史记》描述的吴越争霸过程是真实的,那么《吴越春秋》所告诉读者的就是虚构的,是一种"谎言"。

因此,"谎"在《吴越春秋》中具有了两层含义:第一,它大量描述了吴越争霸过程中出现的各种"谎言";第二,它的叙述本身就被人视为一种"谎言"。那么,马上有一个问题出现:为什么《吴越春秋》要用看似失实的方式来"说谎"呢?

一个显而易见的答案是,赵晔的叙述将"说谎"视为决定吴越争霸成败的重要因素。之所以要强调"赵晔的叙述",是因为无法用直接的文本证据证明赵晔本人的想法,我们作为读者的解读都基于他所叙述的文字。在赵晔的叙述中,无论是对国家还是个人而言,"说谎"都成为了获取荣耀的关键所在。当越王勾践和伍子胥分别通过"说谎"一雪前耻,站在自己的人生巅峰时,作为读者的我们自然会为他们鼓掌。可是且慢,如果说他们得到的荣耀是站在"说谎"的基础之上,那么他们是否配得上我们的掌声呢?或者说,赵晔是不是在引导我们思考道德的相对性呢?

以勾践为例，他的卧薪尝胆既是忍辱负重的榜样，又可以被视为"欺骗"吴王夫差之举；我们究竟应该如何评价通过"欺骗"而获得的胜利呢？赵晔的叙述不仅告诉了我们吴越争霸的故事，更引导着我们去思考诸多的哲学问题，而打开这些问题的钥匙则是"谎言"。

2. "谎言"是什么

这是一本关于"说谎"的书。因此，也许我们需要先厘清《吴越春秋》中所讲述的"谎言"的性质。也就是说，在赵晔的叙述中，"谎言"是什么？之所以要再次强调"赵晔的叙述"，是因为每个人对"谎言"都可能存在着不同的理解和判断；而之所以问的是"'谎言'是什么"，而不是"什么是谎言"，是因为我们需要的不是给"谎言"下一个准确的定义，而是试图揭橥在赵晔对吴越争霸的叙述中，"谎言"扮演着什么样的角色。

在赵晔的叙述中，"谎言"首先是政治舞台中一个正面且积极的因素。它消解了君臣关系的二元对立，君臣之间不再具有绝对的权威或臣服，"说谎"的能力成为了君臣互相依赖的关键所在。以吴王阖闾和伍子胥的关系为例，可以清楚地看到阖闾在夺取王位的过程中非常依赖伍子胥的"说谎"能力，正是在伍子胥成功"欺骗"吴王僚的基础上，刺客专诸才能刺杀吴王僚，从而使得公子光成为了吴王阖闾，由此伍子胥获得了打败楚国为父报仇的机会，可以说伍子胥与阖闾互相成就了彼此。

其次，它是道德评判中的重要因素，破除了忠奸善恶的简单对立。再以伍子胥为例，他献计刺杀了吴王僚及其儿子庆忌，在这一过程中他的"说谎"和"欺骗"起到了重要的作用。吊诡的是，伍子胥被认为是忠臣的代表。一个"忠臣"是可以"说谎"的，换而言之，一个"说谎者"也可能是一位"忠臣"。这看上去表明"说谎"不再是辨别忠奸善恶的标准之一，但实际上更加强调了"说谎"在道德评判中的地位。当我们了解伍子胥的"忠"是建立在"说谎"的基础上之后，就会意识到作为正面道德评判的"忠"并非是由纯粹的善组成的，因此我们无法简单地给人贴上善或恶的标签。或者可以说，正是"谎言"的功能，使得人们的道德评判复杂化。

再次，"谎言"是荣辱的调节器。对于个人、家族以及国家荣耀的追求，往往伴随着以雪耻为目的的复仇。在《吴越春秋》中，勾践和伍子胥都经历了遭遇耻辱、忍辱负重、最终一雪前耻获得荣耀的复仇过程，在这一过程中"谎言"起到了决定性的作用。可以说，勾践和伍子胥复仇路上的每一次成功都依赖于"谎言"。但更重要的是，荣辱之间是会不断相互转化的，当伍子胥失去了"说谎"的能力时，他在吴国的地位也就随之下降。这表明"说谎"并不是一个人固有的能力，或者说一个人的"说谎"能力是会变化的，而变化会导致此人荣辱状态的改变。

3. "说谎"的种类

"说谎"能力的变化源于"说谎"种类的多样性，如果我们把一切的"欺骗性"行为都称为"说谎"，《吴越春秋》描述的"说谎"种类可谓多种多样。

第一种分类，从"说谎"的方式来看，可以分为通过言语来表达的"谎言"和主要通过行为来展开的掩饰。这意味着我们所要讨论的"说谎"是广义的"欺骗"行为,和一般意义上的说谎有所不同。

通过言语来表达的"谎言"不必赘言,而我们之所以选择用"说谎"一词来描述后者,是因为即使"主要通过行为来展开的掩饰",也需要在一定程度上借用言语。例如勾践送西施、郑旦给夫差之举,当然是为了满足后者的淫欲从而破坏吴国的朝政。送西施、郑旦主要是一种行为,在这一过程中,勾践掩饰了自己的真实意图。不过在面对吴王之时,范蠡还是会说:"越王勾践窃有二遗女,越国洿下困迫,不敢稽留,谨使臣蠡献之。大王不以鄙陋寝容,愿纳以供箕帚之用。"范蠡所言当然是这一"欺骗"行为的一部分,尽管并非决定性的要素。可以想象,当夫差看到西施的美貌时,范蠡的言语已经是多余的了。

区分是否通过言语来"说谎"的必要性在于对言意关系的理解。众所周知,关于言意关系的探讨,从《庄子》《易传》即已有之,而"言意之辨"在魏晋成为玄学家们所讨论的热门话题之一[2],处于东汉的赵晔在叙述中展现的对该问题的思考,从侧面说明了这一话题具有持续生命力的原因——从古至今社会生活的各个层面都需要探寻言下之意究竟为何。当然,囿于文体之故,赵晔并没有在历史叙述中就这一问题展开明确的哲学性论述,但通过他对上述两种不同"谎言"的描述,我们可以发现语言和行为所造成的"欺骗"具有不同的特点。要言之,与语言相比,人们更容易相信行为,或者可以说,行为具有更强的"欺骗性"。当勾践尝过夫差的粪便后,夫差便彻底相信了他的忠诚,此时伍子胥劝谏说大王不应该"好听须臾之说",夫差反驳说:"寡人有疾三月,曾不闻相国一言,是相国之不慈也……越王……亲尝寡人之溲,是其慈也。"很显然,夫差相信勾践而不信伍子胥,根据的是两者的行为。

这一区分更重要的是让读者体会到了语言的局限性。由于行为的介入,一方面"谎言"也可以得到信任;而另一方面真话依然受到质疑。伍子胥所言无法展现他的忠诚——这在很大程度上体现出了"言不尽意"的无奈。即使伍子胥是在说真话,其意图也会被言语所掩饰。于是在夫差的眼里他的话就成为了谎言。可以说,言不尽意使得"说谎"具有了某种必然性,任何个人都无法决定自己所说的话在别人眼中是不是"谎言"。

第二种分类可以从"说谎"的对象出发。"说谎"的对象可以分为三种:第一种是敌人,第二种是自己人,而第三种则是"自己"。第一种情况很容易理解,勾践"说谎"的对象是夫差,这样的"说谎"就是为了"欺骗"作为敌人的对方;第二种情况则相对复杂一些,"说谎"的目的似乎是为了不让自己人知道真相。在《吴越春秋》中,这样的情况出现得并不少。以吴国的创立者太伯为例,他知道自己的父亲古公想把王位传给弟弟季历,因此当父亲生病时,他选择和二弟仲雍一起"托名采药于衡山,遂之荆蛮,断发文身,为夷狄之服,示不可用"。"托名"表示太伯说的是谎话,他们并非真的去采药,而是找一个理由把王位顺理成章地留给季历。因此,面对自己人也同样需要"说谎"。从太伯生前身后获得的赞誉来看[3],"说谎"无疑是正确的选择。

那么,究竟在什么样的情况下要对自己人"说谎"?当"说谎"成为家庭内部所必需的润滑剂时，它的使用尺度就显得尤为重要。如果滥用，可能会导致道德底线的失守；如果禁用，同样可能会使得有些问题无法解决。设想一下，如果太伯和仲雍直接对父亲说，我们去蛮夷之地为的是把王位留给弟弟，那么季历又应该如何面对呢？难道季历可以坦然地对两位兄长说："你们去吧，把王位放心地交给我吧？"赵晔在《吴越春秋》中的叙述诱导读者思考，"说谎"在家庭层面是否是必然的存在？当然，太伯的选择并不局限于家庭层面，他的"说谎"直接影响了整个社会，对后来的西周和吴国都带来了正面的影响。

第三种分类则可以称为自欺。《吕氏春秋·先识》说："瞑者目无由接也，无由接而言见，諯。""諯"是谎的古字，说的就是没有眼睛的人明明看不见，却说自己能看见。一个盲人说自己看得见，这既可以理解为他对别人说自己看得见，也可以理解成他认为自己看得见——的确有盲人相信自己比正常人更能看清天道。当他对自己说看得见时，就是一种自欺。自欺其实是一种很常见却容易被忽视的"说谎"方式。自欺之所以容易被忽视，是因为它是一种隐性的"说谎"，连"说谎者"自己都察觉不到。《吴越春秋》中的众多人物都有自欺的形象。伍子胥觉得自己忠心耿耿，可事实上他早就留了一手，把儿子送到了齐国，那么他对自己的忠臣定位就含有自我欺骗。伍子胥的自欺导致他眼中的自己和别人眼中的他产生了偏差——在夫差眼里，伍子胥就是一个一心经营自己利益的人。这样的偏差进一步导致了伍子胥的失宠。同样，夫差觉得自己是一位圣明的君王，这样的自我定位当然也是一种自欺。夫差对自己的错误判断直接导致了他对勾践的错误判断，最后造成了吴国的灭亡。可以说，正是因为自欺的存在，才可能使自己相信他人的"谎言"。在《吴越春秋》中，自欺者无一例外都给自己带来了噩运，让对手成为了获利者。

《吴越春秋》中"说谎"的第三种分类，是将"说谎"的获利对象作为区分标准，一种是为了自己的利益而"说谎"，另一种则是为了他人的利益而"说谎"。这种分类的意义在于帮助我们看清楚"说谎"的社会功能。以伍子胥为例，在从楚国到吴国的辗转逃亡过程中，他的"说谎"都是为了自己；而在吴国结识公子光——未来的吴王阖闾——以后，他的"说谎"至少在直接层面上是为了公子光。如前所述，献计刺杀吴王僚是为了帮助公子光登上王位。赵晔很明确地告诉读者，社会地位较高之人是为了自己而"说谎"，社会地位较低之人则是为了他人而"说谎"。在伍子胥的逃亡途中，他得到一位渔父的相助才得以渡河，渔父在渡河之时装作不知道伍子胥的身份——这当然也属于广义的"说谎"。毫无疑问，渔父的社会地位低于伍子胥，而他的"说谎"是为了伍子胥。

这两种不同的"说谎"让我们可以从多维的视角来考察《吴越春秋》中社会各阶层之间的相互关系。为什么渔父愿意为伍子胥"说谎"？他又得到了什么？对比伍子胥为公子光的"说谎"，就可以知道渔父绝不会是单向地付出。若是为他人"说谎"可以决定他人的命运，并从而改变自己的社会地位，那么"说谎"对社会阶层的流动就起到了重要的推动作用。由此可见，在社会层面，"说谎"也是必要的元素。

以上关于《吴越春秋》中"说谎"形式的分类是互相交错在

一起的。它们的交错使得"说谎"变得更加多种多样，覆盖了吴越争霸的整个过程与各个方面。赵晔的叙述告诉我们，从个人、家庭到社会，"说谎"都是必然、必需、必要的。正是在这个意义上，"说谎"成为了一个贯穿《吴越春秋》的主题。也让我们思考：赵晔究竟是通过选择"谎言"这一视角来讲述吴越争霸，还是通过讲述吴越争霸来让人们反思"谎言"？

三、司马迁们的失声

和其他叙述吴越争霸的历史典籍相比，《吴越春秋》中对"说谎"的描述可谓最为详尽。这使得赵晔笔下的吴越争霸显得与众不同。在《左传》《国语》《史记》《吕氏春秋》等典籍中，吴越争霸的主旨是"复仇"。[4] 大家最为关注的是勾践卧薪尝胆背后的坚韧与勇气，尽管学者们也指出他的残忍与好战[5]，但是直到《吴越春秋》才用故事凸显了他的"说谎"能力。同样，在吴越争霸中，伍子胥通常前半段被塑造成为父报仇的孝子，而后半段则是为国尽忠的忠臣，勇敢、坚毅和正直是其形象的特色。美国汉学家柯文（Paul A. Cohen）曾指出，史家所创造的历史和人们所经历的历史之间存在着差异[6]，不同的史家对吴越争霸有着不同的叙述也是必然的。但值得我们注意的是：为何以司马迁为代表的其他史家没有浓墨重彩地描写吴越争霸中的"说谎"？面对"谎言"，他们的失声是否本身就是一种掩饰？

在《史记·越王勾践世家》中，司马迁对勾践评价道："苦身焦思，终灭强吴，北观兵中国，以尊周室，号称霸王。勾践可不谓贤哉！""贤"是司马迁对勾践的评价。在《史记·伍子胥列传》中，司马迁最后说："向令伍子胥从奢俱死，何异蝼蚁。弃小义，雪大耻，名垂于后世，悲夫！方子胥窘于江上，道乞食，志岂尝须臾忘郢邪？故隐忍就功名，非烈丈夫孰能致此哉？""烈丈夫"正是司马迁对伍子胥一生的总结。无论是"贤"抑或"烈"，都是非常正面的评价。

我们可以看到，司马迁在《史记》中希望通过自己的叙述，向读者明确传递对历史人物的评价。"太史公曰"四字，成为司马迁表达自己态度的标签，所阐述的正是司马迁想要通过《史记》表达的"一家之言"，而他的一家之言可以"究天人之际，通古今之变"。由此可见，他的评价基于他的叙述，而他的叙述是与最后的评价相一致的，或者说，他的叙述在一定程度上是为最后的评价服务的。因此，正如浦安迪（Andrew H. Plaks）指出的那样，司马迁为了表达他的观点，在叙述中也不可避免地采用虚构的历史资料[7]，或是有意识地选择对自己观点有利的材料。

例如，司马迁为了凸显勾践的"贤"和伍子胥的"烈"，就不可能将笔墨用于渲染两人的"说谎"能力，毕竟这与孝悌忠信看起来相左。有学者认为《史记》以儒家思想为基本价值判断标准[8]，尽管这一观点有可以商榷之处，但就司马迁对勾践和伍子胥两人的评价而言，的确体现了儒家思想的影响。也早有学者指出司马迁在《史记》中的叙述并不以追求客观史实为目的，例如戴梅可（Michael Nylan）认为司马迁撰写《史记》是一种继承先父遗志的尽孝方式，他希望通过对历史上杰出人物的描述，让这些声名显赫的魂灵保佑司马家族[9]。杜润德（Stephen W. Durrant）则认为《史记》是司马迁的镜子，应当把《史记》作为司马迁的自传来阅读[10]，而和司马迁同样遭遇了奇耻大辱的勾践和伍子胥则在相当程度上是他自己的投射。李长之则着重指出了司马迁的"反功利精神"，并认为这是司马迁与孔子精神的契合之处。[11]既然《史记》展现的是"反功利精神"，那么司马迁自然就会忽略那些为了实现目的而不择手段的内容。

同样，《左传》《国语》等史籍的作者出于他们各自的叙述目的，没有突出"说谎"在吴越争霸过程中所起到的作用。[12]正如吉尔泽·托珀尔斯基（Jerzy Topolski）所言，"历史叙述是史家们传达他们对过去的知识的一种手段"[13]。这里的关键词是"他们"，也就是说，史家的每一种叙述都传达了"他们"自己对过去的理解，而"他们"的理解只是众多可能的理解中的一种而已。关于历史叙述能否客观描绘历史，为过去提供一幅真实的画卷，这是20世纪以来历史学家们一直所争议的话题之一。尽管现代与后现代主义的历史学家们越来越质疑历史叙述能否还原历史的真实面貌，但这并没有阻止他们对"真"的追求。

根据荷兰当代史学家弗兰克·安克斯密特（Frank R. Ankersmit）的理论，历史文本是对过去所发生的真实历史的一种模仿，但是历史文本本身也是"真实"的存在，就本体论而言，历史文本和历史时间本身是相等的。[14]托珀尔斯基与安克斯密特一样，认为我们所能叙述的也许只是一些零散的事实，但是在零散事实的基础上，史家们可以展示一种整体性——意义的整体性。值得注意的是，史家在自己的历史叙述中所试图阐述的意义，并非全然来自他个人的创新，也受到其所熟悉的理论与观念的影响。更重要的是，托珀尔斯基认为，有的史家在讲述历史事件时，会为了保持叙述整体的一致性而损害其真实性，而他则坚持真实性比一致性更为重要。[15]

托氏与安氏为我们之前的讨论提供了理论基础。首先，就吴越争霸来说，从《左传》《史记》到《吴越春秋》，都从各自的角度对吴越争霸这一历史事件进行了模仿。在讲述公认历史事实的前提下，它们都无法复原所有的细节——这也是为何柯文说"关于勾践故事最令人注目的一点，是它的易变性"[16]。但它们的叙述影响了后人对吴越争霸本身的理解以及对其中人物的评价。从这个角度来说，它们都是"真实"的。在20世纪的中国，勾践的卧薪尝胆成为"一个乐观主义的故事，给人以国家成功的希望，只要中国人民没有忘记过去的耻辱，并发奋图强，这也便能够报仇雪恨"[17]。这就是历史叙述所带来的真实力量。司马迁所描绘的勾践之"贤"和伍子胥之"烈"，也成为了中国人精神的象征。

其次，司马迁为了展现勾践之"贤"和伍子胥之"烈"，不可避免地会对史料"削足适履"，也就会在一定程度上损害到吴越争霸的"真实性"，这就为他人留下了叙述的空间。《左传》等史料也存在类似的情况。因此，各种史料可以互为补充。此处所谓的真实性并不是就"历史事实"而言，而是指审视吴越争霸角度的多元性。各种史料的互相补充并不能够完全还原吴越争霸的原貌，但可以给我们提供多种角度来思考这一历史事件的意义。就这一点来说，司马迁的确有"掩饰"的嫌疑。虽然司马迁自称"成一家之言"，但是当这一家之言可以"究天人之际"时，显然默认自家之言胜过他人所言，其所自负的是自身"知识的睿智"[18]。而当后人以司马迁的叙述为圭臬时，就在一定程度上减少了以其他视角解读吴越争霸的可能性——尽管吴越争霸只是《史记》中的一小部分。

再次，由于和其他早期史料相比，《吴越春秋》所讲述的吴越争霸"有着更多的细节，故事也更为完整"，因而历来被视为野史或小说[19]。在不少人看来，被贴上小说标签的《吴越春秋》在史料上的价值有限。但事实上，"后世出现的各种勾践故事几乎都基于《吴越春秋》"[20]，也就是说，《吴越春秋》提供了中国人耳熟能详的吴越争霸故事的蓝本。一直到20世纪，大家在谈论或讲述勾践时，依然没有脱离《吴越春秋》的叙述框架。从托氏与安氏的理论来看，这正是《吴越春秋》的"真实性"所在。它一方面在很大程度上决定了人们对这一历史事件的了解程度，另一方面则真切地影响到人们对其中历史人物的看法。与此同时，和《史记》的记载相比，《吴越春秋》中勾践和伍子胥的形象无疑更为立体而复杂，也更为接近"真实"的人。

最后，如果说司马迁在《史记》中用儒家道德来衡量勾践和伍子胥并不是他个人的创新，而是受到了当时社会风气的影响，那么赵晔在东汉晚期为何要以"说谎"为主题来讲述《吴越春秋》？赵晔又是受到了怎样的社会观念的影响？通过剖析《吴越春秋》中的"说谎"，我们可以对赵晔所处的时代有何认识？要回答这些问题，也许首先应该回答一个问题：我们应该怎样来剖析《吴越春秋》中所描述的"说谎"？

四、解读"说谎"的视角

1. 把赵晔当作一位思想家

正如很少有别的史家像赵晔那样对"说谎"作了浓墨重彩

的描述，中国历史上也很少有学者对吴越争霸中的"说谎"问题作系统的探讨，因此剖析赵晔笔下的"说谎"就成为一次探险之旅，并没有太多的前行研究可以借鉴。不过从比较的视野来看，荷马史诗《奥德赛》中奥德修斯的伪装、说谎和掩饰已经得到了西方学者的广泛重视，谢依拉·姆纳格汉姆（Sheila Murnagham）和道格拉斯·斯特沃特（Douglas J. Stewart）等人从社会阶层、社会角色与认同感等多种角度对奥德修斯所采取的各种说谎手段进行了剖析[21]。有趣的是，奥德修斯的说谎和伪装也是与复仇合二为一的。奥德修斯为了赢得复仇，甚至对天神也采用了欺诈的手段。那么，我们究竟应该也从复仇的角度出发来审视赵晔笔下的"说谎"，还是另辟蹊径，跳出复仇的窠臼，从新的视角来发掘赵晔如此强调"说谎"背后的苦心孤诣呢？

答案显然是后者。一方面，这是因为尽管复仇是吴越争霸的主题，但赵晔对复仇却持怀疑的态度。吴越争霸大致可以分为三个阶段，复仇成为吴越两国不断交战的主要推动力。在第一阶段中，越王允常与吴王阖闾互有攻守，允常在前505年杀入吴国境内获得胜利，因此在前496年允常逝世时，吴王阖闾为了复仇趁机伐越，刚刚即位的越王勾践带军成功击退吴军，阖闾身受重伤而死。第二阶段则是为父亲阖闾复仇的夫差，大败越王勾践，令后者为奴。在第三阶段中，勾践卧薪尝胆，最终于前473年彻底击溃吴王夫差，令后者自尽，勾践则开启了自己的霸业。

在赵晔的叙述中，我们可以清楚地感觉到复仇背后是一种荣与辱的循环。勾践最初的荣耀基于阖闾的耻辱；而夫差为了替父亲雪耻，在勾践遭受耻辱的情况下获得了荣耀；最后，勾践和夫差之间的荣辱又再次掉转。在《吴越春秋》的最后，赵晔告诉我们，临终时的勾践告诫太子兴夷说："夫霸者之后，难以久立。"既然与复仇交织在一起的霸业无法长久，也没有所谓真正成功的复仇，那么从复仇出发来审视"说谎"，应该并不符合赵晔的用心。

另一方面，虽然在常见的《中国思想史》或《中国哲学史》中，完全见不到赵晔的名字，但是如果把《吴越春秋》放在从东汉到魏晋的思想流变之中，就可以清楚地发现书中对"说谎"的叙述具有着承上启下的意义。因此，我们对赵晔笔下"说谎"的解读，最根本的视角是把赵晔视为一位思想家。在他的历史叙述中，赵晔阐述了对当时重要思想议题的思考。

首先，《吴越春秋》中的"说谎"与人物品鉴直接相关。"说谎"的能力在很大程度上影响到他人如何鉴定"说谎者"的品格才学。我们看到，当夫差对勾践的伪装信以为真，认为愿意尝自己粪便的勾践忠心耿耿时，他对勾践的评价就出现了偏差。众所周知，品鉴人物是魏晋时期思想界的热点话题，但究其根源，从汉代起就特别重视如何评定人才这个问题[22]。汉代取士依靠地方的察举推荐，怎样来判定一个人的道德，当然是这一制度成败的关键。《吴越春秋》中的描述是否解构了成功品鉴人物的可能性？抑或，它对如何真正成功品鉴人物提出了挑战与创见，从而影响了包括《人物志》在内的魏晋人物品鉴理论？

其次，赵晔对"说谎"的思考亦可谓开"言意之辨"的先河。汤用彤在谈到"言意之辨"时指出，"魏晋教化，导源东汉"，"言意之辨实亦起于汉魏间之名学"[23]。汤氏这两个论断，前者肯定了魏晋玄学对东汉思想的延续性；后者则指出了"言意之辨"的直接渊源——名学，也就是识鉴人物。可见从人物品鉴到对语言本身的思考是一脉相承的。如前所述，赵晔对"谎言"的叙述引导人们去思考一个人的话是否可以准确地表达其所想，而另一个人是否可以真切地领会其所言之意。这样的思考显然有着言不尽意的影子。吊诡的是，当伍子胥不再"说谎"时，夫差却不相信他的话了，认为勾践说的才是真话，把伍子胥当作骗子。赵晔所描写的晚年伍子胥不禁让读者设想：如果他想要夫差了解自己的"意"，究竟应该如何去言？抑或，只要夫差能了解他的"意"，伍子胥就不必纠结于"言"的内容——王弼所谓"得意忘象"，此之谓乎？

再次，"言意之辨"自然引申出了天人关系与人人关系。《易经》所谓的"言意"，最初关涉的是用人言是否能清楚地表达天意。在《吴越春秋》中，夫差和伍子胥等不少角色都喜欢用"天"来粉饰自己的言行，认为只要自己的言行符合天意，就自然具有了正当性和正义性。可是，他们是否真的理解了天意，他们是否真的能够理解天意，他们所说的话是否能够体现天意？从赵晔的叙述中，我们可以发现答案是否定的，正是由于对天意的曲解才有了各种"谎言"的出现，人与人之间才会利用"谎言"进行争斗。西汉的董仲舒认为天是人的曾祖父，按照他的理论，人自然是可以理解天的，而每个人既然都是天的曾孙，那么天人也就应该和谐相处。赵晔的叙述无疑回应了董仲舒的天人观。一方面，他的叙述反复强调了天与人之间的紧密关系；另一方面他用饱满的细节展现了天与人之间的距离以及人与人之间的隔阂。这样的距离更像是魏晋玄学中"本"与"末"的关系，而这样的隔阂则在相当程度上印证了郭象的"独化"论。

第四，赵晔对"说谎"的叙述直面人性这一话题。关于人性，孟子、荀子在先秦就各执性善、性恶大旗。两汉之际，董仲舒、扬雄和王充对此继续展开了深入的讨论。尽管观点有异，但他们都认为人性是分等级的。[24]同样，魏晋之际的思想家也对圣人和普通人之间的异同作了各种探讨。人性问题之所以重要，是因为要探讨普通人成为圣贤的可能性。如果普通人完全不可能成为圣贤，那么教化就会从根本上失去意义。赵晔对"谎言"的生动描写自然会让读者对性善之论产生质疑。在《吴越春秋》中，赵晔详细讲述了孔子的得意弟子子贡为了鲁国免遭齐国的讨伐，先后游说齐国、吴国和越国。子贡所言充满了"欺骗"的色彩。既然连孔子的得意弟子都不免"说谎"，那么我们与圣人之间的距离究竟有多远？难道圣人只是遥不可及的榜样，普通人只能安于自己所禀的情性？抑或，圣贤也有着普通人的情性，会为了自己的国家而"说谎"？

最后，《吴越春秋》中对"谎言"的刻画不可避免地将矛头对准了名教。虽然不少学者指出儒家思想从来都没有真正在汉朝一家独大[25]，但是司马迁分别用"仁"与"烈"来评价勾践和伍子胥，这样的形容在很大程度上还是体现了儒家思想的影响。东汉以降，随着佛教西来，道教兴起，以及儒家内部的各种斗争，名教已然失去了社会层面的影响。王符在《潜夫论》中就指出了当时社会多种名实相违的混乱状况，哀叹"君子未必富贵，小人未必贫贱"（《潜夫论·论荣》）。魏晋之际，名教伦理与自然的关系成为了玄学所探讨的热点。赵晔将"说谎"视为吴越争霸的一大关键因素，与王符之叹遥相呼应。当他叙述勾践、伍子胥、子贡等人用各种"欺骗"手段实现自己的目标时，是否是在批判儒家伦理的崩溃，暗示我们应该"越名教而任自然"？抑或，他是在呼吁重振名教来解决纷争，还乱世以安宁？

毫无疑问，赵晔在《吴越春秋》中的叙述关注了东汉思想界的热点议题，而且这些议题在魏晋之际依然是玄学思潮的主流。因此，完全可以把赵晔看作一位连接东汉与魏晋思想发展脉络的思想家。我们对《吴越春秋》中"说谎"的探讨，也正是从这一基调出发的。这样的视角避免了对"说谎"的狭隘理解：无论是把"说谎"理解成道德败坏还是足智多谋都显得过于简单。同时，也避免造成对赵晔叙述的狭隘解读：无论认为赵晔是在鼓吹"说谎"还是在批判"说谎"也同样流于表面。当我们把赵晔置于汉魏思想发展的语境之中，就可以从更加多维的角度来分析他笔下的"说谎"。反之，如果我们把赵晔的历史叙述视为对当时思想的一种回应，也就可以更好地理解汉魏思想的发展过程。

2. 作为思想载体的《吴越春秋》

如果赵晔是一位思想家，那么《吴越春秋》就是一部阐述"思想"的作品，是赵晔思想的载体。那么，它可以被视为一部阐述"思想"的作品吗？徐复观在《两汉思想史》第三卷中早就给了我们答案。虽然他并没有提及《吴越春秋》，但是在对《韩诗外传》的研究中，徐复观指出上古思想家有两种表达思想的方式，一种是"把自己的思想，主要用自己的语言表达出来，赋予概念性的说明"；另一种是"把自己的思想，主要用古人的言行表达出来；通过古人的言行，作自己思想得以成立的根据"[26]。通过讲述历史来表达自己的思想，是从《春秋》起就已树立的传统。《春秋》在记述人物的所言所行时，"破除其特定的时间空间与具体人物个性的限制，而把其中所蕴含的人的本质与事的基义，呈现出来，使其保有某种的普遍性、妥当性。于是历史上具体的人与事，此时亦成为此普遍性与妥当性的一种象征"[27]。换言之，《春秋》中的人物既是他们自己，又不是他们自己——他们已经被抽象成某一类人。根据这一理论，徐复观将《史记》纳入两汉思想史的研究之中，认为"史公的思想，是通过一部《史记》表现出来"[28]。

同样，精于韩诗的赵晔完全可能且可以通过叙述吴越争霸来表达自己的思想——用故事来讲道理正是韩诗所长。尽管《吴越春秋》长期以来被认为具有浓郁的小说色彩，但是这并不影响赵晔赋予其中的各个人物以"普遍性"。正如鲁晓鹏（Sheldon Lu）所指出的那样，在中国古代即使是虚构性叙述也基于历史叙述的理论而展开。在汉魏之际，小说与历史的区分并不在于虚构和非虚构，而在于小说是非官方的叙述，而历史则是官方的叙述。[29]因此，在当时小说是所谓历史的另一种形式，也是官方叙述的必要补充。

当代学者对中国古代思想的研究大多受到了西方哲学相关理论的影响。从西方哲学史和思想史来看，学者们也频繁地把文学作品作为哲学史和思想史的研究文本。在西方马克思主义代表人物之一乔治·卢卡奇（Georg Lukács）的经典著作《历史小说》（*The Historical Novel*）中，卢卡奇以司各特、福楼拜和罗曼·罗兰等人的作品为切入点，不仅精妙地阐述了作家们如何通过历史小说来阐明他们对意识形态、世界观和历史观的理解，更重要的是告诉我们历史小说的演变过程折射出西方哲学思想的发展过程。[30]

俄国存在主义思潮的重要先驱列夫·舍斯托夫（Lev Shestov）在《在约伯的天平上》（*In Job's Balances*）中，也同样认为《卡拉马佐夫兄弟》等小说是陀思妥耶夫斯基"主动"探讨理性和宗教之间关系的文本。在舍斯托夫看来，陀思妥耶夫斯基毫无疑问是一位哲学家，而其哲学思想正是通过他的小说来表达的。[31]同样，英国哲学家以赛亚·伯林（Isaiah Berlin）在分析俄罗斯思想时，不但把屠格涅夫、托尔斯泰等作家视为思想家，而且把《父与子》等小说作为阐述他们哲学思想的文本。[32]

因此，赵晔的《吴越春秋》无论被视为野史还是小说，都完全有资格成为表达其思想的载体。当然，我们也可以把《吴越春秋》看作是赵晔的一种掩饰——和司马迁在《史记》中直接对人物作评价相反，赵晔在书中几乎完全隐藏了自己的观点。我们需要透过他所叙述的文本本身，来发现一个个故事背后所蕴含的思想。在走进《吴越春秋》的世界，一层层揭开赵晔的思想面纱之前，我们可以从一个例子来体会一下他的苦心孤诣——季札。众所周知，被称为"延陵季子"的季札以"贤"著称，但是赵晔的叙述却让我们对他的"贤"产生了质疑。

吴王寿梦有四个儿子，幼子季札贤，寿梦想要传位于他，季札拒绝说："礼有旧制，奈何废前王之礼，而行父子之私乎？"——

赵晔对整个事件没有作任何直接的评价，但季札所言无疑是对他父亲的批评。尽管他说的是实话，可是批评父亲不守礼制，这是否是一个孝子应当说的呢？在这种场合，适当的"谎言"是否更为合理？

季札因为坚持拒绝兄长诸樊的让位而为人夸赞。但是，他的让位果然是善举吗？赵晔告诉我们，当吴国人要立季札为王时，"季札不受而耕于野"。季札的辞让直接导致了此后吴国王位继承的混乱，公子光对吴王僚的王位不服，通过刺杀篡夺了王位。当已经自立为吴王阖闾的公子光假惺惺地要把王位让给季札时，季札说："苟前君无废祀，社稷以奉，君也。吾谁怨乎？哀死待生，以俟天命。非我所乱，立者从之，是前人之道。"面对篡位的阖闾，季札依然不肯为了吴国挺身而出，其恪守的原则和正义究竟为何？阖闾之后，吴国历两代而亡，季札究竟该不该负责任呢？

赵晔的叙述不但让我们对季札的说话方式产生质疑，也让我们思考季札的盛名是否名实相符。同时，如果辞让会间接导致严重的后果，究竟是否还应当受到赞扬？这些问题与人物品鉴、言意之辨和名教伦理有着直接的关联。因此，细细品味赵晔对"谎言"的描述，就可能发现那些隐藏在细节之后看似零碎的思想点，然后再将它们串成一个属于赵晔的思想体系。

需要再次强调的是，这样建构而成的思想体系基于的是赵晔的叙述——或者说，我们对赵晔叙述的诠释。由于赵晔并没有采取徐复观所说的第一种思想表达方式，而是以故事为载体让读者自己发现作者的思想，这一方面给读者以自主性，另一方面也给诠释带来了多样性与不确定性。我们无法确切地证明赵晔是否

"真的"作如是想。徐复观把"士的问题"视为《韩诗外传》中的突出问题，这并非是韩婴明确指出的，而是徐复观根据自己对文本的解读所作出的总结[33]。同样，我们能做的，只是根据赵晔的叙述，做出自己的判断与解读。

按照20世纪以来的西方文艺理论，当一部作品诞生后，它就不再属于作者。即使作者在作品中明确地表达了自己的观点，读者也可以作出不同的解读。在20世纪中叶，威廉·K.维姆萨特（William K. Wimsatt）和门罗·比尔兹利（Monroe C. Beardsley）对此作了精妙的阐述[34]，尽管他们的理论本身是就诗歌而言的，但有学者认为同样适用于历史叙述[35]。事实上，基于文本解读探寻作者之意，也是中国古代解读经典的传统。朱熹在说到解读《论语》的方法时说："譬如今沙糖，孟子但说糖味甜耳。孔子虽不如此说，却只将那糖与人吃……"[36]朱熹主张我们要自己体贴出糖的味道。因此我们有权利在《吴越春秋》的基础上，把赵晔塑造成一位"我们"心中的思想家。把"说谎"作为《吴越春秋》的主题，是我们作为读者根据文本得出的结论。我们决不想把自己所思凭空强加于赵晔，并且对来自其他视角的解读也怀有开放的态度。

从这样的视角和态度出发，本次对"说谎"的探寻之旅将分为六个步骤：

第一章《"说谎"与打开〈吴越春秋〉的三把钥匙》，主要介绍古今中外各种与"说谎"相关的理论。第一部分先介绍并分析先秦诸子对信、诈、隐等观念的不同看法，指明在什么样的条件下"说谎"不但是被允许甚至是被鼓励的，这是赵晔理解"说谎"的思想根源；第二部分介绍《春秋》《诗经》和《论语》等先秦经典的表达模式。《春秋》用隐晦的方式进行褒贬，《诗经》用"婉"的形式进行讽刺，而《论语》中孔子则用看似毫无定律的回答来进行教学，这些都为赵晔的思想表达方式提供了直接的借鉴；第三部分则讲述西方思想界对"说谎"的诠释，着重把"说谎"理解成一种博弈，并探讨自欺的社会性，这些理论有助于我们更多元地认识《吴越春秋》中的"谎言"。

第二章《主动"说谎"的三个理由》，主要通过解读《吴越春秋》中的主动"说谎者"，指出"说谎"的三个理由：（1）为了荣誉——《吴越春秋》凸显了人们对荣誉的渴求，勾践和伍子胥都为了个人、家族和国家的荣耀而"说谎"，并且获得了广泛的赞誉；（2）为了调和社会角色的冲突——当季札批评寿梦将王位传给自己是为了"私"之时，寿梦作为父亲和君王的角色出现了"私"与"公"的冲突，而"说谎"是解决冲突的手段；（3）为了自己的权力——在《吴越春秋》的叙述中，不同人物对道德的理解有着明显的差异，在这种情况下，以阖闾为代表的"说谎者"就拥有了为权力而"说谎"的空间。

第三章《为他人的被动"说谎"》，主要从"被动说谎者"的角度出发，探讨他们为了谁而说谎。和主动"说谎者"相比，"被动说谎者"们的地位相对较低。渔父和女子通过为伍子胥"说谎"而获得了一定的回报，这意味着社会地位和"说谎"权力之间存在着相互转化的可能；要离被迫在家人与君王之间作出了两难的选择，拒绝"说谎"的公孙圣只能接受惨死的下场，社会地位决定了他们不得不为他人"说谎"。不过，"被动说谎者"

社会地位的低下并非是绝对的，而是相对的。范蠡为了勾践而"说谎"，成为了被动"说谎者"的典范；而子贡为了保全鲁国而"说谎"，也让我们对儒家道德的理论与实践产生了质疑。

第四章《"谎"与自欺》，认为道德理论和实践的差异导致了知行不一，从而也造成了各种形式的自欺，也就是对自己"说谎"。在这一章中，我考察了四种自欺：文种和伍子胥自欺以忠，夫差和太宰嚭自欺以仁，刺客专诸自欺以智，延陵季子自欺以义。他们的自欺体现了人们对儒家伦理缺乏真正的认识，一方面他们自以为懂得了仁义、礼智、忠孝等原则，另一方面却无法在现实中真正地实践。自欺给自欺者们带来的是惨淡的结局，从而让我们体会到自知的重要性。

第五章《"谎"与"知"》，从两个方面分析了"谎"与"知"之间的关系。第一，听者是否能识破"说谎者"的"谎言"；第二，时人与后人是否能识破这个"谎言"并作出准确的评价。在《吴越春秋》中，前者又可以分为两类："不知而知"与"由知而知"。"不知而知"指的是"说谎者"通过使听者无法识破自己的"谎言"而获得他人的赞赏；"由知而知"则指的是"说谎者"其实在"说谎"时就想让对方识破自己的"谎言"。那么，我们是否能够给吴越争霸中的各个人物以准确的历史评价呢？赵晔的自知在于他主动放弃了自己的评价权利，将其交给了读者。通过分析伍子胥是否为忠臣，夫差是不是昏君，我们发现赵晔在"谎"与"知"的背后蕴含了诸多的哲学思考。

第六章《赵晔的"谎言"：藏思想于故事》，旨在阐明赵晔思想如何以自己独特的方式回应汉代思想并启发魏晋思想。赵晔毫不掩饰自己的虚构，这体现了他对历史叙述的态度，历史叙述也许只有通过虚构才可以尽可能地回归现实，而东汉以降"小说"的出现，也可以被视为一种用虚构性历史叙述来阐述哲学思想的新方式。在此前提下，我们讨论了《吴越春秋》中的叙述如何展现了赵晔对天与人、言与意、人与人之间的关系以及对人性本身的理解。这四个方面既是汉代思想家无法回避的话题，也是魏晋思想家关注的焦点。因此，赵晔在《吴越春秋》中所展现的哲学思想可谓是连接两汉与魏晋思想的桥梁，可以帮助我们更好地理解从汉代到魏晋的思想发展脉络。

在以上六个步骤之后，作为终点的"余论"最后指出"故事即思想"。我们对《吴越春秋》中"说谎"的讨论可以概括为一个观点——故事即思想，也就是说虚构性历史叙述本身就是思想的载体。然而，当我们说《吴越春秋》中所讲述的"故事"就是赵晔思想的载体时，并不只是想证明赵晔是一位思想家，或《吴越春秋》是一种哲学文献，更是希望包括"虚构性历史叙述"在内的众多"文学性"文献能够成为研究中国哲学的史料。从《吴越春秋》出发主张"故事即思想"，正是为了更为合理地梳理中国哲学的发展脉络，希望为解读古代"文学"典籍提供一个新的视角。

第一章

"说谎"与打开《吴越春秋》的三把钥匙

一直以来,《吴越春秋》都被视为小说或是野史。小说也好,野史也罢,除了吴越争霸本身,赵晔的叙述看似松散,缺乏一以贯之的主线。这样的叙述好像一个"谎言",又好似一个谜语,等待人们拨开云雾看到真相,或是透过谜面发现谜底。可是,"谎言"若是过于精致,就会让人误以为吴越争霸就是赵晔所想表达的本然之物,从而不会深入而系统地发掘赵晔隐藏在其叙述中的思想,更不会以"说谎"为视角进行解读。[1]因此我们的"说谎"之旅也许显得有一点突兀。不过,如果将赵晔在《吴越春秋》中所阐发的思想置于中国思想史的发展脉络之中,那么就会发现他对"谎言"的关注其实自有渊源。

"谎言"虽然并非春秋以降思想家们的核心关注点,但从孔子开始,"谎言"就是一个绕不开的话题。无论对应"隐""诈""欺"还是"不信","谎言"都在孔子的著述中占有重要的地位。生活于东汉的赵晔是一个儒生,这是他的基本身份认同。尽管有学者认为无论在先秦还是两汉,儒都是一个多元而复杂的群体，并没有统一认同的观念[2]，但是以孔子为圣人，应该说是汉代儒生的共识。无论是哪一派别的博士或学者，都将孔子的言说奉为圭臬。因此，孔子对"谎言"的态度无疑会对赵晔造成影响，更何况孔子及其弟子子贡也出现在《吴越春秋》之中。梳理以孔子为代表的先秦思想家对"谎言"的看法，毫无疑问可以让我们更好地理解赵晔描写"谎言"的语境，这是本章将讨论的第一个问题，也是理解《吴越春秋》的第一把钥匙。

不过，我们并不想撒一张大网，把先秦的众多思想家都网于其中，因为这未免有些喧宾夺主，毕竟这里的主角是赵晔。除了孔子，我们还将讨论的是孟子、荀子和孙子。鉴于孟子和荀子对孔子相关思想的发扬以及在汉代的影响，他们的出现是顺理成章之事。我们可以发现，若是把孔、孟、荀对"谎言"的相关论述视为"经"，那么赵晔在《吴越春秋》中的叙述就可以被视为相应的"传"——无论对他们观点表示赞同还是置疑，都是对儒家传统的一种解读。因此，我们考察的侧重点在于赵晔的叙述与这些思想家相关观点可能存在的呼应，而并非他们观点本身的合理性。而孙子的出现，一是因为他本身就是《吴越春秋》中的人物，二是因为荀子对"说谎"的否定态度被视为对孙子思想的回应。

赵晔为何要用历史叙述作传，或者说，我们为何可以把《吴越春秋》看作是对前人思想的一种诠释？这将是我们在本章要探寻的第二把钥匙，也就是《吴越春秋》写作和叙述方式与经典之间的渊源。在众多的经典中，我们主要讨论的是《春秋》《诗经》与《论语》，它们也都与孔子有着千丝万缕的关联。

《吴越春秋》这个名字就很容易让人想到五经之一的《春

秋》，以及各种与"春秋"有关的历史叙述。《春秋》无疑体现了"晦"的原则。³《春秋》对事件的记录非常简洁，而且至少看起来保持着中立的叙述口吻，并没有进行直接的评价。它隐藏了作者的意图，让读者自己去思考：为什么这一事件会被记录，会被以这样的方式记录？而在《春秋》三传中，《左传》是用历史叙述作传的典范，它"让历史自己讲话"⁴。在形式上，《吴越春秋》可以说是对《春秋》与《左传》写作传统的一种发扬。

《吴越春秋》的叙述中也可以找到《诗经》及诗传的影子。众所周知，比兴是《诗经》常用的手法，这是一种委婉的表达方式。之所以选择绕着弯来表达，是因为"事难显陈，理难言罄"，只能"每托物连类以形之"（沈德潜《说诗晬语》卷下），让思想的展现生动而多元，也让诗歌"讽刺"意义无穷。到了汉代，通过故事来解读《诗经》，从而更加生动地阐发《诗经》的思想，成为了一种风尚，其中的代表就是《韩诗外传》。在徐复观看来，这种用历史故事来表达思想的体裁正是汉代的主流。⁵作为韩诗传人的赵晔则更进一步，在《吴越春秋》中彻底抛弃了抽象的"义"，将历史故事作为阐述其思想的唯一载体。从《诗经》《韩诗外传》到《吴越春秋》，诗的间接表述方式在赵晔的笔下无疑得到了发扬。

除了《春秋》和《诗经》之外，《论语》表达思想的方式也或多或少影响了《吴越春秋》。以皇侃为代表的魏晋注家面对的一个难题是：如何理解《论语》中孔子的圣人形象与学之间的关系？如果说可以学而成圣，为什么他的弟子都无法成为圣人；如果说圣人不需要学，为什么《论语》中的孔子又说自己十五岁有志于学？皇侃给出的答案是，圣人的确是不需要学的，但是为了给普通人做榜样，于是"装作"努力学习[6]。换言之，《论语》中的孔子是一个表演者，《论语》的文字也就不一定是"真话"，而是展现了一隅的同时，却隐藏了三隅待读者来找寻。赵晔在一定程度上也正是继承了《论语》这种"不隐之隐"的叙述方式，我们不能仅从字面意思来理解他的叙述。

"他山之石，可以攻玉。"本章的第三把钥匙来自西方，通过考察西方思想家们对"谎言"的论述，以期给我们的解读提供一些可以借鉴的视角。毕竟我们是在21世纪的今天回眸2000年前赵晔的叙述，难免会受到各种西方思想的影响。在众多西方的理论中，我们主要从"博弈论"出发来理解"说谎"，试图从"说谎者"和受骗者的多重视角进行分析。毕竟，赵晔笔下的吴越争霸就如同一场比赛，勾践和伍子胥都是在向敌人"说谎"，他们的目的就是获胜。与此同时，我们还将讨论与自欺相关的一些思想，以更好地理解勾践和伍子胥的某些表现。

一、先秦思想家眼中的"隐"

1. 孔子与"隐"

鉴于赵晔擅长讲故事，我们对先秦思想家们相关观念的考察，也从故事开始。

《论语》中关于"谎言"的故事，也许最著名的当属孔子和叶公的那段对话。《论语·子路》说：

> 叶公语孔子曰："吾党有直躬者，其父攘羊，而子证

之。"孔子曰："吾党之直者异于是。父为子隐，子为父隐，直在其中矣。"

这是一个有趣的画面，简单来说，就是叶公和孔子对"直"提出了不同的理解。叶公认为当父亲偷羊时，儿子向失主证明父亲的行为，这样才是"直"；而孔子则认为在这样的情况下，父子互相隐瞒不说实话才是"直"的体现。

晋代的江熙认为这是处于荆蛮之地的叶公知道孔子"动有隐讳"，所以故意抓住这一点来诋毁儒家。[7]如果我们接受江熙的解读，那么可以得出两个结论：第一，"隐"是孔子广为人知的处事原则；第二，江熙看出了叶公言语背后之意。这两点和我们关注的话题有着直接的关联。

第一个结论让我们想起了孔子和子贡之间的著名对话：

子贡问曰："何如斯可谓之士矣？"子曰："行己有耻，使于四方，不辱君命，可谓士矣。"曰："敢问其次。"曰："宗族称孝焉，乡党称弟焉。"曰："敢问其次。"曰："言必信，行必果，硁硁然小人哉！抑亦可以为次矣。"曰："今之从政者何如？"子曰："噫！斗筲之人，何足算也？"

有趣的是，这段话也是出自《论语·子路》，在孔子和叶公对话的后面。在这里孔子明确地告诉子贡，"言必信"是小人之举。对此，皇侃在《论语义疏》中说："君子达士，贞而不谅，言不期苟信，舍藏随时，何期必遂？若小行之士，言必须信，行必须果也。"⁸君子有着比"信"更高的处事原则，会根据现实的需要而选择是否"信"。《论语》中反复强调，对朋友需要坚持信，例如：

> 曾子曰："吾日三省吾身：为人谋而不忠乎？与朋友交而不信乎？传不习乎？"（《学而》）
> 子夏曰："与朋友交，言而有信。"（《学而》）
> 子曰："老者安之，朋友信之，少者怀之。"（《公冶长》）

相反，对待敌人就不"必"信。也就是说，"言必信"的问题关键在于"必"。君子并不是不能信或不需信，而是不能死板地坚持"信"。《论语·子罕》说："子绝四：毋意，毋必，毋固，毋我。""必"显然是孔子所反对的。当"信"与其他原则相冲突时，就不需要一定遵守。在这段对话中，孝悌显然是比"信"更重要的道德准则。

把孔子与叶公的对话和他与子贡的对话放在一起，很明显叶公所说的"直"违背了孝的原则（同样，《吴越春秋》中当寿梦要把王位传给季札时，季札对父亲所说的话也违背了孝的原则）。因为我们关心的是孔子对"说谎"的看法，以及他的看法对赵晔所可能造成的影响，所以并不尝试从今天的角度来看待孝大于"信"的合理性。我们只知道如果根据孔子对"直"的定义，赵晔笔下的季札距离"直"是有距离的，反而更像是叶公所说的"直"。

从江熙的解读所得出的第二点，可以引出更有趣的问题：很显然叶公并没有直接斥责孔子的"隐"。他采用了迂回的策略，言语中直接提到的只是自己的乡党，那么叶公所言是不是本身就是一种"隐"？如果江熙看出了叶公在向孔子述说自己家乡人"直"的真实目的是挑战孔子对"隐"的主张，那么孔子到底有没有看出来？如果孔子看出来了，那么他回答时是带着微笑的、善意的解释，还是应战式的直接回应？

当然，我们无法确定当时的景象，但这也给了我们更多想象与思考的空间。可以肯定的是，标榜"直"而不隐的叶公至少在字面程度上隐藏了自己的真实意图，使用了间接的表达方式。因此，我们有理由相信孔子在回答的时候面带微笑：叶公用"隐"的方式来批评"隐"，这难道不恰恰说明了"隐"在一定程度上是不可避免的吗？所不同的是，孔子所说的是父子相隐，而叶公则是为自己"隐"。如果说孔子肯定父子相隐是基于孝的原则，那么叶公为自己"隐"则是为了在辩论中获得胜利。叶公其实也并没有把不隐视为第一位的原则。因此，当他试图攻击孔子的"隐"时，也暴露了他的自欺：他以为自己是彻底反对隐的，而事实上却用自己所反对的"隐"来反对隐。

当我们从叶公身上找到了自欺——自己对自己"说谎"——的色彩后，事实上就发现隐有两种：一种是有意识的隐，一种是无意识的隐。孔子肯定是为了更高层次的原则而有意识地"隐"，而叶公的"隐"则是无意识的自欺，并不知道自己在"隐"[9]。我们不难在赵晔对季札的描述中找到相对应的地方。当季札觉得自己拒绝父王的王位是在遵守礼制时，却忘记了两个基本的原则：第一是"不辱君命"，从国家角度来说，是因为"季札贤，寿梦欲之"，赵晔明确告诉我们寿梦的考量并非出于对幼子的宠爱，而是为了国家的利益；第二是"孝"，当季札公开质疑寿梦的决定，并用"奈何废前王之礼，而行父子之私乎"这样强烈的疑问语气时，他的表现无疑是值得商榷的。用孔子父子相隐的原则来说，即使父亲做错了事情，儿子也应当"为父隐"，何况身为父亲的寿梦并没有真的出于"私"而作出决定，作为儿子的季札却给他戴了一顶莫须有的帽子。而此时的季札也一如叶公，自信满满，觉得自己才是正义在手，殊不知他正是以不守礼的方式在宣扬守礼。

而在《论语》中我们可以看到，孔子的确会有意识地"隐"。《论语·述而》载：

> 陈司败问："昭公知礼乎？"孔子曰："知礼。"孔子退，揖巫马期而进之，曰："吾闻君子不党，君子亦党乎？君取于吴，为同姓，谓之吴孟子。君而知礼，孰不知礼？"巫马期以告，子曰："丘也幸，苟有过，人必知之。"

在这则著名的故事中，孔子主动地为鲁昭公"隐"。当陈国的司败问孔子鲁昭公是否知礼时，显然是在挑衅。他知道鲁昭公娶了同姓之女子，心里早就有了鲁昭公不知礼的答案，只是想看看孔子如何作答。孔子的原则非常清楚，子为父隐，臣自然为君隐，因而他拒绝对鲁昭公的行为作负面评价，以"知礼"作答。这样的话，他自己就要背上"党"的罪名。《论语义疏》引孔安国注说："相助匿非曰党。"[10] 简单来说，"党"就是为别人掩过饰非。

但是，孔子在此的掩过饰非不仅为的是君王，也为的是鲁国本身。孔安国指出："讳国恶，礼也。"[11] 皇侃在《论语义疏》中补充解释说："讳国之恶是礼之所许也。"[12]这意味着孔子的"隐"是符合礼的，如果他在陈国的司败面前直斥鲁昭公不守礼，那么他虽然说了实话，却反而违背了礼。同样，陈司败也犯了自欺的毛病。他和叶公一样，以为自己懂得礼，却不知道当他试图给孔子制造道德困境，让孔子承认鲁昭公不知礼时，恰恰表明他本身就不知礼——不知道孔子可以通过"隐"的方式而守礼，从而化解这个难题。而当陈司败面对孔子的弟子巫马期批评孔子和鲁昭公时，也再一次暴露了自己的不知礼。

我们无意站在今天的视角，用当下的价值标准来评论为君王或是父亲隐是否合适。对我们来说，重要的是了解当时的礼制与规则。可以肯定的是，在当时的语境下，为了维护君王或家人而有意识地不说真话，是符合礼的。

值得注意的是，就在《论语·述而》这段对话的前面，有一段孔子的名言：

子曰："仁远乎哉！我欲仁，斯仁至矣。"

结合与陈司败的对话，我们似乎可以说孔子并不在乎陈司败对他的批评。他对"仁"的实践抱有自信，相信"行之由我，我行即是"[13]，而在实践的过程中，为了仁、礼或孝，可以有选择地不说真话。孔子之所以宁愿负上为他人饰非的骂名也不说真话，是因为他考虑得更为周全、深远。也就是孔安国所说的："圣人智深道弘，故受以为过也。"[14]

正是因为很多像叶公和陈司败这样自以为懂得道德原则的人

反而会堕入自欺的陷阱，所以孔子也会对自己的弟子进行考验。
《论语·公冶长》载：

> 子使漆雕开仕，对曰："吾斯之未能信。"子说。

这段话通常被理解为漆雕开对自己有清醒的认识，知道自己存在
着不足。有的人认为指他还不能得到民众的信任，有的人认为指
他还未能得到君王的信任，还有的人则认为指他自己还未能信
"仕进之道"[15]，也就是还没有彻底学好为官之道。不管怎样理
解，都不影响这段对话的基本框架，那就是孔子让学生做官，学
生表示自己还存在不足，于是孔子很开心。这样的框架有一个显
而易见的问题：孔子对学生有足够的了解吗？如果他不知道漆雕
开的不足，那么让漆雕开去做官岂不是对弟子和国家都不负责？
而一个对弟子都不够了解的人，又怎能称得上"万世师表"？

　　以叶公和陈司败为参照，就可以更准确地理解孔子的苦心。
叶、陈两人都缺乏对自己的准确认识，孔子希望自己的学生避免
类似的问题。因此，他给漆雕开一个认识自己的机会，让他去做
官，看他会不会受诱惑而失去对自己应有的判断？根据这个逻
辑，孔子可能并不是真的想让漆雕开去做官，而只是给他一个考
验。同样可能的是，孔子不仅想给漆雕开一个考验，而且是以他
为例，向所有的弟子表明即使有做官的诱惑，也不应当失去准确
的自我判断。由于对自己的误判而导致的自欺，才会真正地破坏
诸如仁、礼、孝等道德准则。

　　但是，不"必"信绝不意味着可以为了不正当的理由而信口

开河。就在《论语·公冶长》这段话的前面，孔子对仲弓进行了评价：

> 或曰："雍也仁而不佞。"
> 子曰："焉用佞？御人以口给，屡憎于人。不知其仁，焉用佞？"

孔子反复用"焉用佞"表达了对"佞"的强烈反对。皇侃解释说："言佞者口辞对人，捷给无实，则数为人所憎恶也。"[16]有人用"不佞"来形容仲弓，也许认为是在夸赞仲弓，但孔子显然觉得自己的学生怎么可能与"佞"沾边，因而显得颇为激动。这表明孔子非常厌恶那些花言巧语、不讲实话的谄媚之人，因为他们说假话并非出于正当的理由，而是出于市侩的目的。根据这个原则，《吴越春秋》中吴国的太宰嚭无疑就是佞的典型，应当受到批判。太宰嚭在接受了越国的贿赂后，在吴王身边为勾践尽力美言，伍子胥与他产生了巨大的矛盾。于是太宰嚭对夫差说："子胥为强暴力谏，愿王少厚焉。"太宰嚭这句话的前半段可以说是真话，此时的伍子胥的确在夫差面前说话已经随心所欲，劝谏之时常有过分之语。不过太宰嚭显然掩饰了自己真实的想法：在受贿之后，他的目的是保全敌人勾践，而并非全心为了吴王。他的"隐"背离了正当的原则，因而受到历代文人的谴责。

在上述的事例中，叶公、陈司败和太宰嚭都出现了言行不一的情况。不同的是，叶公与陈司败也许并没有意识到自己的言行不一，而太宰嚭则是有意识的，他知道自己虽然在吴王面前说得忠心耿耿，但是其实并没有完全维护吴王的利益。他们的表现都告诉我们，当一个人没有真正懂得道德准则时，在实践时很容易言行不一。《论语·公冶长》中有一段关于"言行"的著名对话：

> 宰予昼寝，子曰："朽木不可雕也，粪土之墙不可杇也，于予与何诛？"子曰："始吾于人也，听其言而信其行；今吾于人也，听其言而观其行。于予与改是。"

孔子的得意门生宰予大白天睡觉，孔子看到之后很是感慨，说自己以前"闻于人所言，便信其能有行"，现在则"不复听言信行"，一定要在听了他人的话之后再看他到底怎么做，而让孔子有这样改变的，正是宰予："我当信宰予是勤学之人，谓必不懒惰。今忽正昼而寝，则如此之徒居然不复可信。"[17]因而使得孔子再也不相信他人的话了。

在这段话中，孔子提出了言行与识人之间的关系。一方面，言与行并不一定是一致的；而另一方面，只通过言来了解一个人是不够的，需要听言观行。这让我们想到了三国时刘劭《人物志》中所说的"八观"——也就是从八个方面的举止来观察人。[18]孔子对言行的论述虽然简略，但切中了一个要点，那就是言通常不能真正体现一个人的所想。很显然，在《吴越春秋》中夫差也知道不能只根据别人的话做判断，故而当勾践前往吴国为奴，对夫差说"诚蒙厚恩，得保须臾之命，不胜仰感俯愧"时，夫差并没有马上放松警惕，还是问："子不念先君之仇乎？"夫差是在勾践尝了他的粪便后才彻底相信他的。也就是说，连夫差都知道需要听言观行。但是，孔子所言更为重要的是暗示了"行"的持久性。显然，他一开始也没有注意到宰予会昼寝，或者说宰予刚入孔门之时也不敢昼寝。同样，夫差也观察了勾践之行若干年，才相信他的忠诚，但是勾践复仇的故事告诉我们，几年甚至十几年的表现依然不足以成为判断一个人的依据。也就是说，当夫差看到勾践亲尝粪便就停止了对其行的观察，这显然操之过急。勾践的行，构成他整个复仇计划的一个环节，而当夫差最终兵败之时，才认清勾践之"行"的真正面目。就这一点而言，勾践复仇的故事甚至可以被视为对孔子这段话的一种注解。

当然，孔子对宰予昼寝的批评和感慨还是让不少学者感到疑惑：以宰予在孔门的地位，他居然还是一段朽木，那么作为"万世师表"的孔子教学水平究竟怎么样呢？

孔子主张因材施教，他在无法认清楚宰予本质的情况下，又是如何进行教诲的呢？在本章第二部分将会继续探讨《论语》中的这些问题。在此我们所关注的是孔子对"言"的不信任。是否出于此，才导致他将信置于仁、礼和孝之下呢？《论语·阳货》云：

> 子曰："予欲无言。"子贡曰："子如不言，则小子何述焉？"子曰："天何言哉？四时行焉，百物生焉，天何言哉？"

如果将这段话与孔子对宰予昼寝所发的感慨相联系，就会发现两段话是相呼应的。在孔子看来，天所展现于人的是广义持久的"行"。因此，尽管一般认为先秦思想家中较为详细地探讨了言意关系的是庄子，但事实上，孔子从言行关系出发，更早地质疑了言的功效[19]，而其质疑的最根本依据，则来自天。

2. 孟子与"不必信"

在一定程度上，孟子对信和言的态度与孔子保持了一致。《孟子·离娄下》载：

> 孟子曰："大人者，言不必信，行不必果，惟义所在。"

孔子反着说的话，孟子正着说了一遍。尽管没有任何直接证据表明孟子这段话是对孔子所言的进一步解读，但这并不妨碍我们认为孟子在作此论时，将孔子作为了对话者。为什么"言必信，行必果"是小人的表现呢，那是因为小人不知道"义"的重要性。对此朱熹解释说："大人言行，不先期于信果，但义之所在，则必从之。"[20]换言之，义具有道德的优先性。与义相比，信与果是第二位的。只要符合义，不信或不果的行为就不但不会受到斥责，反而会得到肯定。

与孔子相比，孟子的贡献在于明确把"义"作为"不信"的依据。在《离娄上》中，孟子指出："仁之实，事亲是也；义之实，从兄是也。"朱熹解释说："义主于敬，而敬莫先于从兄。"[21]从这一原则出发，赵晔笔下季札的选择似乎有违背"义"的嫌疑。在长兄诸樊听从父命，把王位交给季札时，季札选择了拒绝。诸樊用先人的事例劝导说："太王改为季历，二伯来入荆蛮，遂城为国，周道就成，前人诵之，不绝于口。"正是诸樊和季札的先人太王把王位让给兄弟季历，季历继位后才有了后来的周朝，太王让位于季历继位都获得了赞誉。但季札依然选择了"避"，坚信这样做才符合宗庙社稷之制。赵晔并没有对季札的言行作直接的评价，但是他的叙述也是对孟子之言的一种回应与肯定。

《离娄上》中的另一句话也很好地概括了季札："人之易其言也，无责耳矣。"一般将"易言"理解成轻易改变所说的话，也就是不守信。朱熹解释说："人之所以轻易其言者，以其未遭失言之责故耳。"[22] 这切中了言与道德之间关系的要点。如果受到道德的谴责，那么人就不会轻易改变自己所说的话。也许有人会问，孟子不是说"言不必信"吗，为何还要抨击"易言"呢？很显然，不必信的前提是遵循义，而易言之人则没有做到这一点。季札所言很好地展现了什么叫做"易言"。当其父寿梦要把王位传给他时，他说父亲不应该"废先王之礼"；于是其兄诸樊采用季札的逻辑，举出先王太伯的例子，证明王位传给幼子是吴国祖先所认可的，可是此时季札又拒绝以先王为榜样，拿出了曹国子臧拒绝王位的例子。这个过程中季札已经偷换了自己的逻辑和观念。然而，他并没有因此而受到指责。

为什么会没有被指责呢？这说明没有普遍统一的道德原则。要批评一个人，就必须有广泛认同的道德准则，否则批评就是没有意义的。假如孔子批评举证父亲攘羊的儿子不孝，叶公的乡人就会觉得这种批评颠倒是非、毫无意义。反之亦然。我们看到，和孔子一样，孟子也通过自己的实践告诉大家何谓"言不必信，行不必果"，但是他的言行甚至都没有得到弟子公孙丑的理解。

在《孟子·公孙丑下》中，孟子与齐王之间有一次精彩的较量：

> 孟子将朝王，王使人来曰："寡人如就见者也，有寒疾，不可以风。朝将视朝，不识可使寡人得见乎？"对曰："不幸而有疾，不能造朝。"明日，出吊于东郭氏。公孙丑曰："昔者辞以病，今日吊，或者不可乎？"曰："昔者疾，今日愈，如之何不吊？"

孟子本来计划去上朝拜见齐王，可是齐王不知孟子的安排，因此假装生病，想要孟子来看自己。孟子见招拆招，取消了原定计划，也托病说不能去。结果到了第二天，孟子高调地去齐国大夫东郭氏家吊唁。孟子弟子公孙丑就问道，昨天您以生病为借口拒绝上朝，今天就去吊唁，这样大概不合适吧？公孙丑的意思是说，你这不是让齐王知道昨天您是在"说谎"吗？孟子回答说，昨天生病，今天病好了，怎么就不能去吊唁呢？

孟子托病不朝，显然是既说了"谎"，又没有按照自己的既定计划行事。这是因为孟子认为齐王没能做到尊重贤士，而他的"不必信"与"不必果"则是为了捍卫士的尊严。也就是说，他通过拒绝朝见齐王，用看似不敬的方式告诉大家"敬"的重要性，而敬是义的核心所在。孟子通过吊丧高调地表明昨天自己就是在"说谎"。这样的方式和孔子对叶公宣称父子应该相隐才是"直"可谓一脉相承。因此，孟子与孔子一样，通过"说谎"不但做到了言行合一，而且展现了义的重要性。

但事实上，即使孟子的学生公孙丑也并不了解孟子行为的合理性。一旦孟子的言行被误认为一个人可以根据自己的喜好选择是否"说谎"，就可能造成严重的后果。很可能孟子反而会被认为是一个言行不一之人。同样，孔子也曾经无奈地说："二三子以我为隐乎？吾无隐乎尔。"（《论语·述而》）孔子的学生也会认为他既然宣扬隐，就会对他们有所保留。如果连孔子与孟子的学生都无法真正理解他们老师"说谎"的尺度，那么后人也许就会走向两个极端：一个是根据自己的尺度随意"说谎"，另一个则是为了防止"说谎"的泛滥而坚决反对"说谎"。

3. 孙子与荀子：诈与信

当然，在现实中并没有出现第一种极端，任何一位思想家都知道这种情况的危害。但是，相对而言，的确出现从世俗的功用出发肯定"说谎"价值的思想家，孙子就是其中的代表；相应地，也出现了倾向于主张"信"的思想家，他就是荀子。

正如美国汉学家瑞丽（Lisa Raphals）所指出的那样，"欺骗"是孙子兵法的重要特色。她说："《孙子》以其在战争中提倡欺骗和间接的计谋而享有盛名。"[23]《孙子》的兵法以计谋为基础，就必须依赖于诡诈，其核心在于通过"说谎"来控制敌人的心理[24]。这就是"兵以诈立"的核心所在。孙子说："能而示之不能，用而示之不用，近而示之远，远而示之近。"这是典型的"说谎"：所展现的与真实的情况完全相反。"说谎"的目的是为了获得战争的胜利，而战争的胜利是国家生死存亡的关键。如果说孔、孟对适当的隐与不信的认可是基于道德原则，那么孙子的出发点显得更为功利而现实。更重要的是，《孙子》明确地把欺骗理论化，使之成为其战术的核心原则"[25]，《虚实》《用间》等篇都以"说谎"为基础而展开。

　　例如，孙子在《用间》提到了五种"间"，其中包括"内间"："内间者，因其官人而用之。"在勾践复仇的过程中，作为"内间"的太宰嚭显然起到了重要的作用。如果没有太宰嚭一次次地向夫差表达勾践的忠心，勾践就可能没有机会活着回到越国。但是，这并不表明《吴越春秋》对孙子思想的赞同。之所以这么说，是基于《吴越春秋》中对孙子的描写——孙子的地位尚不如伍子胥，正是伍子胥发现了孙子的才能，将他推荐给吴王的，而《史记》中只是讲到孙子因兵法而为吴王所知，并没有伍子胥作为中间人。更重要的是，《吴越春秋》中并没有太多地描写孙子用兵之诈，反而和《史记》一样详细地讲述了孙子在吴王阖闾面前用宫中美女演示练兵，因吴王爱姬不听从军令而将她们军法处置的故事。不过不同的是，当吴王为此而不高兴时，《吴越春秋》中是伍子胥对他进行好言劝谏，才使得吴王大悦，重用孙子的；《史记》中则完全没有伍子胥的出现。很显然，赵晔有意凸显伍子胥比孙子还懂得如何灵活地交流。如果说孙子主张"诈"，那么伍子胥比孙子还懂得"诈"。尽管《吴越春秋》中的勾践的确使用了不少符合孙子兵法的计谋，但是在赵晔的笔下，孙子的地位显然比不上伍子胥，遑论最后战胜了伍子胥的勾践。

　　虽然赵晔的叙述在一定程度上印证了战争中"诈"的重要性，但他又暗示我们有着比"说谎"更为重要的因素——孙子的"诈"并未给吴国带来长治久安，他甚至都无法靠自己获得吴王的信任。孙子的遭遇告诉我们一个悖论：一个宣扬"说谎"的人需要先获得他人的信任才能够实践他的"谎言"理论，那么"诈"得以实践的基础就是"信"。如果没有了吴王和伍子胥的信任，孙子就落入了英雄无用武之地的下场。需要厘清的是，勾践的"谎言"实践之所以能够成功，也依赖于夫差的信任，但是这两种信任有明显的区别。对勾践来说，夫差是受骗者；对孙子来说，吴王和他是利益一致的。因此，"谎言"想要在对外的战争中获得成功，首先需要对内取得从上到下的一致信任。

正是从这一点出发，荀子对"说谎"作了全面而系统的驳斥。有学者认为荀子对"说谎"的坚决否定和孙子对"诈"的高度重视形成了一种对话，他坚决反对"将欺骗作为战争的一大原则"[26]，这与孙子形成了鲜明的对比。

《荀子·议兵》中荀子和临武君的对话确实可以被视为荀子与孙子的间接对话。与孙子思想相近的临武君强调变诈的功用，对此荀子作出了正面的回应，指出："仁人之兵，不可诈也。"也就是说，真正的仁义之君是不可能受到"欺骗"的，在作战时被骗的只能是那些"怠慢者"与"路亶者"。一般认为，要看破他人的"谎言"靠的是智慧，而荀子则认为仁义之人能够不为人所"欺骗"，也就是有德自然有智。我们可以看到，荀子其实在辩论中偷换了概念。临武君讲的是"说谎"在现实战争实践中的功用，而荀子谈的则是在理想化的层面如何超越"说谎"。荀子以汤武为例，试图证明王者之师能够无敌。但是在现实的层面，仁义之圣王却可遇而不可求，绝大多数的战争是在不仁义的君王之间展开的，这反而印证了"诈"的必要性。

《荀子·议兵》对我们来说之所以重要，是因为荀子在其中提到了阖闾与勾践。他认为包括阖闾与勾践在内的春秋五霸"是皆和齐之兵也，可谓入其域矣，然而未有本统也，故可以霸而不可以王"。也就是说，在荀子看来，阖闾与勾践的用兵已经迈进了礼仪教化的大门，但还没有达到最高的境界。尽管勾践还没能与汤、武并肩，可也是一位在仁义的大道上奋进的君王。这让我们想到了司马迁对勾践的评价：贤。

很显然，赵晔笔下的阖闾和勾践很难说已经踏入了"仁君"的门槛：阖闾的王位是靠刺杀篡夺而来的，勾践的复仇则仰仗了他对夫差的成功"欺骗"。如果设想赵晔是荀子和临武君的评委，他多半会对荀子的论述持保留的态度，而对临武君的观点表示赞同。毫无疑问，阖闾和勾践的称霸都离不开"谎言"。勾践为了打击吴国的经济基础，先是谎称天灾歉收向夫差借粮食，然后"拣择精粟而蒸还于吴"，而吴国人用蒸熟了的种子播种后颗粒无收，"吴民大饥"。勾践此举当然是复仇大计中的重要一环，但是这样的行为伤害了吴国的普通百姓，与仁义相去甚远。

虽然荀子在汉代的地位无法与孔、孟比肩，但是对东汉的思想家还是有着相当程度的影响，王充、仲长统等人对孝的批判就是对《荀子》思想的继承[27]。在这样的历史语境下，我们有理由推测赵晔《吴越春秋》中对阖闾与勾践的描写在一定程度上也是对荀子的回应。当荀子主张"正确的礼义会教化并团结百姓，而诈巧是无法与之相比的"[28]时，他只强调了内部的政策，却完全忽视了对外的策略。的确，勾践在国内采取的相关策略符合荀子所言，但仅仅这样是不够的。因此，对于荀子反对军事层面的说谎，赵晔应该持保留的态度。

不过，《吴越春秋》对吴越两国内政的叙述倒或多或少支持了荀子的看法。在《荀子·君道》篇中，荀子说："彼不能而主使之，则是主暗也；臣不能而诬能，则是臣诈也。主暗于上，臣诈于下，灭亡无日，俱害之道也。"荀子对国家治理的论断正是吴国的写照。当夫差开始重用被勾践收买了的太宰嚭后，吴国就陷入了"主暗于上，臣诈于下"的局面。而《荀子·王霸》篇中"故用国者，义立而王，信立而霸，权谋立而亡"之论，似乎正是越国从霸到亡的写照。勾践在复仇之前，国内上下一心，互相信任；而在称霸之后，他就开始运用权术，使得范蠡远走，文种殒命，也就注定了越国最终的命运。荀子认为如果统治者过于依赖权谋，"则臣下百姓莫不以诈心待其上矣。上诈其下，下诈其上，则是上下析也"。如果说赵晔并不支持荀子在纯军事层面对"谎言"的反对，因为这有过于理想化之嫌，那么他通过自己的叙述，表达了对荀子在政治层面反对"说谎"的肯定。赵晔反复凸显吴越争霸中"说谎"的作用，既告诉我们荀子"义立而王"在现实中的不可能性，又阐明了权谋欺诈的不可持久性。

需要指出的是，对荀子来说，"信"主要是对君王的要求，例如《荀子·富国》篇说："先王明礼义以壹之，致忠信以爱之，尚贤使能以次之。"对于臣子，荀子并没有严格的要求。他从现实出发，指出："事圣君者，有听从，无谏争；事中君者，有谏争，无谄谀；事暴君者，有补削，无挢拂。迫胁于乱时，穷居于暴国，而无所避之，则崇其美，扬其善，违其恶，隐其败，言其所长，不称其所短……"（《荀子·臣道》）面对不同的君王，臣子可以采取不同的说话技巧。在暴君面前，采用适当的交流方式，不一定要直接说出他的缺点，这在荀子看来不是不可以接受的。若是按照这个标准，在《吴越春秋》中面对夫差大声斥责的伍子胥似乎就做得并不合适。因此，尽管整体而言赵晔的态度更为贴近孔、孟的观点，但是我们依然可以在荀子所言和赵晔的叙述之间找到类似"经"与"传"的传承关系。

综上所述，赵晔在《吴越春秋》中所讲述的历史故事完全可以被视为对先秦思想的一种解读和诠释。就"谎言"的正面功能来说，赵晔支持孔子与孟子的态度，强调在为了更高道德准则的情况下，"说谎"是被允许甚至是必需的。与此同时，赵晔的叙述也暗示了"说谎"的局限性，比如当勾践通过对夫差"说谎"而复仇成功后，会变得不再信任别人，从而对内开始各种怀疑，杀戮功臣。就这一点而言，赵晔也在一定程度上肯定了荀子对"说谎"的态度。可以说，赵晔在《吴越春秋》中的叙述全面回应了先秦儒家关于"说谎"的观点。不过，无论是肯定还是质疑，赵晔都将自己的态度隐藏于故事之中，那么，他为何会采用这样的表述方式呢？

二、《吴越春秋》与绕着讲的传统

1. 赵晔与《春秋》之晦

通过古人的言行来表达思想，这是《春秋》的传统。自《春秋》以降，《左氏春秋》《晏子春秋》与《吕氏春秋》等典籍也不同程度地继承了这一传统。[29] 既然《吴越春秋》也冠以"春秋"之名，那么赵晔显然旗帜鲜明地向读者表明了自己叙述方式的渊源。

众所周知，孔子作《春秋》是为了"惩恶而劝善"[30]。但是，孔子在《春秋》中并没有直接地指出其所主张的是非原则。换言之，他所宣扬的是非隐藏于"往事"之中。孔子的这种叙述方式还隐藏了叙述者。我们在读《春秋》之时，并没有感到有人在向自己讲述历史，其中的"往事"更像是单纯的记录。但是就在这极为简洁的记录中，孔子向后人传达了自己的褒贬。以"隐公四年"为例，《春秋》说"冬十有二月，卫人立晋"，根据《左传》，之所以强调"卫人"，是为了表明立公子晋为王是众人的选择。"(隐公)五年春，公矢鱼于棠"，"公矢鱼于棠"是在批评隐公所为不符合礼——春天的时候不应该去观看捕鱼，而且记录了地点"棠"，是为了说明距离之远。"隐公七年"，"滕侯卒。夏，城中丘"。《左传》解释说，没有写滕侯名字的原因是"未同盟也"，而指出夏天在中丘筑城是由于"书，不时也"——也就是说不应该在夏天筑城。

这样的例子几乎贯穿整部《春秋》。孔子的叙述手法表明，即使仅仅提及一个历史事件，他都会带有赞誉或是批评。这让每一个熟悉经典的读者都养成了一个习惯：读历史并不仅仅是读历史本身，更是在每一个字背后寻找可能隐藏着的意义。究竟是历史叙述的事件本身更重要，还是历史叙述背后的义理更重要，这是一个没有明确答案的问题。然而可以肯定的是，用历史叙述来传达义理，这是《春秋》以来的传统。

这一传统从最初开始，就依赖于一种近似循环的论证。当《左传》解释说因为滕侯未与鲁国结盟，所以没有记录他的名字时，意味着只有了解当时历史的人们才能懂得孔子的微言大义；而当《左传》说记录"公矢鱼于棠"的原因是不合礼制时，也意味着只有懂得当时礼仪的人们才能了解孔子的褒扬贬斥。于是，想要破解《春秋》所隐藏的是非原则，在一定程度上依赖于一个内循环：只有原本就和孔子具备同等历史和礼仪知识的人，才能够明白孔子隐藏在文本背后的意义；而一个门外汉，始终只能站在门外。法国汉学家于连认为："在隐藏和显示之间，天平保持着平衡……这样的写作既不晦涩难懂，也不浅显直白：作者事实上在向所有人表达自己，但却有所保留。"[31] 如果我们借用于连的说法，把孔子在《春秋》中的叙述视为一个天平，那么其支点则是了解《春秋》所必需的历史及其他相关知识，没有这个支点，《春秋》就会倒向隐藏的那一边。

但是，汉代的情形告诉我们，很多人都觉得自己找到了这个支点，尽管他们所找的支点并不相同。《公羊》《穀梁》和《左传》各自用不同的视角来诠释《春秋》，关于它们的争论一直到清朝依然没有定论[32]。这告诉我们，通过古人的言行来传达思想，似乎会把作者本人的想法隐藏得更深，从而也向后人敞开了不同解释维度的可能。徐复观在谈到《春秋》时指出："历史家的语言，则是凭具体的历史故事，以说向具体的人。此时读者不是直接听取作者的理论，而是具体的人与具体的人直接接触，读者可凭直感而不须凭思考之力，即可加以领受。……也可以说，这是由古人行为的成效以显示人类行为的规范，不须要有很高的文化水准，便可以领受得到的。"[33] 徐氏此论显然不符合《春秋》的情况——《春秋》中的叙述极为简略，与"具体"无关。一般人几乎无法凭借直感从《春秋》的叙述中得到领会，去发掘隐藏在文字背后的微言大义。我们无法像读《论语》那样，根据自身的体会直接解读"学而时习之"。

因此，和用自己的语言直接表达自己的思想相比，用历史来表达观点的《春秋》更像是一个谜语，而且是没有标准的谜底。对于这样的谜语，有的人喜欢有独一无二的答案——这是《公羊》或《谷梁》的风格；而有的人则喜欢继续用谜语来解谜，用更为具体的历史叙述来解释最初的谜语，不但不提供直接的谜底，反而在一定程度上使原本的谜语变得更为复杂——这是《左传》的风格。尽管今人如徐复观等人对《左传》评价极高，认为通过《左传》我们"可以了解他对当时由《诗》《书》《礼》等所代表的文化渐渍之深，运用之熟，所以他在精神上，可以把握他所面对的这段历史，作完整而有深度的处理"[34]，但是有清一代，对《左传》的各种争议也持续不断。有人认为《左传》不能被视为对经的解读，有人则甚至声称《左传》中很多内容都是伪造的[35]。

这样的争论之所以持续不断，关键还是在于这些学者都相信自己的解读是唯一正确的谜底。事实上，《左传》叙述更为具体，所要表达的义理也随之而复杂化。例如，《春秋》"定公十四年"载："五月，于越败吴于檇李。吴子光卒。"《春秋》所给我们的谜面非常简略，后人不知道战争的经过，也不知道吴王阖闾为何去世，更不知道吴越之间这场战争的意义，也就无法揣测孔子如此记载究竟要批评的是什么。《左传》对此作了详细的叙述：

吴伐越，越子勾践御之，陈于檇李。勾践患吴之整也，使死士再禽焉，不动。使罪人三行，属剑于颈，而辞曰："二君有治，臣奸旗鼓。不敏于君之行前，不敢逃刑，敢归死。"遂自刭也。师属之目，越子因而伐之，大败之。灵姑浮以戈击阖闾，阖闾伤将指，取其一屦。还，卒于陉，去檇李七里。

夫差使人立于庭，苟出入，必谓己曰："夫差！而忘越王之杀而父乎？"则对曰："唯，不敢忘！"三年，乃报越。

《左传》的叙述，让任何一个对吴越历史完全不了解的读者都被阵前勾践的气势所震撼，也被夫差复仇的决心所折服。越国的这场胜利造成了夫差的杀父之仇，从而开启了夫差与勾践之间争霸的大幕。一方面，《左传》的叙述的确给我们提供了谜底，阖闾是在这一次战役中受伤而死的，直接导致了夫差的复仇；另一方面，《左传》又给我们制造了更多的新谜语：勾践用如此残忍的手法获得了胜利，孔子究竟会如何评价？夫差不忘复仇，可究竟是父仇重要，还是国家本身更重要？和明确鼓吹复仇合理性的《公羊》《穀梁》二传相比，《左传》并没有在这里告诉我们直接的评价。固然有的时候它会用"君子曰"来表达作者的观点[36]，但是这样的表述远不如司马迁的"太史公曰"来得态度坚决。

当然，这并不意味着我们无法发现《左传》的谜底。恰恰相反，在《左传》的叙述中隐藏着找寻谜底的线索。在这一点上，左丘明——我们暂且不讨论他究竟是不是《左传》作者的问题——和古希腊的修昔底德有一些相似。修昔底德经常通过对情节的巧妙设计或是宕开一笔的叙述方式来表达自己对历史以及相关人物的评判。用法国著名历史学家杰奎琳·罗米丽（Jacqueline de Romilly）的话来说，在修昔底德笔下"解读与评价完全地通过对单独事件的叙述本身得以展现，看上去作者并没有参与其中"[37]。

同样，和《春秋》相比，《左传》对情节的推动作了精心的安排，并由此引导读者去思考个中的义理。用金圣叹的话来说："若用笔而其笔之前后、不用笔处无不到者，舍《左传》吾更无与归也！"[38]在《唱经堂左传释》中，金圣叹用"二'初'三'遂'"概括了《左传》名篇《郑伯克段于鄢》的结构："一篇文字，凡用三'遂'字作关锁"，从郑庄公寤生后其母"遂恶之"到最后的"遂为母子如初"，看似"恶得急遽无理……于此可见圣人教人迁善改过，妙用如许"[39]。也就是说，作为母亲的姜氏，只因为儿子是寤生的就讨厌儿子，大部分读者都会觉得有一点过分，而《左传》正是用这样的突兀来表达圣人之教。众所周知，金圣叹能用读《左传》的方法来评论《西厢记》，正是因为《左传》的叙述如戏剧一样充满了情节的变化，而左氏想要讲述的义理蕴含于这变化之中。

如上所述，《左传》中夫差一出场就是一位不忘父仇的孝子。当夫差让下人反复地问他有没有忘记父仇时，读者首先会强烈感受到夫差对复仇的决心与渴望。但是，当我们静下心来，再去回味这一细节时，不禁会想：用这样戏剧性的方法提醒自己不忘父仇的人，究竟是因为对仇恨刻骨铭心，还是因为他本身善于遗忘——一个真正铭记仇恨的人，又何需他人的提醒呢？尽管《左传》对吴越争霸所费笔墨并不算多，但是在"定公十四年"所叙述的情节中，已经埋下了"哀公二十二年"越国灭吴的伏笔。即使不去揣测圣人之教，我们也可以发现《左传》通过情节告诉我们："人们的记忆是脆弱的，因而为了铭记耻辱而所采取的具体种种手段就显得非常重要，而这正是勾践故事的主线。"[40]

尽管赵晔没有明确地提及《左传》，但是他在《吴越春秋》中显然也体现了用情节本身说话的叙述方法。虽然现存的《吴越春秋》从整体来说叙事更为详尽，但却没有详细地讲述阖闾之死，也没有夫差让人提醒自己不忘父仇的细节。对于阖闾与夫差的权力交接，赵晔着重凸显了一个细节：在《阖闾内传第四》的结尾写道，是伍子胥帮助夫差获得太子之位的。当我们看到这一情节时，很自然地想到夫差会把伍子胥视为心腹。因此，当看到《夫差内传第五》一开始伍子胥就失宠时，会让人感受到强烈的对比，从而思考夫差和伍子胥之间关系交恶的原因究竟为何。

让读者从情节中寻找义理，在一定程度上就解构了前文所提及的循环。不具备和孔子相同历史和礼仪知识的人，也能够从自己对历史叙述的理解出发，或多或少地发掘隐藏在叙述本身背后的意义。就这一点来说，一方面从《春秋》《左传》到《吴越春秋》有着互为经传的关系，赵晔的叙述可以被视为对《左传》相关叙述的进一步诠释；而另一方面《吴越春秋》在叙述更为详尽的同时，比《左传》更为彻底地破除了读者的"先入之见"。清人盛大谟（1699—1762）说：

> 读《左传》者，见《左氏》传《春秋》事，误认为叙事
> 书……岂知《春秋》，题也；《左传》，文也……左氏特借题
> 以发笔墨之奇，举列国君卿盟会、战役、灾祥、变异等事，
> 一时奔赴腕下，供其驱使运用。则左氏胸中并无春秋，并无
> 盟会、战役、灾祥、变异等事，读者亦必无盟会、战役、灾
> 祥、变异等事，以致胸中并无左氏，有不知文之为文，我之
> 为我，乃可与读《左传》。[41]

有学者认为，盛氏是要我们破除阅读《左传》时的先入之见，不要以为《左传》只是在重复《春秋》中圣人的褒贬。[42]以此类推，《吴越春秋》当然也不是在重复《左传》中的义理。《左传》对夫差的叙述侧重于为父复仇，而《吴越春秋》则关注的是计谋。夫差初次出场是在阖闾原来的太子病死之后，"夫差日夜告于伍胥曰：'王欲立太子，非我而谁当立？此计在君耳！'"于是伍子胥在阖闾面前为夫差美言，阖闾遂立夫差为太子。在赵晔的笔下，夫差关心得更多的是自己的王位。

金圣叹在谈到《左传》时说："有字处反是闲笔，无字处是正笔。"[43]同样，当赵晔略去了《左传》中的细节时，完全有可能是在暗示我们，夫差最初对勾践的胜利并非源于为父亲报仇雪恨的渴望，而更多地来自称霸的野心。当伍子胥对阖闾说"夫差信以爱人"，力劝阖闾立夫差为太子时，赵晔尽管未描写在此之前夫差与伍子胥的关系，但两人显然早有勾搭。"信以爱人"四字，正是赵晔给我们留下的"文眼"：如果夫差真的"信以爱人"，那么他何必要伍子胥用计劝说阖闾；如果夫差并不"信以

爱人"，那么伍子胥就是在伙同夫差对阖闾"说谎"！

　　但是请记住，这一切都是我们根据赵晔的叙述所作的解读，他并没有直接告诉我们任何判断。如前所述，尚简用晦是春秋笔法的本质特征。虽然从《左传》到《吴越春秋》，"简"的传统已经渐渐被摒弃，但是"晦"的传统却得到了继承与发扬。如果说《左传》还在一些地方通过"君子曰"表达直接的评价，那么《吴越春秋》则完全让读者通过古人的言行自己作判断。刘知幾对《春秋》之"晦"称赞说："微婉其说，志晦其文；为不刊之言，著将来之法，故能弥历千载，而其书独行。"[44]在刘知幾看来，"晦"和"明"是相反相成的，正是由于《春秋》的晦，才能使得其所言悬诸日月而不刊。不过需要注意的是，所谓"晦"并不仅仅是文本本身的特色，更是读者与文本之间的关系。如前所述，如果一个人懂得孔子讲述的历史背景与礼仪制度，那么他可以轻松破解《春秋》中的褒贬。因此，《春秋》之"晦"其实是对读者提出了要求，要求读者具有相应的知识，才能发现文字背后所隐藏的义理。相反，从《左传》开始，"晦"则体现在读者对文本的解读过程的多样性之中。当盛大谟主张"我之为我"才可以读《左传》时，他暗示每个读者对《左传》都会有不同的解读。盛氏所言与沃尔夫冈·伊泽尔（Wolfgang Iser）所说有类似之处。伊泽尔说："当我们阅读时，我们对我们自己所产生的情绪与解读作出反应。"[45]这意味着作为个体的读者可以将自己个人的经历带入阅读之中，与此同时，阅读又给予读者新的经历，从而使读者能对文本作出私人化的解读。也就是说，《左传》的"晦"已经不再需要读者对相应的历史事件有足够的了解，而给予了读者从自身出发作个性化阅读的空间。

《吴越春秋》之"晦"则在《左传》的基础上更进了一步。众所周知，亚里士多德在《诗学》中指出历史与诗歌的区别在于："一个讲述已经发生了的事情，而另一个则讲述的是可能会发生的。"[46]根据亚里士多德的定义，左丘明是史家，而赵晔则既是史家又是诗人。他一方面叙述了已经发生的事情，另一方面则讲述了可能会发生的事情。在《吴越春秋》中，赵晔讲述了夫差的两种结局：一种是夫差在战败后努力求生；另一种是夫差在吴国被灭后慷慨赴死（在后文章节将对此作详细阐述）。这样的叙述显然志不在于让读者了解"历史真相"，而是利用"变换的视角，使文本成为一张越来越大的关系网，笼罩住读者的内心"[47]。之所以文本会越来越大，是因为它促使读者将自己的生活、视角、记忆和期盼与文本的叙述联系起来，去思考自己如果是夫差会做怎样的选择。用亚里士多德的话来说，当赵晔所讲述的"历史"不再局限于所谓的简单事实（fact），而是为读者提供了各种猜想的可能性时，《吴越春秋》就具有了更多的文学性，赵晔也就相应地成为了"诗人"。需要指出的是，这种文学性正是来自"晦"，也就是亚里士多德所说的"歧义性"（ambiguity）。《吴越春秋》的"晦"已经不再树立"不刊之言"，而是让读者有了多重解读的自由。从这一点来说，《吴越春秋》的叙述风格来自《春秋》和《左传》，却又有了新的发展。

2. 赵晔与《诗经》之婉

如果说《吴越春秋》的叙述风格与《春秋》《左传》有所不

同，那是因为赵晔的确是一位诗人。他工于韩诗，《诗经》委婉的表达风格给赵晔笔下的"晦"带来了一份"诗"意。所谓"诗意"，可以有两层含义。一层来自《诗经》本身，而另一层则来自汉代的韩诗。

《诗经》本身对赵晔的影响体现在讽刺的手法上。按照汉代对《诗经》的主流理解，讽刺是其主要功能之一，"上以风化下，下以风刺上，主文而谲谏，言之者无罪，闻之者足以戒"。这一点和《春秋》的褒贬有异曲同工之效。如果说《春秋》褒贬的重点在于隐晦（《左传》也有"婉"的特点，但以"晦"为前提），那么《诗经》讽刺的关键则在于委婉。正如沈德潜所言："讽刺之词，直诘易尽，婉道无穷。"（《说诗晬语》卷下）"易尽"和"无穷"，指的是对诗歌含义的理解层次。直接的批评所具有的理解可能性是有限的，批评者的态度在其言语中已作了明确的表达。无论读者对其态度持何看法，都很难用其他角度来诠释或理解；而面对采用迂回原则的诗句，读者对诗中的讽刺则会有不同的理解。举例来说，《君子偕老》一诗讽刺宣姜给卫国带来的"五世不宁"，这几乎是公论。可是，尽管后世的学者都同意这首诗歌讽刺宣姜这个事实，但对于讽刺的程度以及讽刺背后所含的情绪却有着不同的理解——这就是《君子偕老》的委婉所带来的"无穷"。

相对来说，《毛诗序》的观点最为正统："《君子偕老》，刺卫夫人也。夫人淫乱，失事君子之道，故陈人君之德，服饰之盛，宜与君子偕老也。"也就是说，她这样的服饰，应该做到"君子偕老"，但是却没有做到。因此，诗歌的标题本身就是一种反讽，而诗歌的内容也同样是反讽。在《毛诗序》看来，诗人对被讽刺的对象持全然否定的态度，之所以用大量笔墨描写她的衣着容貌，是为了与她的德行作强烈对比。

但是，南宋吕祖谦却从诗歌对宣姜容貌的赞美中读出了对她的怜惜。吕祖谦说："首章之末云'子之不淑，云如之何'，责之也；二章之末云'胡然而天也，胡然而帝也'，问之也；三章之末云'展如之人兮，邦之媛也'，惜之也。辞益婉而意益深矣。"[48]这表明在诗歌的三个章节中，诗人对宣姜的讽刺是逐渐减弱的，从责备、质问到最后的怜惜，用辞越来越委婉，而其所含之意则越来越深邃。朱熹在《诗集传》中既指明了"其徒有美色，而无人君之德"，也引用了吕祖谦的话，不过未作任何评论。元代的朱公迁则态度更为明确，在《诗经疏义会通》（卷三）中，他引用了上述吕祖谦的评论后解释说，一般人指责他人时，越说脾气越大，言辞越严厉；而君子则语气越来越缓和。朱公迁的解释把讨论的焦点从宣姜转移到了批评宣姜的人身上。或许我们可以这么理解，一味地直接批评他人，会让自己站在一个道德的高度，从而忘记自省；而委婉的批评则通过共情，在批评他人的同时，不但警醒自己，而且也会思考被批评对象改过从善的可能。因此，吕祖谦和朱公迁的解读将诗人之意作了极大的延展，根据他们的解读，《君子偕老》与其说是在讽刺宣姜，不如说是在告诫读者自己，"反射出领受者的心情"[49]。

清代姚际恒则更进一步。虽然他在《诗经通论》中明确表明"小序谓刺卫夫人宣姜，可从"，但是指出"此篇遂为《神女》《感甄》之滥觞"（卷四）。姚氏的这一论断可以说已经开始维护宣姜的形象。尽管曹植《洛神赋》与感甄故事的关系未有定论[50]，不过可以确定的是，无论是《洛神赋》还是一系列的感甄故事都没有对女主角作无情的抨击，相反，两者都表现出了对她的爱慕与同情。姚际恒将《君子偕老》与之相提并论，无疑在告诉我们，宣姜和甄氏一样，她的悲惨命运并不仅仅是由于自己德行有亏而造成的，也许她的举止不符合人君的要求，但历史中的其他因素起到了更大的作用。

由此可见，《诗经》用委婉的手法来进行讽刺，的确给读者以多重的解读可能。《春秋》也有"婉"的特点，而《诗经》的"婉"在很大程度上脱离了"晦"。面对《春秋》的"晦"，我们也许无法理解某一段文字到底说了什么意思；而面对《诗经》的"婉"，我们可以知道某首诗在表达什么情绪，尽管这种情绪可能被理解成几个层次。举例来说，我们可能完全无法知道"春王正月"到底有什么含义；而对于《君子偕老》，几乎大家都同意是在"刺姜"，分歧只在于究竟是严厉地刺还是带着怜惜地刺。

从这一点来说，《吴越春秋》的叙述的确带有《诗经》"婉"的特点。在《吴越春秋》中，讽刺可谓无处不在，几乎每一个人物都受到了质疑。不过，赵晔熟练地运用委婉的手法，从而达到了"意深"之效果。伍子胥通常被贴上"忠臣"的标签，因而赵晔对伍子胥的讽刺就需要更加地迂回，让读者自己对他的忠诚感到怀疑。当吴王夫差攻打齐国班师回朝后，在一次庆功宴上伍子胥说：

於乎哀哉！遭此默默，忠臣掩口，谗夫在侧；政败道坏，诒谀无极；邪说伪辞，以曲为直，舍谏攻忠，将灭吴国。宗庙既夷，社稷不食，城郭丘墟，殿生荆棘。

看起来这段话就好像宣姜的外表一样美好无比，义正辞严，无疑出自"忠臣"之口。但是且慢，伍子胥所言真正哀叹的是自己而不是吴国。对于吴国，他不惜最恶劣的诅咒——一个真正爱国的臣子，难道不是宁可牺牲自己的生命也要换得国家的安宁吗？伍子胥的逻辑非常简单，如果夫差不听"我"的话，如果"我"不再被重用，那么吴国将与"我"同归于尽。读者可以肯定，赵晔是在讽刺伍子胥自以为是的敢言，但在为何讽刺这个问题上，可以有多种解读：赵晔是在提醒读者伍子胥也曾经满口"谎言"，是在叹息他不应该居功自傲，也是在对他的忠诚感到彻底的怀疑……

和《诗经》中讽刺不同的是，《吴越春秋》中讽刺的载体是故事，而将故事和《诗经》联系在一起，正是汉代韩诗一派的特点。现存的《韩诗外传》以浓郁的小说色彩而闻名，形成的"《诗》与故事的结合，皆是象征层次上的结合"[51]。也就是说，韩诗一派不仅探寻诗的本义，更重视诗对人的教化。一方面，文学性的故事可以让读者更好地理解诗歌的意义；另一方面，诗可以让读者更好地从历史故事中获得教诲。因此，除《左传》外，赵晔还应从韩诗传统中继承了故事与义理的结合。

但是，赵晔的叙述风格与《韩诗外传》并不相同，甚至可以被认为是对后者的一种反动。《韩诗外传》中的勾践形象非常正面，卷七载：

孔子曰："明王有三惧：一曰处尊位而恐不闻其过，二曰得志而恐骄，三曰闻天下之至道而恐不能行。昔者越王勾践与吴战，大败之，兼有南夷，当是之时，君南面而立，近臣三，远臣五，令诸大夫曰：'闻过而不以告我者，为上戮。'此处尊位而恐不闻其过也。……由桓公、晋文、越王勾践观之，三惧者，明君之务也。"《诗》曰："温温恭人，如集于木；惴惴小心，如临于谷；战战兢兢，如履薄冰。"此言大王居人上也。

我们不必深究孔子是否真的说过这样的话，重要的是韩婴通过孔子所言刻画了勾践的正面形象，孔子的称赞给勾践作了最好的背书。在韩婴笔下，勾践是"处尊位而恐不闻其过"的君王典型，而"知人纳谏"等儒家政治思想正是《韩诗外传》所宣扬的重点。值得注意的是，勾践所言在一定程度上回应了《论语》中的父子相隐。我们记得孔子对叶公说，父亲如果攘羊的话，儿子是应该替父"隐"的。在这里，勾践说自己有过错的话，大臣应该说出来。乍一看似乎两者有矛盾之处，其实勾践所言恰恰为孔子的话作了很好的注解：如果在内父子或是君臣之间可以互相指出缺点并且改正的话，那么就没有在外对别人说自己父亲或君王过错的可能性了。跟强调"外"的叶公相比，孔子强调的是"内"。当然，对我们来说最重要的是，韩婴用孔子加《诗经》对勾践进行了双重的肯定，完全没有给读者留下自己判断的空间。

《韩诗外传》中另一则与勾践有关的故事也同样正面：

越王勾践使廉稽献民于荆王，荆王使者曰："越，夷狄之国也。臣请欺其使者。"荆王曰："越王贤人也，其使者亦贤，子其慎之！"使者出见廉稽，曰："冠则得以俗见，不冠不得见。"廉稽曰："夫越，亦周室之列封也，不得处于大国，而处江海之陂，与鼋鳝鱼鳖为伍，文身剪发而后处焉。今来至上国，必曰：'冠得俗见，不冠不得见。'如此，则上国使适越，亦将剸墨文身剪发而后得以俗见，可乎？"荆王闻之，披衣出谢。孔子曰："使于四方，不辱君命，可谓士矣。"

如果说前一则明显讲的是君道，那么这一则看似在讲臣道，其实也还是强调了君道。勾践的臣子出使他国，能够捍卫越国的尊严，可见勾践知人善任，从其臣子身上就能够想见君王的为人。荆王所言已经指明了这一层关系——从越王贤到其使者亦贤。一个"亦"字，让人感觉到君臣之间的相互影响。韩婴再一次用孔子的话来背书，对勾践及其臣子作了极大的肯定。

当然，《韩诗外传》中也不乏"讽刺"，卷一载：

申徒狄非其世，将自投于河。崔嘉闻而止之，曰："吾闻圣人仁士之于天地之间也，民之父母也，今为濡足之故，不救溺人，可乎？"申徒狄曰："不然。昔桀杀关龙逢、纣杀王子比干，而亡天下。吴杀子胥，陈杀泄冶，而灭其国。故亡国残家，非无圣智也，不用故也。"遂抱石而沉于河。君子闻之曰："廉矣。如仁与智，则吾未之见也。"《诗》曰：

"天实为之，谓之何哉！"

申徒狄的这一段话可以被视为对当时社会与政局的砭刺，但是他的砭刺非常直接，也就"易尽"，并没有太多的解读可能性。而在加上了来自《北门》的两句诗歌之后，产生了一个有趣的效果：以委婉见长的《诗经》在加上故事之后，竟然失去了原有的多重解读的可能性，反而令整段话更加直白。原本听说了此事的君子只是肯定了他的廉，也指出了他尚未达到仁，这或多或少让读者觉得申徒狄的言行并不完全值得效仿，但是对《北门》的引用则消除了这样的犹疑。无论是《毛诗序》还是朱熹的《诗集传》，都强调了《北门》中"忠"的意象。《毛诗序》云："《北门》，刺仕不得志也。言卫之忠臣不得其志尔。"朱熹《诗集传》云："知其无可奈何，而归之于天，所以为忠臣也。"[52]从《北门》中卫国大臣的忠，可以反推出申徒狄的忠，从而也肯定了申徒狄心目中的忠臣伍子胥的忠。

我们可以猜想，熟悉韩诗的赵晔也许并不喜欢这样的直白，因为在《吴越春秋》中对任何一个人物的描写都不是非此即彼的善或恶。当申徒狄把伍子胥之死与比干等相并列时，将伍子胥的地位拔高到极致，也就压缩了对伍子胥进行反思的空间。而在赵晔笔下，既没有遵循君道的勾践，也没有恪守臣道的伍子胥。因此，就《吴越春秋》来看，赵晔只是从韩诗一派中继承了用故事来阐发义理的传统，但却摒弃了《韩诗外传》直白的叙述风格。或者说，是韩诗改变了《诗经》的"婉"，为了更好地推行自己的思想主张而采用了"直"。赵晔则选择回归《诗经》本身，继承了《诗经》的"婉"与"讽刺"。有学者指出,《韩诗外传》受到荀子影响极大。[53]在现存的先秦儒家著作中,《荀子》就是以直接论述而独树一帜。相对来说,《论语》和《孟子》都有较为明显的"间接"表达,而《论语》更为突出。接下来我们就将讨论一下《论语》对赵晔叙述风格的影响。

3. 赵晔与《论语》的不隐之隐

如果说《春秋》的主要特点是"晦",《诗经》的主要特点是"婉",那么《论语》则是在"隐"与"不隐"之间,或者说是"不隐之隐"。说它"不隐",是因为《论语》中孔子无疑讲述了很多道理;而说它"隐",则是因为几乎每个道理他又都故意讲得不是很透彻明白。刘宝楠认为孔子"其辞隐,其义显"[54],正是此意。在《述而》中孔子明确说:"不愤不启,不悱不发。举一隅不以三隅反,则不复也。"简单来说,孔子对弟子只举一隅,其他三隅需要弟子自己琢磨。这就是对"不隐之隐"的最好定义。需要强调的是,前面我们所说《论语》中的"隐",是就伦理思想来说的;而在这里所说的"隐",指的是叙述的手法。

我们可以通过《述而》第15章来理解如何透过"不隐之隐"来举一反三。

> 舟有曰:"夫子为卫君乎?"子贡曰:"诺,吾将问之。"
>
> 入,曰:"伯夷、叔齐何人也?"曰:"古之贤人也。"曰:"怨乎?"曰:"求仁而得仁,又何怨?"
>
> 出,曰:"夫子不为也。"

这是一个非常生动的场面。卫灵公赶走了太子蒯聩，在卫灵公薨后，蒯聩之子姬辄成为了卫国的国君。孔子在卫国的时候，受到了姬辄的礼遇。蒯聩随即和儿子展开了争斗。当时的人怀疑孔子会帮助姬辄，因此就有了冉有的疑问。根据叙述，我们很容易得出其中的一隅：学生不应该直接对孔子提出这样的疑问，而是要通过迂回的方式，用既隐藏自己的问题却又包含了这个问题的提问方法。子贡正是按照这个方法，向孔子询问其对伯夷、叔齐的评价，并根据孔子的回答，知道孔子"以让为仁"，从而得出了孔子不会支持卫君的结论。

但是，这样的解读显然并非这则故事的全部。《论语》的叙述留给了读者至少三隅的思考空间：第一，为何连孔子的弟子都不了解孔子的想法？第二，为何孔子不主动告诉弟子们他的立场？第三，为何子贡只告诉冉有答案，而没有告诉他整个对话？

在谈到怎么读《论语》时，朱熹曾引用程子所言说："学者须将《论语》中诸弟子问处，便作自己问。"[55]也就是说，和孔子对话的是他的学生，但是读者也要把自己代入这些角色之中。因而尽管冉有们可能了解孔子的选择，但是后世的我们不清楚孔子的为人；孔子可以亲自向冉有们讲述自己的立场，但是他的讲述却不能够让后世的读者听到。因此，冉有之问可以说是代表后世的读者问的，而孔子与子贡之间问答的听众也正是后世的读者。

如果对这段对话作这样的解读，那么叙述者对其中三位人物的刻画都具有"不隐之隐"的特点。面对后世的读者，冉有隐藏了自己了解孔子想法的可能性；子贡则配合大家的表演，进行了也许自己早有答案的提问；孔子则故意没有明确对大家说出自己的选择，甚至当子贡问他的时候，他看上去也只是在就事论事。

通过这三位角色的配合，我们可以发现孔子强调的不仅是"仁"，还有"孝"与"悌"。朱熹在《论语集注》中说："盖伯夷以父命为尊，叔齐以天伦为重。其逊国也，皆求所以合乎天理之正，而即乎人心之安。"[56]清代的刘宝楠虽然对程朱之学颇多保留意见，但在《论语正义》中对此也持相同意见："伯夷能顺乎亲，叔齐能恭其兄，孝弟皆为仁也。"[57]也就是说，看起来孔子和弟子们是在讨论他们当下的选择，但实际上强调的是孝悌的重要性。这就是《论语》"不隐之隐"的叙述手法的体现：整个叙述表面上与孝悌毫无关联，但用伯夷、叔齐的例子给大家留下了线索。

这样的叙述手法有着极强的代入性。如果说《春秋》褒贬和《诗经》讽刺的对象都以他人为主，与读者保持着距离，那么《论语》的叙述则吸引读者置身于其中，成为叙述中的某一个角色——在绝大多数情况下是孔子的学生或听众。之所以如此，是因为《论语》对孔子与其弟子的描写相对来说更为贴近普通人。包括皇侃、朱熹在内的众多《论语》注释者们认为，孔子在《论语》中通过掩饰自己的圣人之德，让普通人觉得更为亲近，增加了他们学而成圣的信心。[58]例如《述而》第2章说：

> 子曰："默而识之，学而不厌，诲人不倦，何有于我哉？"

朱熹解释说："何有于我，言何者能有于我也。三者已非圣人之极至，而犹不敢当，则谦而又谦之辞也。"[59]简单来说，做到这三点并非很高的要求，但是孔子都说自己做不到，乍一看是孔子过于谦虚的说法。事实上，东汉的郑玄就认为孔子不可能做不到这三点，因此他把这段话解释成"人无有是行，于我，我独有之也"[60]——也就是说，天下人都做不到这三点，只有孔子做到了。郑玄和朱熹的不同在于他把真正的孔子与《论语》中的孔子都想成了圣人，而对朱熹来说，真正的孔子无疑是圣人。但是《论语》中的孔子伪装成了普通人，或者说，是《论语》中的叙述在一定程度上把孔子塑造成了一个普通人，而把他的圣人身份隐藏了起来。于是，孔子用普通人的身份告诉我们，要做到这三点非常困难。这并不是为了自谦，更不是为了让我们了解孔子是个谦虚的人，而是通过他的自谦来劝诫普通人要重视这三点。

更为常见的，是《论语》把孔子的弟子描绘成普通人。前面我们曾经讲到"宰予昼寝"。在这个场景中，第一隅很容易发现，正如范祖禹所说："君子之于学，惟日孜孜，毙而后已，惟恐其不及也。宰予昼寝，自弃孰甚焉，故夫子责之。"[61]宰予学习不够用功，因此孔子批评他——这是读者最直接的体会。但是且慢，宰予可是孔子最优秀的弟子之一，孔子又是万世师表，如果历史上最伟大老师手下的优秀弟子都懈怠如此，那么岂不是让后世的普通学子更加觉得无望？在皇侃的《论语义疏》中，引用了多人的解读，为我们提供了更多的角度。例如，珊琳公曰："宰予见时后学之徒将有懈废之心生，故假昼寝以发夫子切磋之教，所谓互为影响者也。"[62]珊琳公的解读至少提供了三隅：第一是宰予故意昼寝，把自己伪装成一个普通学生；第二是宰予和孔子相互配合，为的是告诫其他学生；第三是《论语》的叙述者故意将宰予描绘成一个普通学生，把普通学生所具有的缺点通过他的昼寝暴露出来。这三种情况都有助于读者感觉到宰予就好像一个普通人，他的缺点也正是我们的缺点，因而孔子对他的批评也就是对我们的批评。

从哲学的角度来说，《论语》中叙述带来的代入性使得它具有了更强的道德普遍性。尽管清代的今文学家们指出《论语》和《春秋》在风格上具有极强的相似性[63]，但是两者的叙述仍然存在明显的区别。如果说《春秋》中的道德还只适用于君王大臣——正如孟子所说："春秋，天子之事也"（《滕文公下》），那么《论语》则为普通人都提供了可以效仿的道德榜样。更重要的是，这种道德的普遍性并非意味着放之四海而皆准，而是需要每一个读者根据自己的个性去发现它。不同的读者可能会有不同的体会[64]，赋予角色以不同的哲学意义，从而发现其中的个性与共性。这体现在《论语》叙述的"不隐之隐"中。

《吴越春秋》中的叙述可以清楚地看到《论语》的影响。赵晔让我们不再停留在对夫差或勾践的批评赞赏之中，而是更进一步引导读者从人物中找到自己的影子。当刚刚当上吴王的阖闾出重金让国人铸造金钩时，有人为了得到重赏，杀掉自己的两个儿子，用他们的血涂抹在金属之上，炼成了吴钩。吴王问他所做之钩有何特别，他坦率地承认说："吾之作钩也，贪而杀二子，衅成二钩。"吴王让他从众多的钩中找出自己所铸的两支，于是他呼唤儿子们的名字，钩就飞了出来。吴王给了他赏金。

　　在这个故事的叙述中，赵晔也采用了"不隐之隐"的手法，给了我们相对明晰的一隅，同时给了我们继续追问的空间。读者的第一印象，一般都是震惊于钩师的残忍和贪婪，为了重赏居然杀死两个儿子。千万不要只停留于此。我们可以接着思考：让钩师这么做的真正推手是谁？当阖闾用重金求吴钩时，是不是已经默许甚至鼓励国人要不惜一切代价？阖闾自己也是踩着亲人吴王僚的鲜血上位的，这是不是意味着吴国在阖闾的统治下已经到了人人可以为利益而罔顾亲情的地步？

　　然而，停留在这一步也还是不够的。在批评或质疑钩师和阖闾的基础上，我们还可以进一步思考当时的父子与君臣关系。赵晔讲述的是非常极端的事例，但用的却是轻描淡写的口吻，没有任何情绪化的描写。尤其值得注意的是，赵晔没有描述吴王听到钩师杀了儿子时的反应。按照前文所说金圣叹的解读方式，没有描写之处才是重点：这说明吴王并没有吃惊。那么，父亲把儿子作为工具是司空见惯的？君王把臣子作为工具也是理所应当的？在这样的情况下，我们又应该如何理解忠与孝呢？

　　当赵晔的叙述让人追问到"孝"时，就和从东汉至今的每一个读者发生了联系。孝是每个人都需要面对的问题。作为子女来说，当父亲要以我们的性命为代价换取重赏时，我们应该怎么做？作为父母，我们又应该如何要求子女尽孝？当我们需要在利益和亲情之间做出选择的时候，应该做何选择？和《春秋》《左传》相比，《吴越春秋》中出现了很多原本就是普通人的角色，这大大地拉近了读者与叙述之间的距离。这些普通人就好像《论语》中孔子弟子所扮演的角色一样，容易让读者找到自己与他们之间的联系。这种联系并不是显而易见的，而是隐藏在叙述之中，等待读者自己去寻找；但是，赵晔又给读者留下了发掘的线索。正是在这个意义上，我们有理由相信《论语》中"不隐之隐"的叙述手法影响了《吴越春秋》。

三、把"说谎"看成一场博弈

1. 与他人博弈

在传统的西方思想史中，说谎与欺骗被认为是邪恶的。当奥古斯丁严肃认真地宣称人们完全不应当说谎时，我们会发现西方思考说谎的起点和我们的并不一样。奥古斯丁给出的理由很简单：上帝禁止一切谎言，而一切说谎者会危害他们的灵魂[65]。很显然，这一条理由对那些不信仰上帝的人来说并不适用。面对奥古斯丁，勾践会问：上帝是谁？

因此，我们并不试图全面地考察西方思想家对"说谎"的论述，而是将介绍适用于《吴越春秋》的西方相关理论，从而使我们对赵晔叙述的分析具有更多的视角。奥古斯丁认为谎言可以细分成八个种类[66]，托马斯·阿奎纳则认为可以分成五种[67]，而在《吴越春秋》中，最明显的其实只有一种"谎言"：那就是对敌人"说谎"——这一点几乎是不言自明的。如果说还有另一种"谎言"，那就是自欺，也就是对自己"说谎"——这一点在自以为是忠臣的伍子胥身上较为明显。接下来我们就将有针对性地讨论西方思想家们对这两种"谎言"的阐述，并结合例子加以说明。

西塞拉·伯克（Sissela Bok）指出，把一个人视为自己的敌人，就意味着把他"想"成一个具有恶意的人。[68]其中"想"（think）一词是关键。用中国的故事来说,《水浒传》中当晁盖上梁山时,白衣秀士王伦就把他当作了敌人,尽管晁盖最初并无此意。但一旦认为对方是敌人,王伦就会自然觉得晁盖要取代自己的位置,于是有意地刁难,并把这种刁难视为合理的。广义来说,在把敌人"想"成恶人之后,自己一切的行为就自然被赋予了正义性,而对敌人"说谎"则具有了合法性——因为在自己看来,敌人肯定是会"说谎"的。于是"说谎"和敌人之间在一定程度上变成了循环论证:一个敌人常常会为了打败你而"说谎",一个对你"说谎"的就会成为你的敌人,而你为了打败敌人也可以"说谎"。

当"说谎"和战胜敌人紧密联系在一起之后,我们就自然能把这种场合下的"说谎"看成是一场博弈。经济学博弈论的鼻祖之一托马斯·谢林(Thomas Schelling)曾说:"总而言之,说谎和博弈论有一点儿相似。它至少和两个人相关:说谎者和被欺骗者;它传达信息,而信息的可信度和真实性至关重要;它会对被欺骗者造成影响,使他像说谎者所期望的那样做出选择;说谎还是不说话都是说谎者战略选择的一部分……而回报的可能性也是多种多样的……"[69]对于谢林来说,"说谎"变成了一种战术技巧,不再和上帝有瓜葛。这正是提出了"情境伦理学"(situation ethics)的思想家约瑟夫·弗莱切尔(Joseph Fletcher)支持博弈论的原因[70]。弗莱切尔反对抽象地考虑善恶,指出要在具体的情境下讨论伦理。他认为博弈论可以帮助我们更好地理解何谓情境:我们不仅要考虑自己的策略,还要顾及对方的想法,预想整个行为的后果——整个道德选择就好像是一场人与人之间的较量,而不是上帝对人的判断。

作为经济学著名理论的博弈论出现于17世纪的欧洲，最早与概率有关。到18世纪初，数学家们开始将博弈论运用于扑克牌游戏之中。20世纪中叶，博弈论被广泛运用于政治领域，而目前博弈论是世界上研究群体合作与冲突的最重要理论工具之一。简单来说，我们可以把博弈论理解成一个理论框架，在这个框架之中，游戏的双方通过互相猜测对方将会采取的行为，作出相应的选择。

1950年，加拿大数学家阿尔伯特·塔克尔（Albert Tucker）在斯坦福大学向一群心理学家展示了著名的"囚徒困境"。有警察抓住了两个人，怀疑他们持械抢劫。警方已经确定他们开的车是偷来的，这可以让他们由于盗窃罪而坐牢一年。警方在不同的房间内对两人进行单独审讯，想让他们承认抢劫。警方的策略是：如果两个人都坦白，那么每个人都判5年；如果只有一个坦白，另一个抵赖，那么坦白者可以将功赎罪，立即释放，而抵赖者则判20年；而如果两个都抵赖，那么警方会由于证据不足而只能判他们盗窃罪，两人各入狱1年。根据博弈论，对嫌疑人甲来说，虽然他不知道乙会说什么，但是选择"坦白"是最优的答案。同样，对乙来说也是如此。但是这样会导致两个人都判5年，而没有一个可以被直接释放。

这个例子体现了博弈论的三个基本要素：第一，每一方的最佳选择依赖于他对另一方所作选择的预判；第二，知道对方和自己受到相同信息的指引；第三，双方都知道必须猜测对方会怎么想、对方会猜测自己怎么想，从而陷入一种几乎循环往复的猜测之中。[71]不过我们所关注的，并不是哪一种选择为最优方案，而是在选择的过程中，双方都考虑到对方的选择，再作相应的决定；而更重要的是，双方在作选择之时，都想到的是自己，而没有把自己和对方视为一个整体，否则的话，就都会选择抵赖——抵赖当然就是一种"说谎"。这也是谢林承认的博弈论所可能面临的无奈局面：个人的理性可能反而会导致社会效率的低下。[72]

自从20世纪60年代大卫·高德（David Gauthier）将博弈论引入伦理学以来，不少西方思想家通过博弈论来分析"说谎"现象。[73]博弈论和"说谎"现象的关联具有两个重要的意义：一方面把"说谎"视为一种单纯的策略或技术手段，淡化了"说谎"原有的道德贬义性；另一方面则将善意的"谎言"——例如向得了癌症的年迈母亲隐瞒病情——排除在博弈论之外，在争胜负的游戏中，"说谎者"和听者具有明显的对立倾向。尽管谢林对游戏中对手之间可能存在的各种关系作了详细的分析，但是对我们来说，双方的对立才是《吴越春秋》中各种"谎言"出现的最主要原因。

如果在一场游戏中双方的利益是冲突的，而关系是对立的，那么两者"说谎"的目的就是为了诱导对方作出错误的判断，从而控制其行为，并最终击败对手。当我们把夫差和勾践之间的争霸看作是一场游戏比赛时，就不用再计较比赛过程中某一方"说谎"的正义性，从而可以把目光放在技术性的"计算"或是"算计"上：当勾践"说谎"时，他预想夫差会作何反应，自己又可以从中如何获利，而他又应该如何着手下一步的行动——就好像下棋一样。用中国人自己的术语来说，这时候"说谎"就变成了计谋。

当我们说不用再计较"说谎"是否具有正义性时，其实具有三层含义。第一层指的是当事人自己是否觉得自己"说谎"的行为合理或正义；第二层是叙述者在讲述这件事情的时候是否觉得当事人的"说谎"行为合理或正义；第三层则是我们作为旁观者和读者，来判断他们的"说谎"行为是否合理或正义。当近几十年来的西方学者把博弈论运用于伦理选择时，更多关注的是技术层面的剖析。但是在将相关理论运用于对《吴越春秋》的分析时，我们首先要问的是，在哪一个层面，吴越争霸才可以被看作是一种博弈？

毫无疑问，对勾践来说，他和夫差之间是一场博弈；但对夫差来说，当勾践入吴为奴后，他和勾践之间就不再是竞争关系。或许我们可以这么理解：如果一方把另一方当作博弈中的敌人或对手，而另一方却并没有认为自己在参与博弈，那么这究竟算不算一场博弈呢？如果这不算一场博弈，那么勾践是否能认为自己"说谎"的正义性依然是不证自明的呢？

在赵晔的叙述中，我们可以感到勾践和夫差之间的确存在一场博弈，夫差的最大问题正是在于错误地以为博弈已经结束，勾践不再是自己的敌人。当他赦越王归国时，"吴王曰：'寡人赦君，使其返国，必念终始。王其勉之。'越王稽首曰：'今大王哀臣孤穷，使得生全还国，与种、蠡之徒愿死于毂下。上天苍苍，臣不敢负。'"很显然，夫差的确认为从此勾践就安心臣服了，而勾践则再一次通过"说谎"让夫差麻痹。当写到"臣不敢负"的时候，赵晔让每一个读者心里都明白这四个字应该反着看——勾践既不会满足于称臣，也不会"不敢负"。那么，赵晔认为勾践的"谎言"是正义的吗？

我们不用着急下结论。勾践和夫差之间的博弈，其实不过是勾践和阖闾之间博弈的继续；而勾践和阖闾之间的博弈，则是允常和阖闾之间博弈的继续。作为读者的我们，是该认为赵晔在告诉我们博弈是诸侯之间的一种常态，还是在暗示这样无休止的博弈应当停止，而应当把整个天下看成一个命运的共同体呢？

在勾践和夫差的博弈中，是"说谎"的勾践一方扭转了局面，获得了最后的胜利。但是，这并非意味着在博弈中"说谎"的一方就一定占据优势。有人指出，对敌人"说谎"的一大缺点就是有可能把并非敌人之人错认为敌人[74]，也就是把并非博弈的局面误判为一场博弈。在《吴越春秋》中，当伍子胥偷偷地把自己的儿子送到齐国时，就犯了这个错误。他把吴王夫差当作了自己潜在的敌人，认为自己可能会受到夫差的迫害，而当时夫差尽管已经没有那么信任他，却依然尚未把伍子胥当作对手。当伍子胥这一举动败露时，代价就非常高昂。夫差的逻辑很简单：既然你伍子胥把我当作敌人，那么我也就把你当作敌人，你瞒着我送你儿子到齐国，那么你的话我就再也不能相信了，不仅如此，你还得死。于是有了伍子胥最后的结局。如果说夫差最大的错误在于没有把博弈当作博弈，那么伍子胥的问题则在于把非博弈当作了博弈；前者忽视了对手的"谎言"，而后者不必要地滥用了"谎言"。

在《吴越春秋》中，最擅长博弈的当属勾践。他不但始终清醒地把夫差视为敌人，而且更为重要的是他能够成功团结越国民众，使他们都投入于博弈之中，都把吴国视为敌人。几乎每一个中国人都知道勾践卧薪尝胆的故事。通常认为卧薪尝胆是勾践不忘耻辱、发奋图强的体现。不过在《吴越春秋》的叙述中，我们可以发现勾践的卧薪尝胆有一个更为直接的重要功效。赵晔说："于是群臣咸曰：君王何愁心之甚？夫复仇谋故，非君王之忧，自臣下急务也。"也就是说，卧薪尝胆是勾践团结臣子们的重要手段，正是这一步把勾践和夫差之间的博弈变成了越国和吴国之间的博弈，使得越国上下都参与到与吴国的博弈中来。正如伯克指出："当遇到敌人而面临明显的危机时，大家就一定会允许欺骗（敌人）……但谁给大家带来了这样的威胁，这一点必须获得公认。"[75] 只有获得社会的认可，社会中的每一个人才都会理解并支持对敌人的"说谎"与"欺骗"。以勾践为例，如果他没有获得越国上下的支持，那么他就无法用进献西施等一系列手段延续对夫差的"谎言"，百姓也会对勾践的"说谎"产生质疑。英国哲学家休谟曾说："当一个人把另一个人称作他的敌人、他的对手、他的对立面、他的敌手时，我们都觉得他说的是一种自恋的语言，他表达的是只对他自己有效的感情，而这种情绪也来自他自己所处的特定环境。但是，当他给对方打上恶毒的、可憎的、道德败坏的标签时，他使用的是另一种语言，他希望表达的情感可以得到听众的共鸣。"[76] 当勾践说"吴王好服之离体"时，就是指明了夫差的奢靡，和卧薪尝胆的勾践相比，夫差在道德层面产生了差距，越国上下也就自然对夫差产生了更加强烈的痛恨。

卧薪尝胆的勾践之所以给读者带来正义之感，是因为在这场博弈中勾践一开始就处于明显的下风，甚至于他的生命都受到了严重威胁。不少西方思想家肯定在遭遇生存危机时"说谎"的"救命价值",例如乔治·斯坦纳说:"说出错误的信息,没有说出全部的真相,这是为了获得关键的生存空间。"[77]当出于善的意图,为了摆脱危机而"说谎"时,"说谎"就具有了正能量。但在奥古斯丁等主张的传统西方伦理看来,一个人为了保护被追杀的路人而故意向问路的强盗指错路,这样的"说谎"也是一种"恶",最多也只不过恶的程度没那么严重。而弗莱切尔则对这样的"谎言"持截然不同的评价:"这绝不是可以宽恕的恶,而是全然正义的善。"[78]正是由于赵晔的叙述让我们感到勾践的"说谎"是为了摆脱自己的困境,从而自动地赋予了它合理性。

2. 对自己说谎

虽然"说谎"从本质来说是一种社会行为,总是涉及不同的人,就好像博弈一样,一般来说至少需要两方的参与。但是有一种"说谎"却只需要一个人——"说谎者"和接收者是同一个,那就是自欺,也就是一个人与自己的博弈。

正如罗伯特·所罗门(Robert Solomon)所说:"一个人可以有意识地故意告诉别人谎言,但是当他真心相信自己对别人说的是真话,可是最后却被发现他所讲的不是事实时,这是另外一种情况。"[79]所罗门所描述的就是自欺的一种形式。因此,对自己说谎和"讲真话"并不一定是矛盾的。关键在于如何定义"真"。以康德为代表的古典西方哲学家大多是从形而上学的角度来谈论抽象的"真理"或"真相"。和他们不同,不少现代西方学者倾向于从具体的社会视角来理解"真",把对"真"和"假"的讨论置于社会规范之中。[80]举例来说，当上了年纪的中国人在街上见到熟人，开口说"吃饭没，没吃到我家吃去时"，很可能只是寒暄的一种方式。他一方面完全没有要对方去他家吃饭的意思，但另一方面也完全不觉得自己是在说假话。通常来说，一个中国人听到对方这样说，也不会真的前去吃饭，但也不会觉得对方是在说谎。可是，如果一个中国人在家门口遇到了一个不懂中国文化的外国人，他还是这么寒暄，或者他到了国外居住的时候还这么跟当地人打招呼，就有可能会让对方觉得是在说谎——至少说话的内容和真实的意图是不一致的。这时候他就会感到委屈：自己分明没说谎，活了几十年一直都以为见到人这么打招呼代表的是热情友好，怎么就被别人理解成在说假话了呢？

严格来说，这种情况也属于自欺的一种——他觉得自己没有说假话，可是对方可能觉得他说的不是真话，他的热情就变成了自己给自己下的判断。这样的"说谎"和"欺骗"与单纯的"知不知道真相"无关[81]，这种对真假理解的差异是不同的社会习俗造成的，而社会习俗本身又是在不断变化的，因此"自欺……是一种不断发展变化的社会现象……但是这种现象的'社会'性通常并不明显"[82]。

从上面这个例子可以看到，自欺与欺骗他人并不能完全地分开。前者是对自己说谎，而后者是对别人说谎。但是当你自己觉得没有说假话而对方认为你说谎的时候，这种自欺也建立在说话者与他人的关系之上。就《吴越春秋》来说，当伍子胥反复强调自己的忠诚时，也可以理解成一种依赖于他人的自我欺骗。伍子胥临死前说："吾始为汝父忠臣，立吴，设谋破楚，南服劲越，威加诸侯，有霸王之功。今汝不用吾言，反赐我剑。吾今日死，吴宫为墟，庭生蔓草，越人掘汝社稷……"很显然，此时的伍子胥已经不需要对任何人说谎，他觉得自己说的话都是真话，或者说他也希望别人相信他说的话是真的。但是，他所说的内容本身否定了他的自我判断——他认为自己是"忠臣"，但是一个真正的忠臣最后怎么可能希望越人掘自己君王的社稷呢？这是充满了仇恨与恶意的诅咒。虽然他自比比干，但在司马迁的笔下，比干明确地说："为人臣者，不得不以死争。"可以说，比干是明知会被赐死而坦然赴死，这是求仁得仁之举。他并没有诅咒纣王。相反，伍子胥显然对夫差赐剑给他极为不满——这表明他根本不愿意为吴国而死。正如所罗门所言："为了欺骗我们自己，我们必须欺骗他人或是将他人排除在外；而为了成功地欺骗他人，我们最好先欺骗我们自己。"[83]这一点在伍子胥身上体现得淋漓尽致。他为了使自己相信自己是忠臣，就要说服他人相信自己是忠臣；而为了让大家相信自己的忠，他也就首先要让自己相信自己的忠。此刻，伍子胥已经完全忘记了自己早早将儿子送到齐国的事实。只要有这个事实在，他就无法证明自己是个忠臣。

伍子胥不顾一切地想说服自己和他人自己是忠臣，这恰恰体现了他对自己说谎的一个主要原因：对自己不满意。一个人总有令自己无法满意的缺点，要认识并承认自己的动机在一定程度上会破坏甚至摧毁一个人心中的自我形象。在著名心理学家荣格看来，人的内心包括两部分：自我与影子，两者是对立却又相互依赖的。简单来说，两者最明显的区分在于自我属于意识范畴而影子属于潜意识。相对来说，自我趋向于遵守社会所认同的价值，是正能量的一方；而影子则经常扮演相对邪恶的负能量。一个人的意识会不断排斥和否定潜意识，以至于有时候影子变得难以识别，甚至就好像消失了一样。[84]

因此，对一个人来说，只有部分的自己是随时可以体认到的，而另一部分的自己则是隐藏起来的。隐藏起来的那一部分是经常令自己不满意，甚至感到耻辱的。选择哪一部分隐藏、哪一部分显现，则取决于个人自我的价值判断，而这样的价值判断是由社会形成的，而且会随着社会的变化而变化。在卡罗琳·布朗（Carolyn Brown）看来，鲁迅的《呐喊·自序》以及他的很多小说就很好地体现了自我和影子之间的争斗。举例来说，在《呐喊·自序》中鲁迅提到他在年轻时最初文学救国的梦想破灭后到了北平，诸事不顺，意兴阑珊，于是在绍兴会馆抄古碑。在这段时间内，偌大的院子里只有他，还有一个以前在这里缢死的女人。"这两者看起来是对立的：男和女，活着的和死去的。然而，在这两极的叙述中，鲁迅马上颠覆了对立的可靠性。他暗示死去的女子依然活着——别人害怕她的存在；而活着的他却处于行尸走肉的状态——他所想要的是他的日子暗暗地消去。"[85]也就是说，鲁迅笔下那个缢死的女人可以被视为他的影子。而鲁迅之所以难能可贵，正是因为他敢于直面自己的影子，敢于反省自己的懦弱，敢于剖析自己在外界压迫下试图自杀的软弱。换言之，鲁迅在展示自己影子的同时，做到了不对自己说谎，也做到了对读者坦诚。

相反，伍子胥则竭力地否认自己的影子，不愿意承认自己忠臣外衣下的私心。艾美莉·罗蒂（Amelie Rorty）在谈到自欺的时候曾以一位年轻医生为例,这位极具天赋的年轻医生拒绝承认自己有癌症的症状。她的行为让人觉得她完全相信自己没有病。罗蒂认为她想欺骗的只是自己,因为即使她说自己健康,别人也完全知道真相;而她之所以想欺骗自己,是因为无法接受身为一位年轻的医生却无法照顾好自己健康的事实。[86]伍子胥的情况和这位医生非常相似,他无法承认自己对吴国的种种付出是为了自己的利益。他们对自己"说谎"并不是为了打动别人或是逃避惩罚,而是他们需要在社会中定义自己的角色。或者我们可以说,这样的自欺其实是选择性的无视,而在一部分西方思想家看来,这种行为是"人类经历中的一个正常的方面",其目的正是为了"使得他自己保持完美的自我判断"。[87]

赵晔通过叙述向读者暗示了伍子胥的自欺。有一个人物可以告诉伍子胥何为忠臣,他就是伍子胥的父亲。当楚王听信谗言要杀害伍奢时,他没有说出任何过分的话语。更重要的是,前文我们早已指出,孔子在《论语》中面对鲁昭公的错误时选择的是避讳,宁可让陈司败指责自己,也要否认鲁昭公不知礼。伍子胥的大声指责体现了与孔子完全相反的态度,同时也显示了他所谓的"忠"的自欺性。

但是,在《吴越春秋》中,自欺并非伍子胥的专利。事实上勾践在不断对夫差"说谎"的同时,也在对自己"说谎"。一心雪耻的勾践在准备攻打吴国之前说:"孤不欲有征伐之心,国人请战者三年矣,吾不得不从民人之欲。"说这话时的勾践大约真的完全忘记了复仇的决心。不过赵晔没有忘记,他的叙述也在不断提醒着读者不要忘记刚刚从吴国回来时的越王,"念复吴仇非一旦也，苦身劳心，夜以接日"。那么，这个说自己不想征伐吴国的勾践是不是在"欺骗"自己呢？是不是此刻的他已经幻想着成为霸主，要更加顾及自己仁义的形象，以至于真的有一点相信自己忘记耻辱了呢？还是此刻的他，真的已经不想征伐，只是为了复仇而不得不征伐呢？

或许我们可以更进一步。尽管从历史本身来说，勾践和夫差毫无疑问是一对敌人，但是从赵晔的叙述中我们可以看到——也许赵晔主观并没有此意——勾践和夫差就好像是荣格所说的自我与影子。如前所述，《呐喊·自序》中的"鲁迅"和缢死的女人就是一对看似截然相反却又联系在一起的角色。如布朗所说："鲁迅和缢死的女人都同样地远离他人。在活人之中，鲁迅是唯一一个住在院子里的，也许是因为他不迷信，也许是因为他是一个活着的鬼魂。"[88]事实上，《吴越春秋》中的勾践和夫差刚好是完美的互补：勾践擅长"说谎"，而夫差选择信任；勾践想要复仇，而夫差主张仁义；勾践生活自律；而夫差爱好享受……甚至我们可以发现伍子胥和太宰嚭这一对看似完全对立的角色也具有同样的关系：伍子胥"忠"，而太宰嚭"奸"；伍子胥痛恨勾践，而太宰嚭为勾践所用；伍子胥失宠的同时太宰嚭得宠……但是不要忘记，他们都来自楚国，他们到吴国都是为了报仇，也就是说他们都是为了自己。但是，伍子胥显然把太宰嚭当作一个不堪的影子，就好像勾践鄙视被自己击败的夫差一样。伍子胥和勾践都不愿意承认自己也有影子那样的缺点，不仅否定自己与影子的关联，并且还要尽全力让影子消失。这也就注定了他们必须对自己"说谎"，因为社会习俗和规范令他们无法接受贪财或是好色的自己。

需要再次强调的是，这样的解读并不一定是赵晔的主观想法，而是我们根据《吴越春秋》文本所作的解读。我们并不试图照搬西方理论来剖析赵晔的叙述，但上述西方学者对"说谎"和自欺的阐述无疑能使我们从多角度来分析吴越争霸中"谎言"的角色与意义。更重要的是，我们分析的并不是所谓历史上的吴越争霸，而是赵晔所叙述的吴越争霸。因此，这些角度可以让我们更好地去解读赵晔之所以对"说谎"赋予浓墨重彩的原因。正如金圣叹所说，施耐庵在《水浒传》中描写的打家劫舍并不是为了鼓吹离经叛道，而是反过来证明仁义道德的重要性[89]；那么赵晔对"说谎"的描写，又是要阐明什么呢？而这，正是我们在接下来的几章要找寻的谜底。

第二章

主动"说谎"的三个理由

一、为了洗刷耻辱

1.《吴越春秋》中的荣与辱

《吴越春秋》中为何几乎人人都在"说谎"与被欺骗之中周旋？他们到底为什么要"说谎"？如果不"说谎"会怎样？在回答这些问题之前，也许我们可以先从一个极其夸张的故事说起。

吴王阖闾有个心爱的女儿，名为滕玉。有一次阖闾想要讨伐楚国，在出兵之前与夫人、爱女一起吃饭。本来是其乐融融之事，结果却出现了悲剧。席间有一条蒸鱼，阖闾先吃了半条，然后给女儿吃。没想到女儿大怒说，大王这样吃鱼是在羞辱我，我不想活了。于是滕玉就自杀了。

这个故事的夸张性不言而喻。在今天的读者看来，就算是受父亲宠爱的女儿，面对这样的事情也不该滥发脾气，更不要说寻死觅活。更何况在当时的情况下，阖闾既是父亲又是君王，在地位上比滕玉高，理所当然地具有先吃蒸鱼的权力。不过，任何夸张的情节都是为了让读者深刻感知到作者想要传达的信息。赵晔要告诉我们什么？滕玉一共说了九个字："王食鱼辱我，不忘久生。"这告诉了我们一种信息——那就是滕玉对"辱"的高度重视。由于受辱，她会愿意放弃自己的生命。这九个字还告诉我们，"辱"是无处不在的，家宴中的一条鱼就可能成为"辱"的来源。

这并不是滕玉过于敏感。滕玉夸张的自杀之举正是向我们展现了《吴越春秋》中人物对"辱"的敏感。吴越争霸中的主要角色勾践和伍子胥都遭遇过奇耻大辱：勾践战败后在吴国为奴多年，而伍子胥则在父亲、兄长被楚王杀害后被迫逃亡。"辱"成为了勾践和伍子胥前进的动力。在相当长的一段时间内，两人都愿意用各种方式为消除自己的"辱"而努力。

那么，荣辱的标准是什么呢？《吴越春秋》出自东汉，距离春秋好几百年，因而它所展现的观念与其说是春秋的，不如说是东汉的。和赵晔一样生活在东汉的思想家王符在《潜夫论·论荣》中说，高位厚禄、富贵荣华并不意味着"荣"，贫贱冻馁、辱恶厄穷并不就是"辱"，仁义之士可以"仁重而势轻，位蔑而义荣"[1]。很显然，王符还是以地位和道德谈论荣辱。在他看来，社会上普遍的观念是地位高的人"荣"而地位低的人"辱"，而他则认为一个人的荣辱不应该由地位决定，道德才应该是衡量荣辱的标尺。王符此论在我们现在看来当然并无新意，但是其观点的重要性在于指明了"荣"的普遍性。如果从地位高低来决定荣辱，那么社会上总会有人地位相对低下，也就总会有人觉得"辱"，一个人的荣总是会造成另一个人的辱；而从道德层面来解释荣辱，那么一个人只要做到仁义就能"荣"，也就是从理论上来说整个社会的人都可以"荣"。但是，王符的想法在逻辑上有一个明显的漏洞。正如《老子》所说："大道废，有仁义。"如果整个社会人人都仁义，那么自然就会处处和谐，也就不再需要有仁义之举，也就无所谓"荣"或"辱"。

不过，千万不要以为这就是当时的普遍观念。一个思想家所批评的，恰恰可能是其所处时代的流行观点。如果按照这个逻辑，那么东汉时期大多数人可能正是以高官厚禄为荣，而以贫贱潦倒为辱。按照这个标准，那么滕玉的遭遇无论如何都算不上"辱"。即使父王没有先给她吃蒸鱼，滕玉也远远没有到贫贱的地步。同样，勾践在回到越国卧薪尝胆后，虽然向吴王夫差称臣，但是也恢复了越王的身份，伍子胥帮助阖闾成功谋反后，也是一人之下万人之上。两人似乎也不能算"辱"。可是，这种被王符批评的流行观念尽管看似和这些人的"荣辱观"相悖，却暗含着一个重要的相似性，那就是这种观念和他们一样，都认为荣辱是一种博弈，亦即在一个社会中，有地位高的就必然有地位低的，前者的荣会造成后者的辱。反之，如果地位低下之人要将自己的辱转化成荣，那么就一定要推翻现有的贵族，把他们变成贫贱之人，让他们由荣到辱。这种世俗的观念恰恰否定了王符的主张，否认了荣的普遍性。

正是在这一点上，赵晔的叙述与当时流行的荣辱观产生了交集。在《吴越春秋》中，荣辱同样是双方博弈后的结果，胜者荣而败者辱。正如陆威仪所示，所谓的荣辱观，说到底是人与人之间的关系决定的。"荣"包括他人对自己的肯定，以及自己对自己的肯定，而自己对自己的肯定也依赖于他人对自己的肯定。反之，"辱"包括他人对自己的否定，以及自己对自己的否定，而自己对自己的否定也源自他人对自己的否定。[2]肯定与否定并存，才有荣辱的可能；换言之，有人获得肯定，就会有人被否定。因此，部分人的"荣"必然建立在他人"辱"的基础之上，要消除自己的"辱"赢得荣耀就要将对手置于耻辱之境地。正是因为荣辱之间既有着非此即彼的对立，又随时可能相互转化，所以人们才会采用各种方式来追求荣耀洗刷耻辱，而"说谎"是其中不可缺少的方式之一。可以说，勾践和伍子胥的复仇之旅表明他们正是这种观念的实践者。

可能有人已经发现，勾践和伍子胥所作的选择与滕玉并不一样。面对耻辱，滕玉选择了自杀，用生命来换得"辱"的消失；而勾践和伍子胥则选择活下去，在活着的前提下将"辱"转化成"荣"，获得成功。在他们变"辱"为"荣"的过程中，"说谎"起到了关键的作用。如果把"说谎"理解成一场博弈，那么总会有一方获胜而一方落败。可以想见，获胜的一方将赢得荣耀，而落败的一方则跌入耻辱的深渊。

那么，为什么滕玉选择了自杀，而勾践和伍子胥选择活下去呢？赵晔给我们的答案并不难找：让滕玉受辱的是她的父王。这决定了她无法向对方报仇雪耻，不能通过让阖闾受辱而为自己赢得"荣"，因此只能用自己的生命来捍卫尊严。相反，让勾践受辱的是吴王夫差，而伍子胥雪耻的对象是楚王，两人都可以理直气壮地向对方复仇。然而，他们看似不同的选择其实本质并无不同，三人之举都表明荣耀高于一切，三人都认同荣辱是一场博弈。

在滕玉说出"王食鱼辱我"时，她其实已然指明这是一场王与她之间的博弈。这正是三人的另一个相同之处：令他们受辱的都是王，或者说，他们都与王展开一场博弈。只不过伍子胥和楚平王之间是君臣关系，而勾践和夫差之间则是王与王的相互竞争关系。《吴越春秋》中没有描写普通人之间的荣辱之争，是否赵晔在暗示春秋时期王是造成他人之辱的根源？如果是，那么雪耻的难度就非常之大，想成功必须要用非常手段。伍子胥前半生的经历很好地告诉了我们这一点。

2. 伍子胥的复仇与"说谎"

很多人都知道伍子胥的仇人是楚平王，他的复仇是以鞭（楚平王之）尸为高潮而结束的。不过事实上，伍子胥的父仇之源也是"父王"。伍子胥的父亲伍奢惹上麻烦是由于楚平王给太子建带来的"辱"。楚平王让费无忌为太子从秦国娶妻，结果秦女非常漂亮，费无忌就对平王说不如大王自己要了，楚平王于是纳秦女为夫人。父王抢了儿子的妻子，这样的情况在春秋时期屡见不鲜。[3]这当然是一种"辱"，一种无法洗刷的辱。从此之后，费无忌成天在楚平王面前数落太子的不好，而伍奢则恰恰是太子太傅，自然就成了楚平王和费无忌的眼中钉，最终太子逃到了宋国，而伍奢则被诛。

因此，伍子胥的耻辱归根到底来自楚平王父子的冲突。如果说"王"是他人的耻辱之源，那么一国之中的其他人都无法逃避耻辱；如果说"父"是家庭的耻辱之源，那么一家之中的其他人都无法逃避耻辱。这就决定了耻辱的普遍性。伍子胥的复仇之所以重要，也正是因为他的耻辱具有代表性。换言之，伍子胥所受之辱是当时每一个臣子都可能会遇到的，因而他的雪耻也就帮所有的臣子出了一口气。用荀子的话来说，伍子胥所遭受的是"势辱"，这种耻辱是外在的，是社会性的不可抗力——王权——加之于个人的伤害。[4]它具有普遍性。换言之，在当时不只伍子胥一个人需要雪耻。这大约也是很多人赞扬伍子胥雪耻复仇的原因所在。

当楚王召见伍子胥兄弟时，身为兄长的伍尚决定和父亲共同赴难，而伍子胥则说："与父俱诛，何明于世？冤仇不除，耻辱日大。尚从是往，我从是决。"在这里伍子胥明确地把冤仇等同于耻辱。伍尚说："吾之生也，为世所笑……不能报仇，毕为废物。汝怀文武，勇于策谋，父兄之仇，汝可复也。"伍尚所言告诉我们别人会如何看待两兄弟的选择：他会被世人所耻笑，而能完成复仇大业的伍子胥则会获得他人的尊重。

伍尚的"为世所笑"和伍子胥的"何明于世"暗示世人态度对个人行为的影响。这正是理解"辱"的一个重要基点："辱"究竟是源于内心的本性，还是外在社会的打造。[5]伍氏兄弟所言明确地告诉我们，"辱"以世人共同的价值系统为基础。一个人的耻辱感源自他无法满足社会对他的期望。伍尚称自己为"废物"，正是因为在他人眼中他应该报仇，故而无法报仇的他是一个废物。伍子胥希望能被世人肯定，这同样意味着判断他雪耻是否成功的是社会共识，而不是他自己。因此我们可以认为，所谓耻辱感，首先源自伍氏兄弟所处的社会对他们的期望，而这种期望进而促使他们尽自己最大的努力来作出相应的选择。[6]用西汉思想家董仲舒的话来说：“善善恶恶，好荣憎辱，非人能自生，此天施之在人者也。”《春秋繁露·竹林》伍氏兄弟和众人一样，具有普遍的耻辱感，而这种耻辱感之所以具有社会的共性，则是因为它来自天。既然上天赋予每一个人“好荣憎辱”之感，那么大家对耻辱感的认识应该是相同的。

耻辱感在人们的道德选择中扮演着重要的角色。《礼记·曲礼上》云：“父之仇，弗与共戴天。”伍尚选择主动放弃报仇机会，也就意味着将耻辱揽于一身。这也许是因为他对兄弟能够雪耻充满信心。“勇于策谋”正是伍子胥选择“说谎”的写照。或者我们可以这么理解：伍尚知道自己不会“说谎”，没有能力报仇，因而毅然选择与父亲一起被诛；而伍子胥善于“说谎”，也就有报仇的能力，因而他肩负起了雪耻的重任，可以让世人明了他的逃跑并非出于胆怯或不孝，更让世人见证有一天他可以为父兄雪耻。

因此，伍子胥的复仇并不是他自己一个人的选择，而是“世”的选择，甚至是“天”的选择。他的决定是“世”所允许的、鼓励的、肯定的。这不但为伍子胥的复仇提供了合法性，也为伍子胥的“说谎”也提供了合理性。既然他的“说谎”是为了复仇，而复仇是为了明于“世”，那么“说谎”也就成为他获得世人赞扬的一种途径。德国社会学家齐美尔（Georg Simmel，1858—1918）曾指出：“通过正面或是负面手段来掩饰现实是人们最主要的伟大成就之一”[7]，它意味着“其使用者比别人更聪明，从而可以利用它来控制那些相对不聪明的人”[8]。在《吴越春秋》的叙述中，相对聪明的伍子胥就是用各种手段来掩饰自己的目的，从而成功地控制他人，实现自己的复仇大计。也就是说，"说谎"的能力之所以可以转变成荣耀，是因为雪耻是一项斗智斗勇的博弈，而"说谎"能力则意味着某一方的智勇要高于另一方。

要离和椒丘诉之间的博弈生动地解释了雪耻和智勇之间的关系。要离是伍子胥向阖闾推荐的刺客。他其貌不扬，身材瘦小。作为刺客，要离的特长并不是剑术，而是"说谎"。为了证明要离的能力，伍子胥对阖闾讲述了要离折辱椒丘诉的故事。椒丘诉是齐国的勇士，在出使吴国的路上因为水神吞没了自己的马而与水神大战数日，最后瞎了一只眼睛。椒丘诉到了吴国之后，恰好遇到朋友的丧礼，在丧礼上他吹嘘自己与水神的搏斗，出言不逊，盛气凌人。于是要离挫其锐气，指出："勇士之斗……生往死还，不受其辱。"接着要离毫不客气地羞辱对方说，你和水神争斗，丢了马还瞎了眼，身体都残废了还吹嘘自己神勇，居然没有选择丧命于敌人之手而苟且偷生，这恰恰是"勇士所耻"！椒丘诉又恨又怒，天一黑就要去教训要离。结果要离回家后就告诉妻子，"慎无闭吾门"，要大门洞开等着椒丘诉的到来。到了晚上椒丘诉果然来了，看见要离门也不闭，堂也不关，室也不守，唱了一出空城计。

椒丘诉拔出宝剑抓住要离，对他说，你有三个过错不得不死，你知道吗？要离说不知。椒丘诉说："子辱我于大家之众，一死也。归不关闭，二死也。卧不守御，三死也。"这时候要离说，自己并没有过错，而你才有三"不肖"，你知道吗？椒丘诉说不知。要离说："吾辱子于千人之众，子无敢报，一不肖也。入门不咳，登堂无声，二不肖也。前拔子剑，手挫捽吾头，乃敢大言，三不肖也。"于是椒丘䜣拜服。

在要离和椒丘䜣的对话中，两人都强调了"辱"。椒丘䜣觉得受辱就必须要雪耻，而要离也认为既然我羞辱了你，你就应该马上还以颜色。这再一次凸显了世人对"荣辱"的理解。但是椒丘䜣却不敢当场还击——这已经"为世所笑"。而他之所以不敢当场还击，是因为被要离给骗得吓住了。要离虽然其貌不扬，可是在这样的场合敢挑衅椒丘䜣，椒丘䜣想他必然有一手，殊不知要离的武术并不高超。要离之所以能牢牢地控制着椒丘䜣，靠的是自己的智慧。相比之下椒丘䜣之勇只是匹夫之勇，靠这样的"勇"根本无法一雪要离对他的羞辱。《论语·子罕》说："勇者不惧。"很显然要离才是真正的勇者，而其"勇"的前提则是"智"。也许我们会认为，要离似乎没有一定要羞辱椒丘䜣的必要。椒丘䜣无非是在当众炫耀自己的本事，并没有直接挑衅要离。但是，如果我们还记得滕玉为了一条鱼就觉得受到了父王的侮辱，那么当椒丘䜣夸夸其谈之时，要离也会有受辱之感：这样一个愚蠢之人都在夸耀自己的"勇"，简直就是对"我"这样真正勇士的羞辱！因此，看起来是要离主动羞辱椒丘䜣，实则是他觉得先受到了椒丘䜣的羞辱而进行反击。这才是要离和椒丘䜣之间因"辱"而博弈的关键。在两个人的这场较量中，善于"说谎"的要离牢牢掌握了主动权，并最终让椒丘䜣成为受辱的一方。

同样，伍子胥复仇之路上的"说谎"也体现了他的智勇。离开楚国后伍子胥先到了宋国，后来到郑国，可是在郑国介入了政治纠纷，于是前往吴国。在逃离郑国的路上，伍子胥作了第一次博弈，对手是昭关的关吏。当他路过昭关时，关吏不让他走，这时候伍子胥讲了一个看似非常蹩脚的"谎言"，说郑国的君王之所以要抓他，是因为他有一颗美珠不小心丢了，自己现在出关并不是逃跑，而是要去找这颗美珠。

从现实的角度来说，这是一个蹩脚的"谎言"；但是如果我们把它看作赵晔的微言大义，那么这又是一个深邃的"谎言"，甚至可以说是一个真实的"谎言"。在《庄子·天地》中，黄帝丢失了一颗珍珠，于是就叫最有智慧的知去寻找，没有找到；又让视力最好的离朱去寻找，也没有找到；接着让最善辩的喫诟去寻找，还是没有找到；最后叫无知无识、无所用心的象罔去寻找，结果却找到了。⁹这个"谎言"的巧妙之处在于，关吏听到"美珠"时想到的是值钱的"珍珠"，而伍子胥在说丢失"美珠"之时也可以指的是失去了自己所珍贵之物——比如家族的荣誉，那么他急急忙忙而去，的确是为了寻找自己的"美珠"。因此，我们才可以说伍子胥说的是一个真实的"谎言"。

这正是为何说我们可以——抑或应该——把赵晔看作思想家的原因所在。伍子胥的第一个"谎言"中，就涉及儒、道两家思想的核心问题，既援引了《庄子》中"珠"的意象，又让大家思考"名"与"实"的关系。比利时学者戴卡琳（Carine Defoort）指出："在早期中国的论辩之中，改变一个概念的定义绝不是细枝末节的修辞技巧，而是他们论述中的最为根本的重点。"¹⁰也就是说，我们应该关注一个思想家如何使用同样的概念表达不同的内涵。赵晔笔下伍子胥所说的"美珠"就具有这样的功能，它让伍子胥的"说谎"在真与不真之间。我们甚至可以猜测，关吏可能也懂得伍子胥"美珠"的另一层含义，因而才会出于对复仇者的尊重而放行。当然，不管关吏理解成什么，重要的是他允许伍子胥过关，这意味着伍子胥在第一轮博弈中胜出——无论他战胜的对手究竟是关吏还是郑国君王。

在历经多次博弈之后，伍子胥终于到了吴国，距离雪耻进了一大步，但是博弈依然在继续，"说谎"也自然渐入佳境。到了吴国之后伍子胥的"说谎"主要有三次，每一次都使得他与权力中心的距离大大缩短，也意味着他一步一步转辱为荣。首先，他"被发佯狂，跣足涂面，行乞于市"。掩饰自己的真正身份而在市场中行乞，这是极其常见的行为。春秋时期晋国著名刺客豫让为了行刺，就是"漆身为厉，吞炭为哑，使形状不可知，行乞于市"（《史记·刺客列传》）。豫让在集市中行乞，当然有考察自己的模样是否会被他人认出之意。他的伪装连其妻子都没有认出来。而对于伍子胥来说，"市"具有双重的意义。他一方面想要通过装疯来掩饰自己的真实身份，另一方面也想有伯乐能识穿他的伪装，看到他的价值。毕竟，"市"是买卖之处，而他到吴国的目的正是为了"待贾者也"。因此，他的这一次"说谎"也是在真与不真之间。果然，集市里的普通人不知道他是什么人，而善于相面的小吏在第二天就看出了他的真正身份，并把他带给了吴王僚。伍子胥的机会终于出现了。

赵晔描述的虽然是春秋时期的故事，但是小吏认出伍子胥这个细节颇具东汉的色彩。赵晔写道：

吴市吏善相者见之，曰："吾之相人多矣，未尝见斯人也，非异国之亡臣乎？"

众所周知，东汉时期非常重视人物品鉴。[11]王充在《论衡·骨相》中说："人命禀于天，则有表候于体。察表候以知命，犹察斗斛以知容也。"王符则在《潜夫论·相列》中提出了具体相人的规则："人之相法，或在面部，或在手足，或在行步，或在声响。"按照王充和王符的理论，小吏认出的并不仅仅是伍子胥，而是上天所赐予伍子胥之"命"。因此，品鉴人物就不再是单纯的人才选拔技术，而是与天的交流。同样，一个无法透过伍子胥的佯狂而认出他的人，并不只是被伍子胥的"谎言"欺骗，而是无法识别天展现于人身体上的特征。在这里，不识伍子胥的市人与善于相面的小吏形成了鲜明的对比，一个能与天交流的人根本不会被他人的外貌所"欺骗"。换言之，在小吏看来，装疯卖傻的伍子胥根本就不具有"欺骗性"。

如前所述，伍子胥的"辱"源于楚国太子建的"父王"楚平王，想要雪耻的他必须获得比楚平王更大的权力，因此接近吴王成为唯一的选择。吴王僚对伍子胥一见倾心，想要为他兴师复仇。可是伍子胥看出公子光（未来的吴王阖闾）有谋反之意，于是上演了高段位的"说谎"，拒绝了吴王僚的好意。他义正辞严地对吴王僚说，诸侯的责任在于管理好国家，如果"为匹夫兴兵"，就不符合"义"了。伍子胥的这一次"谎言"是典型地通过说"真话"来"说谎"。正如奥古斯丁所说，人们可以通过说真话来说谎。[12]伍子胥所说的"今大王践国制威，为匹夫兴兵，其义非也"的确是一句冠冕堂皇的话，但是他用这句话掩饰了自己真实的想法——他不是不想吴王为自己兴兵，而是不想吴王僚为自己兴兵。这一次，他"说谎"的对象是吴王僚，并且再一次获得了成功。那么，他为什么会将赌注压在公子光身上呢？尽管赵晔并没有说，但我们也许可以猜测，伍子胥也是一个会相人之人，他从公子光身上看到了未来的吴王阖闾，而看出吴王僚并不能称霸。

伍子胥下一个关键的"说谎"对象是吴王阖闾。他用了八年的时间，耐心等待时机帮助公子光成功篡位。在公子光终于成为吴王阖闾之后，伍子胥依然在"说谎"的道路上继续前行。当阖闾对他说，自己想要成为霸王应该怎么做时，伍子胥"膝进、垂泪、顿首"说："我不过是从楚国逃出来的下贱之人，大王没有杀我已经是我的幸运了，怎么敢谈论政事呢？"可以看到，伍子胥作为功臣一点也没有表现出居功自傲的模样，"膝进、垂泪、顿首"三个动作一气呵成，这一套组合拳很好地掩饰了自己渴望掌权的真实内心。事实上，阖闾是伍子胥报仇的关键棋子，如果伍子胥此时流露出一丝居功自傲的情绪，就完全有可能前功尽弃。为了能够雪耻，他必须再给自己多一点"辱"。"谎言"是他用来获得权力的手段，权力是为了复仇，当他的权力还不足以雪耻时，就需要通过不断"说谎"来作持续的交换，直至达到权力的顶点。

相比较而言，伍子胥的这一句"谎言"非常之"假"。如果说丢了"美珠"的"谎言"用了"名"同而内涵不同的方法，对吴王僚是用真话来"说谎"，那么这一次伍子胥无非是肉麻地拍了马屁。逃到吴国的时候收留他的是吴王僚而不是阖闾，当伍子胥将他在吴国的一切都归于阖闾所赐时，所说的不过是佞臣们常用的谄媚之言。很显然，这时候的他已经越来越接近复仇的目标，所讲的"谎言"也越来越"低级"。在阖闾执政九年后，伍子胥终于带领吴国大军打败楚国。虽然当时楚平王已死，伍子胥还是把他的尸首从墓里挖了出来，鞭尸以泄恨。就这样伍子胥得以雪父兄之耻，在世人面前为父兄赢得了荣耀。

通过向前后两位吴王"说谎"，伍子胥终于洗刷了耻辱。于是一个问题出现了：如果"说谎"是一场博弈，那么既然伍子胥"说谎"的对象是吴王僚和吴王阖闾，难道说他把他们当作了自己的对手？可是，他们又分明是他复仇路上的贵人。我们不要忘记，伍子胥之"辱"是拜楚怀王所赐，而滕玉之"辱"则来自吴王。从地位来说，楚怀王和两位吴王都属于高高在上的统治者。就这一点而言，伍子胥与吴王存在着天然的敌对关系。或者说，他与吴王之间也是一场博弈。如果他不能通过自己的"说谎"战胜吴王僚和阖闾，那么不但无法获得一雪前耻所需的权力，而且完全有可能再一次在两位吴王手中遭受新的羞辱。这也解释了伍子胥对阖闾和夫差的不同态度。他需要对阖闾"说谎"，是因为他要和阖闾博弈，从他手中积累自己的权力；而在夫差继位之后他不再"说谎"，也许是因为他觉得自己业已雪耻，不需要再和新的吴王较量吧。

3. 勾践的"说谎"与雪耻

成功雪耻后的伍子胥不再"说谎"，这一转变很好地证明了"说谎"与荣辱之间的关系——"说谎"是洗刷耻辱的手段。当伍子胥不再"说谎"后，他的权力也逐渐下滑；与此同时，另一个重要人物开始用"说谎"来雪耻，他就是勾践。

在勾践的身上，"说谎"和雪耻得到了更为突出的体现。如果说伍子胥的耻辱是被动招致的，那么勾践之"辱"看上去是他主动得来的。没有他主动和夫差作战，就不会有一开始的惨败。当然，也许有人会问，春秋时期有没有一直没作战的诸侯，有没有交战保持不败的诸侯？根据统计，春秋时期共发生近四百场大大小小的战争，有时候一年之内就有好几场战争。[13]有战争就有胜负，有胜负就有荣辱。因此，诸侯之"辱"在一定程度上也是必然的。从这个意义来说，勾践之辱更加表明了"辱"的无处不在——只要身为"王"，就会始终与其他诸王博弈，在荣辱之间摇摆。

越王勾践五年（公元前492年），勾践在战败后带着妻子和两位心腹大臣范蠡、文种，前往吴国接受吴王夫差的惩罚。在出发前，勾践对前来送行的大臣们说："孤承前王余德，守国于边，幸蒙诸大夫之谋，遂保前王丘墓。今遭辱耻，为天下笑，将孤之罪耶？诸大夫之责也？吾不知其咎，愿二三子论其意。"勾践的这段话可以说是对伍子胥离开楚国前所言的回应。"遭辱耻，为天下笑"再一次表明耻辱与世人的评价紧密相联，而不仅仅是勾践内心的体会。在一些臣子对他表示了安慰之后，勾践开始做自我批评："任人者不辱身，自用者危其国。""辱"字再一次出现在我们的面前。

为何勾践在离开越国之前反复提到"辱"字？从伍子胥的经历来看，当他选择逃离楚国时，他需要为自己选择的合理性做辩护。同样，勾践也要向越国人证明自己接下来的举措的合理性。他不但要表示自己为"辱"负责，而且要表示洗刷耻辱的决心，让大家知道自己此番前去并不是单纯的投降，而是为了复仇，只有这样，越国的臣子才会充满期待地等着他的归来。在被吴国击败后，勾践作为越王之"荣"对外来说已经消失殆尽，对内也已经岌岌可危。他一方面要成为夫差的奴仆，而另一方面则继续是越国的君王，前者的角色显然会对后者造成威胁。因此，勾践必须表明自己"奴仆"的角色正是为了替自己以及越国上下雪耻，从而他离开越国后的一切"谎言"才具有正义性。

陪他前往吴国的范蠡、文种此时说："圣王贤主皆遇困厄之难，蒙不救之耻。身拘而名尊，躯辱而声荣；处卑而不以为恶，居危而不以为薄。"范蠡和文种的话赋予荣辱之间的转化以普遍性：圣王都需要经历这样一个过程。一个"皆"字彻底地消除了越国百姓对勾践的怀疑——没有这样经历的君王就不会成为圣王。他们列举了周文王等先例作为例证，并且提出了"否终则泰"这一理论。根据这一理论，越王目前所遭遇的危困，恰恰是日后畅达之兆。因此，"辱"不但具有了合理性，而且拥有了必要性。从辱到荣，是圣王的必由之路。

这让我们想起了"否泰"循环的观念。这一观念在东汉至魏晋非常流行。[14]最初主要是为了解释《论语》中孔子的遭遇：像孔子这样的圣人为何会颠沛流离？何晏等人所编撰的《论语集解》用"时有否泰"来解释这一现象，皇侃则更是指出"否泰"由天道所控制——同样，范蠡、文种也指出这是"天道之数"。与此同时，"否泰"也是《周易》的重要观念，否极泰来这种循环观可谓是朴素的辩证法。[15]此时勾践与陈蔡时的孔子所具有的相同之处，在于两人都处于"否"的状态，而他们的不同则在于，勾践最终完成了从"否"到"泰"，或者说从"辱"到"荣"的转变，而孔子则在有生之年几乎长期处于"否"的状态。对于孔子的遭遇，皇侃解释说："事不常一，有盛必有衰，衰极必盛。当今天下乱离无道已久，久乱必应复兴，兴之所寄，政当在孔子圣德之将丧亡也。""衰极必盛"四字表明，孔子生前的位不配德将必然赢得身后的美名。

按照同样的逻辑，勾践也一定能够完成从否到泰的转变，而且必须完成这一转变。范蠡和文种指出否泰转化中的博弈性质："彼兴则我辱，我霸则彼亡。"他们把吴越之间的关系定性为你死我活的竞争关系，也为吴国日后的消亡作出预言：越国要雪耻就必须要把自己的耻辱转嫁到对方身上。勾践如果不能完成这样的转变，那么他就会一直受辱，也就无法继续成为越国之王。这也暗示我们，勾践为了实现这一转变，必须使用一切的办法——包括"说谎"。

大夫计研所言为群臣的心情做了总结。他说："（大王）言悲辞苦，群臣泣之。虽则恨悢之心，莫不感动。"没错，原先的确有对勾践心怀不满之人，而在他和范蠡、文种配合表达了雪耻之心后，臣子们都被深深地感动了，他们也希望自己的君王能有朝一日为越国带来荣光。《吴越春秋》中所刻画的这一场面向我们呈现了一种强烈的"荣辱"观。只要勾践坚持雪耻，那么大家就会同仇敌忾；如果勾践选择屈服，那么就会被臣子们唾弃。这意味着在一定程度上勾践和臣子有着同样的荣辱观，也意味着勾践和

臣子的荣辱是紧密相联的，更意味着勾践的"说谎"不仅是他的
选择，也是越国上下的共同选择。越国上下之所以会众志成城，
则因为这种耻辱感源自天。

我们可以看到，从滕玉、伍子胥到勾践都体现了对追求
"荣"和洗刷"辱"的渴望。虽然没有任何直接证据表明赵晔支
持董仲舒的论点，但是董仲舒将耻辱感归结为天，无疑为耻辱感
的普遍性提供了一个合理的解释。不过他们之间的共性并没有掩
盖各自的个性。如果说滕玉追求的是个人之荣，伍子胥追求的是
家族之荣，那么对勾践来说，身上承载的则是国家之荣。勾践与
他的臣子们在越国之荣上找到了共识，换言之，是越国的荣光将
勾践与臣子们联系在了一起。当大臣们用周文王的例子来鼓励勾
践时，他们其实也把自己比作了姜子牙。如果忍辱负重是成为
圣王的一种普遍模式，那么勾践的"说谎"就不是他自己甚至也
不是越国人民的选择，而是成为圣王的必然选择，是一种符合天
道的选择——因为这样的耻辱是上天给他的考验，而如果他不在
夫差面前隐藏自己的真实想法，那就不会有成功复仇赢得荣光的
机会。孟子说："言不必信，行不必果，唯义所适。"勾践的"说
谎"在具有了上天所赐的合理性之后，无疑成为了符合"义"之
举。赵晔让读者也充分感受到了这一份"正义"。面对勾践的慷
慨陈词，我们会不由得希望他用一切手段来一雪前耻。

意料之中的是，勾践一到吴国就开始了自己的"说谎"之
旅。在见到夫差后，勾践说：

> 东海贱臣勾践，上愧皇天，下负后土，不裁功力，污

辱王之军士，抵罪边境。大王赦其深辜，裁加役臣，使执箕帚。诚蒙厚恩，得保须史之命，不胜仰感俯愧。

勾践所言首先强调了自己的身份——贱臣，彻彻底底否认了自己"越王"的身份。他对自己这样的定位当然是合理的，通过对自己彻底否定换得生存的机会。从字面来看，勾践说的完全是事实，的确是他先挑衅作战，夫差也的确对他宽赦，让他保存了性命；但是从目的来说，他所言则全然不实。用真实的事实来掩盖真实的想法，也就是说，勾践并没有说假话，而只是掩盖了真相。当然，勾践的对白出自赵晔之手。赵晔通过勾践让我们知道所言和所想之间的差别，促使我们去思考言本身的可信性。"我们不能只能字面意思来理解说话本身，而是要把它看作是一系列行为的一部分。"[16]对勾践来说，这一系列的行为就是复仇雪耻。

勾践的"说谎"不只有言语，他的行为也是不可或缺的一部分。在吴国为奴期间，勾践"服犊鼻，著樵头"，夫人"衣无缘之裳，施左关之襦"，"夫斫剉养马，妻给水除粪洒扫，三年不愠怒，面无恨色"。赵晔笔下的勾践其实充满了汉魏时期的色彩。众所周知，犊鼻是司马相如落魄时穿过的行头[17]，竹林七贤之一的阮咸也曾经在七月初七晒自己的犊鼻[18]；而"不愠怒"这样的描述会让人联想到刘劭《人物志·八观》中的话："凡事不度，必有其故……愠色，厉然以扬……言未发而怒色先见者，意愤溢也……"没有愠怒的勾践表明了他对在夫差的眼皮底下如何处事有着周密的考虑。更重要的是，还会让人想到王戎对嵇康的评价："与嵇康居二十年，未尝见其喜愠之色。"[19]这样的联想并非毫无依据。就思想文化而言，东汉晚期和魏晋之际在相当程度上保持着传承——刘义庆所编撰的《世说新语》将不少东汉名士与魏晋名士并举就是明证。可以说，原本生活于春秋时期的勾践被赵晔赋予了很多东汉的时代特色。这就是虚构的叙述给读者带来的"真实"。

那么，我们可以如何来看待一个"汉魏化"了的勾践呢？其实从在院子里晒犊鼻的阮咸，再到连在好友面前都不表现自己喜怒的嵇康，都是擅长用夸张的方式来展现自己之人。[20]赵晔笔下的勾践也不例外。他正是通过自己夸张的行为才获得了夫差的信任。勾践在言行上和汉魏人士的相似，或许我们可以这么理解：如果勾践没有采用夸张的"说谎"方式来掩饰自己的真实想法，那么夫差就会依然对他保持警惕。

勾践最为夸张的一幕，当属尝夫差的粪便。有一次夫差染病，三月未愈。勾践于是召见范蠡说："吾闻人臣之道，主疾臣忧，且吴王遇孤，恩甚厚矣。疾之无瘳，惟公卜焉。"这段话的微妙之处在于，即使在他的心腹范蠡面前，勾践还是用了最冠冕堂皇的语气，可谓滴水不漏，对夫差的忠诚溢于言表。也许"说谎"的最高境界就是不觉得自己在"说谎"。"说谎"已经成了渴望复仇的勾践必不可少的一环，也许他在这一刻真的把自己当作了夫差的奴仆。换言之，持续的"说谎"改变了勾践，不但把他变成了一个不同的人——从越王到奴仆，而且把他变成了"非"人——正常的普通人也做不出他此般夸张的举动。

范蠡说夫差其实即将痊愈，建议勾践前去求见夫差，对他说能通过尝夫差的粪便来判断病情。勾践依计而行，次日便通过吴王重臣太宰嚭求见吴王。刚好遇到夫差排便，于是勾践说自己能通过品尝粪便以决吉凶，随即就尝，然后恭喜夫差说至三月壬申病就会痊愈。吴王问他何以知之。勾践说："下臣尝事师，闻粪者顺谷味，逆时气者死，顺时气者生。今者臣窃尝大王之粪，其恶味苦且楚酸。是味也，应春夏之气。臣以是知之。"吴王大悦，夸赞勾践说："仁人也！"

这应该是勾践在吴国为奴期间"说谎"的最高潮，从此之后夫差便再无疑心。这次"说谎"可谓是语言和行动的完美结合。从语言来说，勾践看似忠诚的话语几乎都是"谎言"。他既没有真的找过老师，完全不懂粪便的味道与健康之间的关系，也不是真心愿意俯首称臣。从行动来说，尝粪便这样的举动堪称前无古人，如果没有这一惊人之举，再动人的语言都只是空言。因此，勾践告诉我们行动比语言更有"欺骗性"。正如德谦（Marcel Detienne）所说："文字所传达的语言和行动所传达的语言是合二为一的。"[21]这也是为何我们将行为上的"欺骗"也纳入"谎言"的原因之所在。

孔子在《论语·公冶长》说："始吾于人也，听其言而信其行；今吾于人也，听其言而观其行。"如果说孔子还是在主张我们要根据一个人的行为才能相信其所言，那么《吴越春秋》中勾践的表现彻底解构了"行"的可信性：即使一个人愿意尝君王的粪便，也不代表他的忠诚。"行"于是成为言意关系中的另一个重要维度：言、行、意之间的吻合程度构成了各种不同的真真假假之可能。勾践在用言行自如地掩饰自己的意图，从而最终得以成功完成从辱到荣的转变。

我们可以看到，如果没有"说谎"，那么伍子胥和勾践都不可能成功地洗刷掉自身的耻辱。伍子胥根本就无法逃到吴国，遑论最后在吴国身居高位；勾践也无法回到越国，也就没有了著名的"卧薪尝胆"故事。他们会永远地被钉在耻辱柱上。由于每个人无论是何等身份，都随时可能陷入耻辱的泥潭，因而"说谎"也就被大家广泛地使用，成为转辱为荣的必要工具。正是从这个角度来说，"说谎"和雪耻相互成就了彼此。雪耻为"说谎"提供了最正当的理由，而"说谎"则保证了雪耻的成功。

二、为了调和角色冲突

从勾践身上我们可以发现一个有趣的现象，那就是当勾践"说谎"时，他向夫差展现的是奴仆的身份，但是在读者看来，他依然是越王。对于那些在越国的臣子来说，勾践也依然是他们的越王。可以想象，如果没有他的"说谎"，他就无法扮演奴仆的角色，也就无法保持越王的角色。看似对立的两个角色由于"说谎"而变得兼容。

也许我们可以换一种说法，正是因为一个人在社会上具有不同的角色，这些角色难免会相互冲突，所以人们才需要"说谎"来调解这些角色之间的矛盾。这一视角也同样适用于伍子胥。对于一心想要报仇的伍子胥来说，首要角色当然是他死去父亲的儿子；但是他在积聚力量之时，就是吴王阖闾的臣子。为了协调这两个角色之间的利益冲突，伍子胥就需要向阖闾"说谎"，适当地掩盖自己的复仇之心。

说到角色的冲突，我们应该不会忘记《论语》中孔子主张的

"亲亲相隐"：作为儿子，应该孝顺攘羊的父亲；作为臣子，应该遵守国家的法令。为了调合两个社会角色之间的矛盾，孔子主张"隐"，也就是"说谎"而不说出真相。正如沙丽·考夫曼（Shelley Coverman）的研究所示，当一个人无法处理好自己的多重社会角色所带来的冲突时，会造成一连串的心理压力。[22]尽管考夫曼的研究关注的是当代社会，但是这样的理论同样适用于我们所讨论的话题——"说谎"正是为了避免社会角色冲突给个人带来不必要的压力与负担。

在这一点上，赵晔与孔子保持一致。从《吴越春秋》一开始，他就告诉我们，"说谎"可以调节不同社会角色之间的冲突，或者说社会角色的冲突使人必须在一定的场合下"说谎"。

在第一章《吴太伯传》中，赵晔讲述了吴国的起源。赵晔的叙述清楚地告诉我们，吴国的创建就是靠的"谎言"——当然，这是善意的"谎言"。吴国之所以得以建国，就是得益于其创始人太伯的"说谎"，而太伯的"说谎"则源于其父亲古公的掩饰。赵晔说：

> 古公三子，长曰太伯，次曰仲雍，雍一名吴仲，少曰季历。季历娶妻太任氏，生子昌。昌有圣瑞。古公知昌圣，欲传国以及昌，曰："兴王业者，其在昌乎？"因更名曰季历。太伯、仲雍望风知指，曰："历者，适也。"知古公欲以国及昌。古公病，二人托名采药于衡山，遂之荆蛮，断发文身，为夷狄之服，示不可用。古公卒，太伯、仲雍归，赴丧毕，还荆蛮。国民君而事之，自号为勾吴……荆蛮义之。

这的的确确像是一个传说。古公有三个儿子，他想把王位传给幼子，原因是幼子生了一个出色的孙子。古公从这个小小年纪的孙子身上看出了圣人的影子，觉得孙子姬昌会振兴王业。有趣的是，为此他把自己幼子——也就是姬昌之父——的名字改成了季历。他的长子和次子一看这名字，就知道了父亲的用意，于是在父亲生病时假装去衡山为父采药，到了荆蛮之地。在那里他们"断发文身"，穿上了蛮夷的服装，为的是让大家觉得他和当地人一样。古公去世后，太伯和仲雍回去奔丧，然后就回到了荆蛮，而荆蛮之人把他们拥戴为国王，国号为吴。

这显然是一个精心雕琢过的传说，处处充满了"说谎"的痕迹。古公、太伯父子都不愿意直接交流，而是喜欢用"说谎"来掩饰自己内心的想法。首先，古公并没有直接对儿子们说自己要把王位传给谁，隐藏了自己的真实想法，但是他的真实想法却能够被太伯和仲雍所知。其次，太伯和仲雍对父亲的掩饰作了相应的回应，在父亲生病时找了借口远赴荆蛮——采药之说毫无疑问可以算是一个"谎言"，可以想象古公也知道这是儿子们避免尴尬的一个借口。最后，太伯和仲雍在荆蛮用"断发文身"来掩饰自己的身份，"示不可用"表明他们其实是"可用"的，但是要给当地人看起来"不可用"的样子，这当然也属于伪装，但是荆蛮之人还是看到了他们之"义"。

这是一种颇值得玩味的"谎言"，与勾践和伍子胥的"谎言"有着明显的不同。当我们在谈论"谎言"时，必须要记得"谎言"有很多种类。勾践和伍子胥的"谎言"都是为了"欺骗"自己的对手，也都成功地"欺骗"了对手。相反，古公的"谎言"

更多地是为了不直接表达观点，实际上他是想让太伯和仲雍知道自己想法的；太伯和仲雍去采药的"谎言"也是同样的情况，尽管他们选择了"说谎"，却是为了间接地告诉古公可以安心地把王位传给季历。古公和太伯并不把"说谎"的对象视为对手或是敌人。同样，太伯和仲雍也许是真的想在荆蛮隐藏自己的真实身份，但他们也没有把当地人看作是对手，而当地人也一样见识到了两人之"义"。看起来太伯和仲雍在荆蛮的"说谎""失败"了，但吊诡的是他们的"谎言"在被荆蛮之人识破之后，就结果来说却获得了成功。

那么，这样的"谎言"算不算一种博弈或是比赛呢？因为这种"谎言"为了不让对方直接了解自己的想法，却又试图让对方间接了解自己的想法，所以它可以算是"说谎者"与自己之间的一场博弈。说到底它是一种让对方知道真相的"谎言"，其核心在于如何巧妙地让对方知道。如何表达得委婉，不直接说出真相，但是又让对方领会自己的真实想法，这一过程中最重要的是"说谎者"拿捏表达的方式，以一种让对方可以接受的方式了解自己的想法。既然这种"说谎"成败的关键不在于是否能不让对方识破"谎言"——它本来就是为对方识破而准备的，那么"说谎者"与对方就不是一种直接的博弈关系；这种"谎言"成败的关键在于"说谎者"自身的表达艺术，通过不断提高自己的表达水平，就可以更好地运用这种"谎言"，从这个角度来说，"说谎者"的博弈对手是他自己。

因此，这种"说谎"的风格在一定程度上和《诗经》类似。众所周知，《诗经》有赋、比、兴三种表达方式，比和兴占了相当大的部分。比和兴的特点就在于"说的是一回事，实际的意思是另一回事"[23]。传统的《诗经》注家们都认为每一首诗的背后都隐藏着道德的教诲。[24]以《豳风·狼跋》为例，诗中写道：

> 狼跋其胡，载疐其尾。公孙硕肤，赤舄几几。
> 狼疐其尾，载跋其胡。公孙硕肤，德音不瑕？

诗歌描写了一只肥大的狼，走起路来摇摇晃晃；但是诗人真的是要讲狼吗？作为读者的朱熹认为，诗歌是在赞美周公。周公在被人猜忌的情况下依然处事从容得当，和狼的慌乱形成了鲜明的对比。这种表达方式像是一种谜语：狼是谜面，而周公则是谜底。《诗经》就是用这样的方式来"描绘一个可能的伦理世界"[25]。同样，古公把幼子的名字改成季历，这也像是一个谜语，让太伯和仲雍自己去寻找答案；而太伯和仲雍的"采药"也是一个谜面，他们的父亲自然知道谜底——他们采的是"王位继承"之药。一个好的"说谎者"就如同创作了一个好的谜语，能够让对方猜到，但却不直白，而就在这谜语般的"谎言"之中，伦理和道德观念得以体现。

我们可以看到，古公和太伯的"谜语"，对方不但能够猜到，而且会欣然接受。对方之所以接受，则是因为他们的"谎言"符合"义"。"荆蛮义之"四字，让我们想起了孟子的话："言不必信，行不必果，唯义所适。"古公和太伯显然懂得什么是"义"，值得注意的是，荆蛮人也肯定了太伯之"义"，这表明了"义"的普遍性——荆蛮人眼中之义与中原人眼中之义是一致的。

那么，在此处"义"是什么？何以出于"义"的"说谎"会被社会广泛接受，即使蛮夷也不例外？《中庸》云："义者，宜也。尊贤为大。"在这里，"义"就是以尊贤为原则，处理好各种不同角色之间的冲突。作为读者，我们看到古公有三个儿子而偏爱小儿子时，很自然地会觉得他似乎是一个偏心的父亲；然而，看到古公是在为兴王业而作此打算，又会理解他身为君王所作出的选择。古公是为了"尊贤"。很显然，对于古公来说，父亲和君王这两个角色存在着一定程度的冲突。作为君王，他想要把王位传给未来的圣王；而作为父亲，他应该对儿子们一视同仁。因此，作为父亲的古公不能够直接告诉太伯和仲雍他心中所想。为了在两个角色中保持平衡，古公不得不掩饰真实的想法，由此而获得后世的赞赏。周朝和吴国的建立成为了最好的回报。

同样，太伯和仲雍也既是儿子，又是兄长与臣子。作为儿子，他们应该在父亲面前尽孝；作为兄长，他们应该和兄弟保持良好的关系；而作为臣子，他们应该优先考虑君王的事业。在这样的情况下，如果他们直接告诉古公自己愿意把王位让给季历，就会将自己的父亲和弟弟置于尴尬的境地；如果他们坦率地说自己前往荆蛮只是为了让贤，那么也会背上不孝的恶名。因此，他们选择假托为病重的父亲采药而远走，既保持了孝，又不影响忠，可谓是完美地解决了角色之间的冲突，因而才会使"荆蛮义之"。

更值得注意的是，太伯和仲雍在成功解决原有角色冲突的情况下，获得了新的角色。在荆蛮之地，太伯和仲雍原本是客，他们也通过"断发文身"来掩饰自己的身份，希望以"假"荆蛮的身份而不引起当地人的注意。在成为荆蛮之人之后，太伯又成为了吴国的君王。因此，"说谎"最终使他们完成了从客人到主人的转变，获得了新的身份。这意味着"说谎"在隐藏身份的同时，不但会真正地令想要隐藏的身份消失，而且会使原本虚假的身份成真。出于尊贤而"说谎"的他们，也变成了他人眼中的"贤人"。从这个意义来说，赵晔的叙述在暗示我们，"说谎"具有一种创新的力量，它不但可以创造未来，而且可以创造"真实"。[26]

古公、太伯和仲雍之间的配合可以说从另一个角度诠释了"父子相隐"。为了尽可能地避免角色的冲突，扮演好父亲和儿子的角色，他们选择了"隐藏"自己的真实想法。关于社会角色的定位与冲突，孟子有过形象的论述。他以舜为例，深入地探讨了这些角色冲突所造成的问题。在《孟子·尽心上》中，弟子桃应问孟子："舜是天子，皋陶是掌管法律的士，如果舜的父亲瞽叟杀了人，会怎么办？"很显然，舜的天子角色与儿子角色产生了冲突。孟子认为舜首先要对"杀人"的问题做出抉择——舜说："执之而已矣。"根据汉人赵岐的解释，舜的意思是皋陶该抓就抓。桃应接着问："那样的话，舜难道不会阻止吗？"言外之意是，自己的父亲被抓，作为孝子的舜难道不应该有所行动吗？孟子说："舜怎么能够阻止呢，对皋陶来说那可是职责所受。"桃应又接着问："那接下来舜又会怎么做呢？"看着舜被置于两难之境，孟子给出了最终的答案："舜视弃天下犹弃敝屣也，窃负而逃，遵海滨而处，终身欣然，乐而忘天下。"在孟子看来，大孝荣父，比天下更为重要[27]；而太伯和仲雍的选择也符合这一原则。

　　然而，"义"并非易事。出于"义"而"说谎"更不是普遍的选择。公元前561年，吴王寿梦临终之前，遇到的情况与其先祖古公非常相似。寿梦有四个儿子："长曰诸樊，次曰余祭，次曰余昧，次曰季札。"由于幼子季札贤能的缘故，寿梦想要立他为太子。季札辞让说："礼有旧制，奈何废前王之礼，而行父子之私乎？"于是寿梦对诸樊下令说："我欲传国及札，尔无忘寡人之言。"诸樊回答说："周之太王知西伯之圣，废长立少，王之道兴。今欲授国于札，臣诚耕于野。"寿梦还是不放心，继续叮嘱说："今子不忘前人之言，必授国以次及于季札。"诸樊再次回答说："敢不如命？"

　　寿梦去世后，他的遗愿并没有被实现。寿梦反复叮嘱诸樊要把王位让给弟弟季札，但是他没有想到的是季札坚决拒绝即位。季札的拒绝间接造成了吴国最后的内乱。诸樊不得不继承王位，临死前将王位传给了余祭，余祭同样把王位传给了余昧，但是余昧死后季札仍然不愿意为王，于是余昧之子成为了吴王僚，引起了诸樊之子公子光的不满。公子光在伍子胥的帮助下刺杀了吴王僚，成为吴王阖闾，最终导致了吴国在夫差手中被灭。可以说，最后一系列混乱的源头来自寿梦对于太子的选择。

　　和先祖古公相比，寿梦明显没有处理好父亲和君王之间的角色冲突。寿梦和古公的对比是显而易见的。他毫不掩饰自己的想法，直接表达自己的意愿，结果却遭到季札的拒绝。我们可以明显地感受到，寿梦也许是一个负责的君王，但肯定不是一个合格的父亲。季札的回答清楚地指明了寿梦的问题——为了父子之私而废先王之礼。而诸樊的回答也以"臣"自称，表明在他眼中，寿梦的角色是君王而不是父亲。作为父亲，寿梦既没有做到对儿子一视同仁，更没能信任他的儿子。他反复地叮嘱诸樊不要忘记自己的命令，表明他对长子缺乏应有的信任。只有在季札面前，他才保持着父亲的形象。相反，古公虽然想要把王位传给幼子，却依然勉力维护着自己作为父亲的角色，没有表示出对太伯、仲雍的不信任。因此，古公的选择赢得了广泛的赞誉，而寿梦的选择则带来了灾难。

更重要的是，寿梦的直接交流方式也扼杀了四个儿子处理好角色冲突的可能性。事实上，季札对寿梦的回答已经超出了一个儿子应有的分寸，他的话更像是一位臣子的进谏。同样，长子诸樊所极力做好的也是"臣"这一角色。有趣的是，在孟子看来，舜更为重要的角色是"子"而非君王，寿梦的儿子们显然主动放弃了"子"这一角色。值得注意的是，诸樊等人还有一个角色——兄弟。太伯和仲雍通过"说谎"，巧妙地解决了作为兄长可能给兄弟季历带来的麻烦。相反，诸樊只能直接将王位让给季札，这给兄弟之间的关系造成了微妙的影响，为后来的兄弟阋墙埋下了伏笔。

那么，为什么寿梦会既未遵循古公掩饰自己真实意愿的做法，也未延续吴国传统传位给长子诸樊，而是犯下了这样的错误呢？让我们再次品味一下季札的话。季札对父亲说"礼有旧制"，但是寿梦显然并不想遵守旧有之礼，可见即使是立太子这样严肃的事，都缺乏固定而普遍的规则。身为吴王的寿梦相信自己有权力来解决身上的角色冲突。因此对于如何解决角色之间的冲突，寿梦给出了和先祖古公不同的答案。当寿梦作如是想时，他身上不但父亲和君王的角色产生了冲突，作为儿子或者说先王后裔的身份也参与了其中。换言之，作为先王的后裔，他应该在"义"的前提下遵从前人的"旧制"。当寿梦与古公背道而驰选择直接表达时，他就违背了对先人的"孝"，同时也失去了"尊贤"的实践基础。

没错，赵晔的确告诉我们："季札贤，寿梦欲立之。"这是一句极为微妙的话语，看起来似乎寿梦也遵循了尊贤的原则。不过，我们千万不要想当然地以为季札"贤"是一个毋庸置疑的事实。不！在寿梦的眼中季札的的确确是"贤"的，但问题在于，寿梦的眼光究竟如何呢？我们不要忘记，寿梦把王位继承之事搞得一团糟，如果他本身就不是一个完全可靠的人，那么他眼中的"贤"人的品行就可能需要打上一个问号了。关于寿梦可不可靠，《吴越春秋》有一句看似漫不经心的话："（寿梦）二年……吴始通中国，而与诸侯为敌。"这一句简单的话告诉我们一个事实：是寿梦结束了自太伯以来吴国不与诸侯为敌的和平状态。那么，寿梦自己是不是一个贤人呢？如果他自己不是一个贤人，那么他所认为贤能的季札究竟是否真正得贤能呢？不要忘记，虽然当年寿梦的祖先古公也认为孙子姬昌贤能而要把王位传给幼子季历，但是古公本人也是位贤明的君王。古公带着老百姓迁徙到了岐山，获得了广泛的拥戴。古公眼中的"贤"方是真正的贤，事实也证明他的眼光非常准确：孙子姬昌成为了千古圣王"周文王"。相反，在寿梦的儿子们中，诸樊等三位严格听从寿梦之命，而幼子季札却再三拒绝继位，违背了父亲的遗愿，这表明季札首先就没有遵守忠孝之义。

当季札觉得自己拒绝父亲的王位是在遵守礼制时，却忘记了两个基本的原则：第一是"不辱君命"，赵晔明确告诉我们寿梦的考量并非出于对幼子的宠爱，而是为了国家的利益；第二就是"孝"，当季札公开质疑寿梦的决定，并用强烈的疑问语气来表达自己的意见时，他的表现无疑是值得商榷的。用孔子父子相隐的原则来说，即使父亲做错了事情，儿子也应当"隐"，何况身为父亲的寿梦并没有真的出于"私"而作出决定，作为儿子的季札却给他戴了一顶莫须有的帽子。作为臣子，他应该听从王命；作为儿子，他也须服从父命。而季札的选择显然和他的父亲寿梦一样，是以自己的意愿为最高的准则。因此，当季札说"礼有旧制"之时，出现了悖论。如果他主张遵循"旧制"，那么讲究遵从先人的他首先要听从父王的决定；如果他自己并不听从父王寿梦的安排，那么又如何说服父王以先王的旧制为准则呢？更重要的是，在寿梦与诸樊、季札的对话中，"旧制"一词有着有趣的歧义。季札所谓的"旧制"是传位给长子，而和季札相比，其长兄诸樊才真正地懂得什么叫作"旧制"。当寿梦告诉诸樊自己的想法后，诸樊明确表示祖先古公当年就采用了"废长立少"，才有了周朝和吴国的繁荣，他自己也一定会支持父王的决定。"敢不从命"充分体现了诸樊的守礼。可见，同是"旧制"二字，亲兄弟们已经有了不同的理解。

根据赵晔的叙述，也许我们可以推测寿梦之所以不愿意"说谎"，是他不认为有必须遵守的普遍规则。在这样的情况下，他以自己的规则为规则。如何为王、如何为父、如何为子，寿梦都根据自己的理解而作出了选择；被寿梦所器重的幼子季札则与父亲相似，根据自己对"旧制"的理解而驳斥了寿梦，拒绝了王位。正是因为他们相信自己，认为自己可以处理好各种角色，所以才无视在正常的社会观念下这些角色之间存在的冲突，也就误以为没有"说谎"的必要性，以至于最后导致了种种的隐患与问题。当公子光决意刺杀吴王僚时，对他来说"臣子"与"兄弟"两个角色之间的冲突也并不存在。在公子光看来，他自己做吴王的渴望高于一切，其他的种种都需要为这一目的服务。说到底，从公子光到阖闾的身份转变也体现了他以自己的规则为规则。在成功谋反成为吴王后，阖闾一点都没有杀死"王"和"兄弟"的愧疚感，反而是一边志得意满，一边还要继续追杀自己的侄子……

对春秋时期的历史略有了解的人都知道，各国之内的父子反目、兄弟相残屡见不鲜。"说谎"固然可以解决古公和太伯之间如何处理君王父子各类角色的难题，却无法成为他们后人能普遍接受的规则。这让我们想起孔子著名的观点：正名。

父子反目、兄弟相残，这就是孔子所目睹的"各种制度之崩坏"，因此他提出要明确每种角色的权力与义务。《论语·子路》说：

子路曰："卫君待子为政，子将奚先？"子曰："必也正名乎！"子路曰："有是哉，子之迂也！奚其正？"子曰："野哉，由也！君子于其所不知，盖阙如也。名不正，则言不顺；言不顺，则事不成；事不成，则礼乐不兴；礼乐不兴，则刑罚不中；刑罚不中，则民无所措手足。故君子名之必可言也，言之必可行也。"

这是一段有趣而重要的对话。有趣之处在于子路感慨孔子"迂"，这说明孔子"正名"的观点在当时不被人所支持，即使是其弟子都觉得不切实际；重要之处也正在于连子路都不理解"正名"——这恰恰说明了正名的必要性。子路"奚其正"一语，生动地表明了其他人的态度：君王都以自己的想法为规则，怎么会需要正名呢？

魏晋何晏的《论语集解》引用了王肃的解释说："所名之事，必可得而明言；所言之事，必可得而遵行。"[28] 要言之，正名就是要明确一个社会角色应有的责任与权力，确定他必须遵守的规则。我们可以看到，《吴越春秋》中寿梦就让人有"名不正，则言不顺"之感。正是由于他没明确自己角色所应当遵守的规则，才导致他的命令被季札所拒绝。那么，寿梦应该怎么做呢？《论语》说：

> 齐景公问政于孔子。孔子对曰："君君，臣臣，父父，子子。"公曰："善哉！信如君不君，臣不臣，父不父，子不子，虽有粟，吾得而食诸？"

对于这段话，何晏的《论语集解》和皇侃的《论语义疏》都作了详细的解释。当时齐国的情况是齐王势弱，大臣陈恒操控着大权，因而孔子提出了相应的建议。对于孔子的建议，皇侃说：

"当使君行君德，故云'君君'也，君德谓惠也。臣当行臣礼，故云'臣臣'也，臣礼谓忠也。父为父法，故云'父父'也，父法谓慈也。子为子道，故云'子子'也，子道谓孝也。"[29]简而言之，就是君惠、臣忠、父慈、子孝。齐景公的反应和子路截然不同。一声"善哉"形象地表明了他的赞同。齐景公心有戚戚地补充说，如果君臣父子都没有扮演好自己的角色，那么就算他贵为齐王，都可能吃不上东西。齐景公后来被陈恒所弑，正如吴王僚被公子光刺杀一样，都是"君不君，臣不臣"的印证。

三、为了权力

冯友兰指出："普通以为孔子欲实行其正名主义而作《春秋》。"[30]西汉董仲舒的《春秋繁露》中也提出了"深察名号"的主张，认为天子、诸侯、大夫、士与民有各自的责任。赵晔作《吴越春秋》，自然也是对《春秋》的模仿。从寿梦与季札开始，到阖闾，他们身上都或多或少地体现出"君不君、臣不臣、父不父、子不子"的特点。寿梦与季札已无需赘述。阖闾先是伙同伍子胥刺杀了吴王僚，已是为臣不忠；再是让自己的女儿滕玉感到受辱，显然没有做到父慈；而在女儿滕玉自杀后，他设下圈套，在闹市中舞鹤，骗得看热闹的百姓不知不觉地跟着舞鹤之人来到滕玉的墓地中，突然关门让他们为自己死去的女儿滕玉陪葬，这是为君不惠。也许阖闾看起来在"说谎"这一点上继承了太伯之风，但是无论对自己的敌人还是臣民都没有保持太伯所坚持的"义"，而只是为了满足自己的权力欲望。

在《吴越春秋》中，阖闾的上位与称霸就是一个不断"说谎"的过程。他的初次亮相便是一个"真实"的"谎言"。伍子胥刚得到吴王僚的器重，当时还是公子光的阖闾担心伍子胥一旦辅佐了吴王僚，就会坏了自己篡位的大计，于是建议吴王僚弃用伍子胥。公子光对吴王僚说，伍子胥之所以建议吴国伐楚，不过是为了自己的私仇，而不是吴国的利益。赵晔用一个"谗"字简洁而形象地概括了公子光所言的性质。当初伍子胥被迫逃离楚国，就是源于费无忌在楚平王面前"谗"太子建，从而牵连了身为太子太傅的伍奢；而伍子胥在复仇成功之后，与太宰嚭互相看不顺眼，太宰嚭也在夫差面前"谗"。一个"谗"字，就将阖闾与费无忌和太宰嚭联系在了一起。他们都是为了权力而"说谎"的一群人。

谗算不算"说谎"？当然算。《说文解字》说："谗，潛也。"所谓谗，就是恶意中伤别人，说别人的坏话，属于性质恶劣的"说谎"。费无忌向楚平王说太子建对他心怀不满，想要作乱——这是半真半假的"谎言"。楚平王抢了太子建之妻，太子建心中自然会有不满，而想要作乱则是无中生有。同样，公子光的"谗"也是半真半假：伍子胥的确想要为自己报仇，但是伐楚也同样对吴国有利，否则公子光也不会在成为吴王之后亲自伐楚。最重要的是，公子光的"谗"看似为了吴国着想，其实是为了满足——并且成功掩饰了——自己篡位的野心。

但是，伍子胥猜出了公子光的谜底，知道他"谗"的真正目的，于是选择与其合作。伍子胥和公子光的关系从一开始就如此微妙，为了相互利用而纠缠在一起。伍子胥向他推荐了刺客专诸，刺杀吴王僚。面对专诸，公子光再次"说谎"。当专诸问他为何要刺杀吴王僚时，公子光"义正辞严"地表明自己并不是为了权力和王位，而是为了正义："僚素贪而恃力，知进之利，不睹退让。吾故求同忧之士，欲与之并力。惟夫子诠斯义也。"根据公子光所说，吴王僚是个昏君，而自己是一个正义之士，刺杀吴王僚只不过是为了夺回本就不属于吴王僚的王位，而自己会把王位交给季札。连专诸都觉得公子光的话过于露骨，问他说："君言甚露乎，于公子何意也？"殊不知这恰恰体现了公子光的"说谎"技术，看似直接而露骨，实则遮掩了想要篡位的真正意图。正是在公子光的"谎言"成功"欺骗"了专诸的前提下，专诸才会愿意刺杀吴王僚，从而使公子光摇身一变成为了吴王阖闾。

在季札完成出使任务回到吴国后，阖闾假惺惺地要把王位让给季札。阖闾清楚地知道，数次拒绝王位的季札不可能接受他的让位。他之所以让位不过是为了给自己的篡位找一个合理的借口。成为吴王后的阖闾虽然励精图治，但却依然残忍。女儿滕玉自杀后，他竟然用"谎言"诱使百姓陪葬。赵晔用"湛卢之剑"的故事，旗帜鲜明地谴责了阖闾的无道：在阖闾"说谎"骗百姓为女儿陪葬后，吴王的宝剑"湛卢"对阖闾的无道非常嫌恶，于是离开了吴国，经水路到了楚国，来到楚昭王的身边。这当然只是一个传说，但是这样虚构色彩浓郁的传说戏剧性地告诉我们世人对阖闾的评价。宝剑本身就是凶杀之器，连凶杀之器都觉得阖闾无道，可见他对百姓的残忍已经达到何种程度，完全没有扮演好"君"的角色；而他这样的所作所为，当然也没有扮演好"子"的角色。阖闾所在乎的，只是自己的权力。

四、"说谎"、正名与正义

目前我们已经涉及了三种"谎言":第一种是为了洗刷自己的耻辱而"说谎";第二种是为了处理好社会角色之间的冲突而"说谎";第三种则是单纯为了自己的私利而"说谎"——阖闾的"谎言"是其中的代表。这三种谎言也是《吴越春秋》中最主要的"谎言"种类。赵晔的叙述提醒我们,并非所有的"说谎"都是被认可的。第一种和第二种是被世人所接受的,而第三种则为世人所唾弃或质疑——赵晔用四个字言简意赅地指明了这一点:"国人非之。"

我们可以把《吴越春秋》看作是对孔子的"正名"思想所作的另类注释。赵晔的叙述告诉我们,即使"正名"真的在现实中得以实践,大家都尽力做到了君君、臣臣、父父、子子,在不同的社会角色之间依旧会存在着冲突,那么此时就需要用"谎言"来进行调节,从而尽可能地减少甚至消除冲突,这样的"谎言"是符合正义的。可是,这并不意味着所有的"说谎"都是为了调解角色的冲突。赵晔通过讲述阖闾的"谎言"告诉我们,对于"谎言",或者说"言不必信",也应该"正名"。或者说,我们应该清楚当我们在谈到"谎言"时,指的是哪一种"谎言"。第一种"谎言"也许还多少与正义沾边,而最后一种"谎言"则彻底与正义无关。

重要的是,在《吴越春秋》中这三种"谎言"对应的"说谎者"基本都属于统治阶层,由此可见"说谎者"的主要群体似乎都拥有较高的社会地位。这让我们想起了孟子将"言不必信,行不必果，唯义所适"之人称为"大人"。在孟子看来，懂得"说谎"的人可谓"大人"。有学者指出："大人是孔孟时代享有较高社会地位的特殊群体。"[31] 按照这种解释，大人几乎等同于贵族。《吴越春秋》的叙述印证了"大人"可以在符合"义"的前提下"言不必信"。那么，正名是否也应该从"大人"开始呢？

如果说正名应该从上而下，那么道德的评判权力就在"大人"手中。尽管《吴越春秋》中几乎没有提到道德观念中的善与恶，但是却把对"说谎"的评判权力留给了世人。对于太伯的"谎言"，荆蛮"义之"；而对于阖闾的"谎言"，国人"非之"。也许我们可以认为，世人认为"义"的"谎言"是善的，而世人所"非"的"谎言"是恶的。但是，这样的推论默认一个前提：赵晔对这些历史人物的评价与世人的评价相一致。于是，一个问题就自然而然地出现了：对"谎言"以及相关人物的评价，究竟应该以哪种意见为标准？

孔子和孟子在一定程度上都肯定"精英"对于道德的重要性。首先要社会精英"正己"，才能够引领他人，孔子说"子帅以正，孰敢不正！"（《论语·颜渊》）只有统治者"道之以德，齐之以礼"，百姓才能"有耻且格"（《论语·为政》）。换言之，百姓对道德的认识是有限的。同样，孟子说："上有好者，下必有甚焉者矣。君子之德，风也；小人之德，草也。草尚之风，必偃。"（《孟子·滕文公上》）可与此同时，孔子和孟子又都强调民心向背，一个成功的君王应该能让"近者说，远者来"（《论语·子路》）。于是，一个悖论出现了：一方面君王应该引导百姓，而另一方面君王又要迎合百姓。那么，究竟应该哪一方来制定道德的准则呢？

赵晔的叙述也指出了君王和百姓之间的相互依赖，但他并不试图给出直接的答案。勾践七年（公元前490年），越王勾践从吴国回到越国时，"百姓拜之于道，曰：'君王独无苦矣！今王受天之福，复於越国，霸王之迹，自斯而起。'王曰：'寡人不慎天教，无德于民，今劳万姓，拥于岐路，将何德化以报国？'"

这个场面看似平淡无奇，却非常重要。首先，它表明了越国百姓对勾践的拥护与支持——这也是对勾践在吴国多年所说"谎言"的肯定。百姓把勾践的种种"谎言"视为他克服苦难的手段，并没有因为勾践为奴而否定其"越王"的角色。其次，它暗示一方面百姓的拥护才是勾践霸业兴起的基础，另一方面百姓也需要勾践的带领才能重新过上好日子，因此无论是勾践的卧薪尝胆还是向吴王夫差献上西施、郑旦的计策，都是需要越王和百姓共同完成的"谎言"。最后，勾践的自谦之辞告诉我们，勾践和百姓都知道以德教化百姓是他作为君王的责任。

但是，在勾践成功复仇之后，赵晔的笔下再也不见百姓的影子，既没有百姓对勾践大破吴国表示祝贺，也没有百姓批评他诛杀忠臣。是勾践不再需要他们，还是他们已经对勾践失望？赵晔没有给我们答案。没有答案，正是赵晔对孔子思想诠释的独特之处。有汉一代，关于《论语》的注解迭出，其中汉末何晏等人所编撰的《论语集解》可谓集大成者，魏晋时期的皇侃在何晏等人的基础之上，在《论语义疏》中通过对前人的二次注疏阐述自己的思想。何晏、皇侃等人所采用的方式充分体现了孔子"述而不作"的自我评价。他们看起来拒绝"原创"，在罗列了很多前人解释的基础上，将自己的倾向隐藏于前人的话语之中。[32]然而，赵晔显然更进一步。他把吴越争霸的故事作为载体，在其中隐藏了对儒家道德观念的理解。如果说太伯和古公的"谎言"像是一个谜语，那么赵晔在《吴越春秋》中的整个叙述则是一个谜语集成，他对每一个"谎言"的描述都可以被看作一个谜语，邀请读者去抽丝剥茧，从而发现他对儒家思想的解读。和《论语集解》一样，赵晔在《吴越春秋》中看似讲述的是旧故事，但是他在每一个细节之中，都蕴藏了对道德的思考。《论语集解》的编者们通过选择特定的注释，使它成为某一章句的权威性解读，从而间接地表达自己的观点；而赵晔则通过对特定细节和对话的描述，引导读者去分析，从而传达自己的思考。

在对古公、太伯、寿梦与阖闾等人如何处理角色冲突的讲述中，赵晔反复暗示"正名"的重要性，但对于是否能够"正"则保持了疑问，亦即对一个人究竟能否真正处理好角色之间的冲突持怀疑甚至是否定的态度。虽然古公和太伯能够通过适当的"谎言"成功协调自己身上不同的角色，但是他们的后人却没有继承这样的传统。徐复观曾指出，"士"身上的角色冲突也一直是他们所不可承受之"重"。[33]一方面，要保持"士"的节操就要能"安贫贱而轻富贵"；而另一方面，为了赡养自己的双亲，则需要"暂时贬抑自己的志节"。儿子、臣子和士三种角色之间的冲突，几乎是每一个士人都需要面对的困境。在徐复观看来，《韩诗外传》正是用不同的故事告诉我们这种难以解决的矛盾。在此传统的影响下，熟悉韩诗的赵晔用故事来表达对相似难题的思考，也是顺理成章之事。相比较而言，赵晔的目光更加集中在统治阶层的身上，或许我们可以这样理解：既然连具有相对较高权力的统治阶层都无法处理好角色之间的矛盾，那么对于其他人来说，只会更加得困难。

那么，在亟需"正名"却又难以"正名"的现实情况下，"谎言"又扮演了什么样的角色呢？我们看到，古公和太伯的确利用"说谎"获得了成功，但"说谎"只是一种工具，这种工具能够起到正面效果的前提，是"说谎者"以"义"为前提来处理自己所面对的角色冲突。古公扮演好了君与父两个角色，从而给太伯扮演好臣与子两个角色的可能与机会。如果这个前提无法满足，就会出现两种情况：一种是像寿梦那样，以自己的原则为原则，"说谎"就被彻底无视，完全失去功用；另一种则是像阖闾那样，看似和先王一样擅长"说谎"，其实却把"说谎"变成满足自己私利的工具。赵晔的叙述告诉我们，不应该无限制地夸大"说谎"的功用。"说谎"只是一种工具，只有在符合"义"的前提下，"说谎"才能够发挥正面的作用，解决好角色之间的矛盾。阖闾的"说谎"，反而造成了更多的矛盾，引发了更大的危机。正是从这个角度来说，赵晔为孟子的"言不必信"作了生动的诠释。

也许有人会问，伍子胥和勾践为了洗刷耻辱而"说谎"，这是不是完完全全符合"义"？赵晔在叙述中给出了暗示：无论是伍子胥还是勾践，在复仇成功之后，都没有获得"世人"的肯定（此处的"世人"特指《吴越春秋》中的"世人"，而并非后世之人）。在《吴越春秋》中，伍子胥掘楚平王之墓将其鞭尸标志着其复仇成功。而在其复仇后，赵晔写道："即令阖闾妻昭王夫人，伍胥、孙武、白喜亦妻子常、司马成之妻，以辱楚之君臣也。"伍子胥的复仇所直接带来的"战利品",是从阖闾到伍子胥等几位大臣把楚昭王及其大臣的妻子收为己有,而他们这么做的目的,不过是为了羞辱楚国的君臣。尽管在当时,这样的行为算不上卑劣,却也绝对谈不上高尚。有趣的是,《史记·伍子胥列传》并没有这样的细节。也就是说,赵晔用这个细节自有其深意:一个打着雪耻名义的人,并没有带来正义,而是延续了耻辱——把自己身上的耻辱转移到了别人的身上。这个细节中还颇有一些值得玩味之处。"即令"二字就让人好奇,谁还能够对阖闾下令,让他把昭王夫人纳入帐中?这下令之人,岂不是有"臣不臣"之感?此外,伍子胥、孙武和白喜是三个人,子常和司马成的妻子只有两个——众所周知,古代是一妻多妾,妾可以很多但是妻却只有一个。伍、孙、白三人共同占有了两位女子,不可不谓是淫乱之举。如果说这就是伍子胥雪耻所带来的"荣耀",那么这样的荣耀不但不值得夸耀,还会受到唾弃。孟子说"富贵不能淫",伍子胥的所作所为与儒家眼中的君子相比可谓相去甚远。

最重要的是,无论是楚国人还是吴国人,都没有给伍子胥的复仇报以掌声。在逃离楚国之前,他心心念念地是在世人面前一雪前耻,向世人证明自己,可是在通过不断"说谎"获得成功后,他并没有获得世人的掌声。赵晔简洁明确地告诉我们,在伍子胥率领吴国大军打败楚国后,吴国接连受到了来自越国、秦国等多方面的打击,吃了不少的败仗。因此可以想见,无论是楚国还是吴国的百姓都不会对伍子胥的所作所为表示赞赏。世人就这样消失了。不过我们需要问的是,世人究竟是怎么消失的?到底是世人主动从伍子胥眼中消失了,还是伍子胥眼中渐渐地没有了世人？如前所述，在吴国已经连宝剑湛卢都无法忍受阖闾的无道，而伍子胥却依然与阖闾关系亲近，不但为阖闾献上各种诡计，而且依靠阖闾的大军为自己复仇。那么在世人的眼里，伍子胥当然要为阖闾的无道负上一定的责任，或者说根本就与阖闾是一丘之貉。既然如此，怎么会有人为他的复仇而喝彩呢？

同样，勾践也经历了复仇前受百姓拥戴到复仇后成为孤家寡人的转变。勾践前往吴国为奴之时，"群臣皆送至浙江之上"；勾践从吴国回到越国后，百姓"拜之于道"；而在勾践最终打败吴国后，大臣们不是装疯自保，就是日益疏远。百姓与其说消失在赵晔的笔下，不如说消失在勾践的视野之中。勾践在获得夫差信任顺利返回越国后，一方面卧薪尝胆发展越国，另一方面则继续用"谎言"来削弱吴国。对越国的百姓来说，从吴国回来后的勾践似乎的确是一位贤能的君王。这是勾践"说谎"的原则：对自己的百姓保持真诚。回到越国的勾践"缓刑薄罚，省其赋敛，于是人民殷富，皆有带甲之勇"。如果说"卧薪尝胆"是对夫差的"谎言"，那么对越国人民来说，勾践则通过行动明确地告诉他们自己的复仇雄心。无论是剑术超群的越女，射术精湛的陈音，还是为了越国慷慨赴吴的西施，都体现了大家对勾践的支持；而勾践之所以能获得人民的普遍支持，正是因为他对内的坦诚守信。

然而，对外勾践依然严格贯彻着"说谎"的方针。也就是说，我们看到了两个勾践：守信的勾践和"说谎"的勾践。这两个勾践既是不同的，又是相同的。守信和"说谎"看似相反，但有趣的是它们都是为了复仇这个共同的目标。回到越国后，勾践有两次经典的"说谎"：第一次是向夫差献上西施、郑旦，夫差一见大悦，认为"越贡二女，乃勾践之尽忠于吴之证也"。第二次是勾践向吴国借粮食，在夫差看来，"越王信诚守道，不怀二心"，自然就答应了越国的要求；可是越国在第二年归还粮食的时候，把种子都蒸熟了，吴国的百姓播下了越国的种子后颗粒无收，遭遇了饥荒。

如果说在吴国时，勾践的"说谎"更多的是为了赢得安全返回越国的机会，属于必要之举，那么这两次的"欺骗"是否必需，不免要打个问号。这两次行动看似相类，但实则有本质的不同。就"说谎"对象来说，前者直接是夫差，而后者则涉及吴国的百姓。当勾践的"谎言"影响到普通百姓的生活时，"说谎"动机的狭隘性就暴露无疑了。复仇，是勾践唯一的目标；在这一目标的指引下，"义"就不再是他所遵循的最高原则。

在汉代，复仇是一个热门的话题。流行于汉代的《春秋公羊传》主张君父之仇必报，而国仇百世可复。对于齐襄公复九世仇之举，《公羊传》大加赞赏[34]。这一现象，我们也许可以分作两个层面看。一方面是春秋时期民众对复仇的态度，另一方面则是汉代儒生对春秋时期复仇的态度。既然汉代儒生通过《公羊传》对春秋时期的复仇作了肯定，那么可以想见的是他们从古人身上找到了自己的影子。但是，东汉的赵晔对勾践的复仇也持同样的支持态度吗？

必须记住的是，夫差之父阖闾正是间接地死于勾践之手，勾践在吴国所受之辱，也无非是夫差为父复仇的结果，而勾践为此而复仇，无非也是一种循环。当复仇只不过是一代又一代的循环后，就失去了必然的正当性，变成了一种单纯的惯性。

这也是为何勾践在临终之前对太子说："夫霸者之后，难以久立，其慎之哉！"他的霸业建立在他人的耻辱之上，他人必将复仇而重新获得荣耀。事实上对于儒家来说，一切合理的复仇都是为了构建一个理想的世界；若是为了复仇而牺牲百姓的生活，那么复仇的正义性就荡然无存。根据这个原则，勾践借粮食而还熟种子的行为，显然越过了道德的界限。为了勾践自己的复仇，真的可以以牺牲普通百姓的生命为代价吗？国与国之间不能够和平共处吗？吴国的百姓与越国百姓的命运不是共通的吗？

《吴越春秋》没有给读者直接的答案。赵晔告诉我们，卧薪尝胆的那个勾践，在夫差伏剑而死之后就消失了。或许是觉得"说谎"影响他霸主的身份，或许是觉得没有了"说谎"的必要，总之，成为霸主后的勾践不再"说谎"。吊诡的是，不再"说谎"的勾践反而变得可怕了起来。昔日的功臣之中，范蠡选择远游，计研装疯卖傻，而文种则被赐死……司马迁在《史记》称勾践"贤"，勾践能背负起这一称誉吗？事实上，尽管伍子胥和勾践"说谎"的直接原因是为了洗刷耻辱，不过他们同样面临着处理好不同角色之间冲突的任务。想要报仇的伍子胥首先是"子"，然后是阖闾之臣；勾践一方面是君王，另一方面又是夫差之臣。一开始，他们由于受辱而需要"说谎"，随着"说谎"能力的提高而越来越接近复仇成功；当他们努力协调不同的角色时，都娴熟地运用着各种"说谎"的技巧——这是因为他们的眼前还有着自己所在意和忌讳的人；而随着他们因为"说谎"而实力一步步增加，眼前所需要忌讳的人也越来越少，就这样世人渐渐地消失在了他们面前。他们在复仇成功之后，也就不再"说谎"，世人随之彻底地消失了——一方面他们眼中已没有世人，另一方面世人也不愿意看到他们。

因此，尽管赵晔的叙述强调了"说谎"在伍子胥和勾践复仇之路上所起的重要作用，但同时也对两人行为是否符合"义"保持着批判的态度。当他们为了复仇而不顾一切之时，也就远离了"义"。于是，为了获得世人肯定的他们，最后变成了孤芳自赏。说到底，他们的"说谎"和阖闾的并无本质不同——都是为了自己，前者是为自己雪耻，而后者是为自己求利。在雪耻和求利之间，并没有明确的界限。或者我们可以说，成功复仇后的他们并没有停止"说谎"——他们只是停止了对别人"说谎"，可是却开始对自己"说谎"。他们使自己相信，自己过去的"说谎"都是出于正义，而自己已经不再需要对他人"说谎"。但事实上，随着他们停止"说谎"，也就失去了世人的拥戴与支持。这不但表明他们自以为获得世人肯定其实是一种自欺，而且充分说明他们的"说谎"只是为了自己。

为了谁而"说谎"，正是下一章所讨论的话题。

第三章

为他人的被动"说谎"

　　古公的"说谎"是为了国家的繁荣昌盛，阖闾之流的"说谎"是为了自己的权力，伍子胥和勾践的"说谎"是为了洗刷自己的耻辱，但他们都不是一个人在战斗。他们在将耻辱转变成荣耀的过程中，也依靠了他人的相助——这些人用自己的"谎言"帮助了古公、阖闾、伍子胥和勾践。帮助古公的是太伯与仲雍，帮助阖闾的有专诸和要离，帮助伍子胥的有渔父和女子，帮助勾践的是范蠡。这些人本身并没有遭受耻辱，也没有角色的困惑，或是对权力的向往。他们的"说谎"都是为了帮助他人实现愿望。也许我们可以把他们称为"被动说谎者"。

　　有"被动说谎者"，当然就有"主动说谎者"。古公、阖闾、伍子胥和勾践等人都属于"主动说谎者"。这些为了自己而"说谎"的人，都处在社会等级的顶端。上层社会的身份赋予了他们主动为自己"说谎"的权利。是他们主动"说谎"在先，才有了"被动说谎者"们的帮助与配合。就社会地位来说，"被动说谎者"们明显较低。此处所说的社会地位高低，既包括绝对的高低，也包括相对的高低。绝对的高低显而易见：阖闾作为君王自然位于社会等级的顶端，而渔父在社会等级中显然处于末端。相对的高低则比较容易被忽视：古公和太伯都属于高高在上的统治阶层，但在父王古公面前，太伯的地位相对较低，因而他的"谎言"，谎称去采药而远赴荆蛮——是为了配合古公的"说谎"；勾践和范蠡的情况也大同小异。

之所以要作出这样的区分，是因为赵晔向我们讲述了两种不同的被动"说谎"模式。在《吴越春秋》中，绝对社会地位低的"被动说谎者"们尽管可以同样拥有高超的"说谎"能力，却并不能将"谎言"转化成自己的荣耀，反而可能会失去自己的性命。不过，他们也并非一无所获。当以自己的生命为代价为贵族们"说谎"后，他们不但间接地给自己的家人带来了现实的利益，而且也以某种方式获得了不朽。相反，绝对地位并不低而只是相对社会地位较低的"被动说谎者"们，通常和他们所帮助的"主动说谎者"一样，获得了成功。

一、渔父和女子："说谎"、自尽与回报

我们先来看一看帮助伍子胥的两位"被动说谎者"。

公元前522年，伍子胥在逃亡到吴国的路上被追兵紧紧追赶，差一点无法逃脱。惊慌失措的他来到了大江边，看到江上有渔父划着船从下游逆水而上，于是大声呼喊："渔父渡我！"绝望的伍子胥高声喊了好几遍。渔父想要帮他渡过大江，但是看到旁边有人窥视，于是就唱到："日月昭昭乎侵已驰，与子期乎芦之漪。"

这是一幅有趣的画面。伍子胥和渔父形成了鲜明的对比。在先秦，渔父是一个独特的形象。众所周知，《庄子》中有渔父，屈原遇到了渔父，甚至姜太公都是一个渔父。[1]渔父不但能够渡河，而且善于打渔。这两种技能都充满了象征性的色彩：渡河意味着可以帮助别人渡过难关，而得鱼忘筌则是自我得道的体现。因此，这里的渔父虽然看起来是一个普通人，但也是一位智者。相反，伍子胥虽然出身显贵，却是个莽撞的年轻人，需要别人的帮助和提携。他只会大声地喊叫，完全无暇顾及四周的情况，甚至只是本能地请求渔父帮忙，而根本不会考虑对方是什么人，在对方应承之后却又畏首畏尾。就伍子胥的一生来看，此时的伍子胥还处于事业的开端，尚不善于"说谎"。

此时，懂得不用直接说真话却能委婉表达自己想法的是渔父。他的唱辞看似并未直接回答伍子胥的请求，却委婉地传递了信息，让伍子胥在芦苇丛中等候。伍子胥于是到了芦苇丛中。渔父又唱道："日已夕兮，予心忧悲；月已驰兮，何不渡为？事寝急兮，当奈何？"这是告诉伍子胥赶紧上船。听懂了的伍子胥于是上了船。

我们知道，"兴"是古代诗歌常用的手法，简单来说，就是要说一件事物前会先讲别的东西。当然，我们不能简单地把"兴"等同于"说谎"，但是"兴"的确是一种间接的表达。赵晔用渔父的唱辞告诉我们《吴越春秋》与《诗经》的传承：想要在不说真话的情况下传达己意，就要像《诗经》那样委婉地表达。这样才可以既"欺骗"旁听者，又不影响目标听众的领会。用乔治·莱考夫（George Lakoff）的话来说，渔父的唱辞是可以做多种理解的隐喻。诚如论者所言，"看待物理现象的方式满足了我们某些特定的目的"[2]。太阳下山、月亮飞驰，一方面暗示了情况的紧急，另一方面也表明黑夜来临，相对安全。而在外人看来，则单纯是对当前景象的描述。渔父没有也无须直接催促伍子胥赶紧上船，就可以向他传达愿意渡河之意；而在不知情的人听来，可能就是在感慨时光易逝吧。

伍子胥从芦苇丛中出来上了船，渔父并没有问他想去哪里，就径直将船划到了"千浔之津"。靠岸后，渔父看到伍子胥一脸饥饿的模样，就对他说在树下等着，自己去替他"取饷"。渔夫走了之后，伍子胥起了疑心，于是又躲到了芦苇深处。过了一会儿渔父回来了，拿着麦饭、鲍鱼羹和浊酒到了树下，发现伍子胥不见了。渔父再一次唱了起来："芦中人，芦中人，岂非穷士乎？""芦苇"的意象也并非偶然，正是穷士的象征。[3]众所周知，《诗经》中就多次提及芦苇。《河广》云："谁谓河广？一苇杭之。"芦苇既可以表明贫士的固穷守节和草民的卑微之态，也可以再次表明渔父愿意帮助伍子胥的心意。有趣的是，这一次轮到渔父反复吟咏多次，正如伍子胥当初大叫求救那般。

这一幕的对比也依然强烈。原先走投无路的伍子胥毫无戒备之心，而在顺利渡河之后反倒变得警惕了起来。先前渔父隐晦的唱辞获得了伍子胥的信任，而当渔父直接说给他"取饷"时，伍子胥反而误以为那是要出卖他的谎言。"取饷"一词也具有丰富的隐喻色彩，伍子胥根据自己的"经验范围"就可以产生相似的联想[4]：他自己需要食物，而他自己也是别人的"食物"。他本人与食物之间的相似性让伍子胥无法分辨渔父究竟说的是"饷"本身，还是"饷"的象征意义。

渔父的"岂非穷士"之问，正是为了让伍子胥放心的双关之语，既真又假。一方面伍子胥的确是一位落魄困窘的"穷士"；另一方面他又不仅仅是一位普通的"穷士"，而是被人追杀的昔日贵族子弟。渔父让伍子胥觉得其所问的是第一种含义的"穷士"，这样伍子胥才会放心地认为渔父不知道自己的身份。事实上，后来的情节告诉我们，渔父完全清楚伍子胥是谁，而在此时故意装作不明白伍子胥的身份，从而获得了他的信任。也就是说，渔父之所以能赢得伍子胥信任，所依赖的是谎言而不是真话。赵晔的叙述让我们感到渔父相信"他的谎言能带来妙用"[5]。

伍子胥从芦苇中出来后，渔父一脸无辜地问："我看见你饿了，去为你拿吃的，你为什么嫌弃呢？"伍子胥回答说："性命原本是天给的，现在我的命是您老人家给的，哪里还敢嫌弃呢？"伍子胥的话也是半真半假。伍子胥所言的"真"体现在他的命的确是渔父给的，但是他也的确起了嫌弃之心。同样都是半真半假，渔父的"假"是为了让伍子胥安心出来吃饭，而伍子胥的假则是为了掩盖自己的尴尬。说到底，渔父的"假"是为了别人而伍子胥的"假"是为了自己。

两人吃完了饭，分开之前伍子胥把自己价值百金的宝剑解了下来，给渔父说："这是我先父的宝剑，价值百金，作为对您的报答。"这时候渔父说："我听说楚国有法令，规定抓到伍子胥的人，赏赐粟五万石，加官晋爵，我哪里是贪图百金之剑的人？"此时的渔父终于说出了实话——自己早就知道伍子胥的身份。渔父拒绝了宝剑，劝伍子胥赶紧逃走，不要被楚国抓住。伍子胥还想问渔父的姓名。渔父说，今天的情况非常凶险，你本来是个"贼人"，我帮了你之后也成为了"渡楚贼"，两个"贼人"相聚，最重要的就是少说话，何必还要知道姓名呢？渔父的回答再一次阐明了"言"的微妙作用：他不愿意对伍子胥说假话，但这时候也不方便说真话。可见他是一个懂得何时说谎话、何时说真话、何时保持沉默的人。更重要的是，渔父这一番话也告诉我们，"被动说谎者"正是其自我定位——他是因为帮助"贼人"伍子胥而成为了贼人。然而，此时的伍子胥并不知道该怎样说话。临走前他告诫渔父说："把浊酒盖好了，不要让别人看见。"渔父答应了。伍子胥走了几步，回头再看渔父，发现他已经把船翻了过来，沉于江中自尽了。

擅长掩饰的渔父虽然能用"谎言"来帮助伍子胥渡江，但是却无法用自己的真话获得伍子胥的信任，因此只能以自尽来让伍子胥安心。渔父的死证明了"真话"的无奈和无力。伍子胥的告诫表明了他对渔父的不信任，而他的回头则再一次表明了他的怀疑。我们可以想象如果渔父最后没有告诉伍子胥自己知道他的身份，也许伍子胥就会放心地离开；因此吊诡的是，渔父在说出了真话，告知伍子胥自己知道他的身份后，反而引起了对方的疑虑。赵晔以此暗示读者，即使真心想帮助一个人，说真话也不一定能取得对方的信任。

一个无法否认的事实是，从头到尾伍子胥都没有对渔父抱有百分之百的信任：不是怀疑他会出卖自己，就是怀疑他无法妥帖善后。也就是说，无论渔父说真话还是说假话，都无法完全赢得伍子胥的信任，只有渔父自尽才能够彻底断绝伍子胥的猜忌。这无疑向我们揭示，语言本身的真假与能否取得对方信任之间没有必然的联系。那么，人与人之间能否互相信任？如果能，依靠的又是什么呢？赵晔没有给我们答案。这时候，我们不妨用朱熹告诉我们的读《论语》之法，把自己想象成伍子胥，问自己在这样的场合之下，对渔父起疑是否为人之常情？孔子和孟子显然反对人与人之间互相猜疑具有必然性，不过在荀子看来，"从人之性……必出于争夺"（《荀子·性恶》），既然人与人之间天生需要互相争夺，那么猜忌也就是一种本能，因此才需要圣人用礼义来让人与人之间和谐相处。[6]在西方存在主义哲学家萨特看来，"我"与他人之间的原初关系是一种冲突关系，但是这种冲突并不必然是绝对对立而消极的，人们正是通过这样的冲突而"共在"。[7]《吴越春秋》中伍子胥对渔父的态度告诉我们，赵晔应该同意荀子和萨特的观点，承认"我"猜疑他人是一种本能；而赵晔也同样认为人与人之间的冲突可以通过相应的手段得到一定程度的消解。面对伍子胥的猜忌，渔父的自尽就是消解冲突的手段。

我们不禁要问，渔父何至于要用自己的生命来换取伍子胥的信任和安心呢？伍子胥的信任和安心为何比渔父自己的生命还要重要？在试图回答这个问题以前，我们再来看另一个为了伍子胥而自尽的人，一个三十未嫁的女子。

伍子胥继续赶路前往吴国，不小心在路上生了病，只能在溧阳一带要饭。刚好有女子在河边洗被子，身边带着食物。伍子胥就问她说，夫人您能否给我吃一顿饭？女子回答说："我独自与母亲居住，三十还没有嫁人，我不能给你饭吃。"伍子胥就说，您看在我穷途末路的情况下，稍微给点东西吃吧，何必嫌弃呢。女子看出伍子胥并非普通的乞丐，就把自己的食物恭恭敬敬地给了他。伍子胥吃了一会儿就停了下来。女子说："君有远逝之行，何不饱而餐之？""远逝"一词让我们想到了《楚辞》的《九叹·远逝》。尽管一般认为《九叹·远逝》是西汉刘向所作，远远晚于书中女子所生活的时代，可是考虑到《吴越春秋》作于东汉，女子所说的"远逝"二字就自然含有《九叹·远逝》之意。《九叹·远逝》描写了屈原不被楚王信任而去国离家的厄运。女子知道伍子胥有"远逝之行"，意味着她已经看出了伍子胥的身份，知道眼前这位落魄之人并非普通人。

伍子胥吃完了之后，临走前又对女子说，把您的壶浆藏好了，不要让别人看到。女子听了之后感叹说："嗟乎！妾独与母居三十年，自守贞明，不愿从适，何宜馈饭而与丈夫？越亏礼仪，妾不忍也。子行矣。"女子再次强调了自己独善其身，虽然不愿意嫁人，却是一个懂礼且不愿意失礼之人。伍子胥走了以后又回头看，发现女子已经投江自尽了。

尽管女子并没有明显地"说谎"，但是她的自尽是为了掩饰曾经帮助过伍子胥的事实，为伍子胥一路的"说谎"提供了支持。和渔父一样，女子看出伍子胥并非常人，她的选择和渔父有不少相似之处：同样是帮助伍子胥，同样是被伍子胥怀疑，同样是自尽——甚至连自尽的方式也一模一样，都是投江而死。伍子胥的反应也让我们感到熟悉：同样的叮嘱，同样的回头。正是伍子胥的叮嘱和回头让他们选择结束自己的生命。和渔父一样，女子认为伍子胥的复仇比她自己的生命更为重要。

和渔父相比，女子说话不多，但是寥寥数语也足以表明她是一个"说谎"的高手。女子自尽前对伍子胥说"越亏礼仪，妾不忍也"，这八个字充满了"谎言"的色彩。她对礼的强调正是一种"谎言"。表面上看来，她是在表明自己的贞洁，认为一个未婚的女子给陌生男子食物逾越了正常的男女礼节；但关键在于她之前对"三十"的反复强调。"三十"一词具有极强的汉代色彩，可谓是当时女子生命里的一道坎。《汉书·惠帝纪》云："女子年十五以上至三十不嫁，五算。"汉代女子到了三十若仍未嫁，就要收取五倍的人头税。虽然根据《周礼》，先秦时也讲究及时嫁娶，但各诸侯国并没有如此明确的规定。因此，赵晔于细节处再一次显示了时代性。按照汉代的法令，该女子已然成为了社会中的"累赘"。然而，尽管这位女子地位不高，却并非一个随波逐流之人。她说"自守贞明，不愿从适"，这表明不嫁是她自己的主动选择。换言之，一个三十而未嫁的女子本身就早已违背了礼法。一个自己选择三十不嫁而主动违背礼法之人，却向伍子胥宣称自己不忍心因为伍子胥而违背礼法，从逻辑上来说这当然是一个"谎言"。更为重要的是，汉代没有严格的女子贞洁观念，改嫁在汉代非常普遍[8]，也没有任何规定禁止未婚女子与男子接触，而在春秋时期更是如此。因此，这位女子试图用所谓的礼仪和贞洁来标榜自己，在伍子胥面前打造一个遵守礼法的形象，当然在一定程度上是一种"谎言"，掩盖了真实的自己。

同时，女子的"谎言"也是为了掩饰她帮助伍子胥的真实目的。赵晔明确地告诉我们，女子一开始并不愿意把食物给伍子胥。伍子胥说："夫人赈穷途少饭，亦何嫌哉?"此后，"女子知非恒人，遂许之"。一个"遂"字表明了前后的因果关系。她态度的转变是由于她意识到了伍子胥的社会地位——他并非是一个普通的乞讨者。这意味着女子也并非是一个单纯的善良之人，如果伍子胥只是一个和她一样社会地位低微之人，那么她完全可能依然不提供任何的帮助。换言之，女子之所以愿意提供食物，并非是因为她的善良，而是因为伍子胥的地位。

赵晔用一个细节生动地展示出女子心态的转变：她"长跪而与之"。女子在伍子胥面前的长跪，与后来伍子胥在阖闾面前的膝行形成了意味深长的呼应。长跪之姿，指的是臀部离开脚跟，腰板伸直，上身耸起，是社会地位较低之人向社会地位较高之人表示尊敬采取的姿势。[9]伍子胥在阖闾面前膝行是为了掩饰自己的复仇之心，同样，女子在伍子胥面前长跪也是为了掩饰自己的真实目的——这也许是她摆脱现实的困窘并为家人带来财富的机会。陆威仪（Mark Lewis）指出："（古代中国）那些未嫁而身处娘家的女子通常无法继承娘家的财产。"[10]这意味着这位女子在经济上无法获得长期的保障。因此，当女子长跪之后，读者可以轻松而准确地预判，她将和渔父一样用自尽来寻求"不朽"。这是她唯一的机会。在没有"正常"融入社会和家庭生活的情况下，女子失去了以其他社会角色获得他人肯定的可能性。自尽于是成为了她向伍子胥效忠，帮助伍子胥隐藏其身份与行迹，并最终被世人铭记的唯一机会。

在这两个故事中，渔父和女子都是以帮助人的"主人"形象出现的，逃亡的伍子胥是他们所帮助的对象，更像是一位客人。

两位都给了伍子胥食物，这象征他们给了伍子胥生命。乍一看是他们掌握了伍子胥的命运：如果没有他们两位的帮助，伍子胥的复仇之路可能就此终结。然而事实上，伍子胥才是他们的主人，他操纵着他们的生命。

伍子胥作为身处社会等级顶端的贵族，即使在逃亡之时其社会地位也仍然高于渔父和女子。在遇到伍子胥之后，两人原本的生活就自动地不再继续，而是自觉地为伍子胥服务。他们给予伍子胥的不仅是食物，还有自己的生命。渔父和女子的"说谎"都是为了帮助伍子胥成功复仇。两人不但愿意为伍子胥付出生命，他们的生命所能赢得的回报也完全依赖于伍子胥的复仇。他们的自尽表明他们接受自己的社会地位所承担的义务。在第二章中，我们讨论过滕玉的自尽是为了其自己的荣耀。和滕玉相反，渔父和女子的自尽都是以伍子胥的利益为最大考量。我们可以看到，渔父从头到尾都没有担心过自己的安全。女子为了替伍子胥掩盖行踪也非常决绝。他们与伍子胥之间的社会地位差异让渔父和女子作出了本能的选择。因此，女子对"礼"的重视也并不完全是"谎言"。或许我们可以这么理解，即使她未遵守关于婚姻的礼法而三十不嫁，也自觉地遵守了社会等级的原则，为伍子胥而牺牲自己。

正如著名汉学家鲁惟一（Michael Loewe）所示，汉代存在着不同的阶层，每个阶层都具有相应的权利。[11]创作于东汉的《吴越春秋》无疑体现了这一观念。在渔父和女子看来，为伍子胥而死是他们的义务，是他们理所应当的选择。说是选择，其实也并无他路可选。当遇到地位比他们高的伍子胥时，他们会本能地选择为他而死——即使一个是逍遥的渔父，另一个是三十不嫁的女子。他们两人的选择戏剧性地回应了荀子的观点：人与人之间原本生来是逐利而相互冲突的，渔父完全可能为了利益而出卖伍子胥，但是礼法所规定的社会等级让人与人的相处有了可循的法则与和谐的可能。

赵晔的叙述告诉我们，渔父和女子所代表的百姓可以通过"说谎"和掩饰，用生命来换取不朽。他们只有通过自己的生命来转变自己的社会地位，而这样的转变依赖于社会地位较高的伍子胥的成功复仇。复仇后的伍子胥分别给他们的家人带来了官爵与财富，从而使他们的自尽有了回报。

公元前506年，伍子胥在吴国手握大权之后，率军击败楚国，鞭楚王尸以复仇，随后带领吴国大军攻打郑国，以报当初郑定公对自己的迫害之仇。面对气势汹汹的吴国大军，郑定公顿时手足无措，于是对郑国上下说："如果有能让吴国大军撤退之人，我和他分国而治。"这时候渔父之子站出来说，他能够退军，不用一兵一卒，只要一根船桨在路上唱歌就可以。郑定公就给了他一根船桨。当伍子胥大军抵达郑国城外时，渔父之子在路上扣着船桨唱道："芦中人。"他不停地唱着"芦中人"，伍子胥听到后大吃一惊，说："为什么这么唱，您是什么人？"渔父之子回答说："我是渔父的儿子。我们郑国的国君害怕吴国的大军，在国内发令说：有能够让吴国退军的，和他分国而治。我想到先父和您曾经在路上相逢，因此现在向您乞求保全郑国。"伍子胥叹道："我蒙您父亲大恩，才有了今天。上天苍苍，怎么敢忘记大恩呢？"于是伍子胥就放过了郑国。

渔父通过自尽，为自己的儿子带来了加官晋爵的机会。同样，女子的自尽也给家人带来了财富。伍子胥凯旋回到吴国，路过溧阳时叹息说："我曾经在这里挨饿，向一位女子要饭吃，她给了我吃的之后，就投水而亡。我想用百金来报答她，但是却不知道她家在哪里。"于是伍子胥把百金扔到了江水之中。

过了一会儿，有一位老妇人哭着走了过来。路人问她为什么哭得如此悲伤，老妇人回答说："我有个女儿，和我一起住了三十年而未曾婚嫁。曾经在这里洗被子，遇到了一位落魄的君子，给他吃了饭，又怕事情败露，因而自投于江中。现在听说伍子胥来了，可是没有得到他的补偿，我自己觉得女儿死得不值，因为这个原因我这么伤心。"路人说："伍子胥想要以百金作为回报，不知道她家在哪里，把百金扔到了江中就走了。"老妇人于是就从水中取了百金回家。

老妇人说的话颇有值得玩味之处：首先，她的话告诉我们当年的女子和渔父一样，已经知道了伍子胥的身份，只是装作不清楚而已；其次，她明确指出女儿是为了帮助伍子胥掩盖身份而自尽的，换言之，女子虽然没有说什么假话，但的确是为了伍子胥而想"欺骗"世人；最后，在老妇人看来，女儿的死是需要回报的，没有"偿"的话女儿就是"虚死"。正是在这个意义上，原本由于三十未嫁而成为社会累赘、老母拖累的女子实现了自己的价值，为家族带来了荣光。

从"说谎"的角度来看，老妇人和渔父之子的出现是极为有趣的暗示，表明女子和渔父的自尽本身在一定程度上也是一种"谎言"——对伍子胥的"说谎"。两人用自尽向伍子胥表明再也没有人知道他的身份，让他可以安心地"远逝"。在赵晔的叙述中，我们也看到伍子胥遇到渔父和女子时并没有外人的出现。可是，渔父之子和女子之母却分明清楚渔父和女子之举，也洞悉伍子胥的身份。尽管赵晔的叙述留了白，但读者可以推测渔父和女子显然以某种方式告诉了自己的亲人。渔父和女子自觉地为掩藏伍子胥的行迹而死，与此同时他们却也留下了相应的信息，并没有真正彻底隐瞒伍子胥的身份。因此，他们在为伍子胥"说谎"的同时也对伍子胥说了"谎"。我们可以想象，如果伍子胥知道还有他人知悉自己的行踪，就会无法安心赶路，也就可能会造成更多人被迫为他而死。也许有人会问，渔父和女子将伍子胥的行踪透露给家人，难道不怕家人泄露吗？我们不要忘记"亲亲相隐"这个原则，根据这一原则，即使渔父帮助为郑王所追杀的伍子胥渡江，渔父之子也绝不会透露任何风声。因此，渔父和女子的这个"谎言"并不会损害伍子胥的利益，却能够为自己的家人在将来讨回应得的回报。

老妇人"不得其偿，自伤虚死"之语充分证明女子一开始就预判并期望自己的自尽能有所回报，这应该也同样适用于渔父。渔父之子也认为父亲之死应该获得回报。如果这是一种普遍的观念，那么也许我们可以推测当渔父和女子选择自杀时，已经知道自己生命的价值所在。贵族和普通人之间的确存在着地位的不平等，普通人即使"说谎"也是为了前者，然而他们还是可以用自己的性命或多或少地换取一些补偿。他们的不朽不是体现在自己本身的流芳百世之上，而是通过伍子胥的功业得以为家人获得现实的利益。这意味着普通人追求荣耀缺乏自主性，需要一个适当的载体才可能获得成功。我们大可不必认为赵晔在告诉大家，普通人可以用"谎言"加上生命来改变原有的地位不平等。从荀子的理论来说，消除不平等是不可能也是不可以的，等级是依然存在的，这样的回报只不过是为了社会的相对稳定。

这样的社会等级存在是否合理？普通人是否可以用自己的生命来改变地位的不平等？赵晔的叙述没有给我们直接的答案。就社会等级而言，汉朝的思想家们有两种截然相反的观念。以董仲舒为代表的一方强调社会等级结构的重要性，地位相对低下之人应该服从地位较高之人[12]；而以王符为代表的一方则认为社会地位的低下并不影响一个人的道德，"仁重而势轻，位蔑而义荣"（《潜夫论·论荣》），既然社会地位低下之人恰恰是仁义之士，那么他们就不需要绝对地服从社会地位高贵者。王符认为"今之论者，多此之反"（《潜夫论·论荣》），也就是说他的观点属于少数派。

赵晔的叙述让人觉得他的主张正在两者之间。一方面，赵晔明确地告诉我们一个事实："说谎"能力相同而社会地位不同的人获得的回报是不平等的，这是一种残忍却真实的社会现象；另一方面，他没有试图改变或是维护这种社会的不平等，而只是将权力和地位所带来的不平等展现给我们，并不建议可以有一种理想的方式来解决这一现象。因此，他的叙述事实上宣告彻底平等只存在于想象之中。赵晔是用一种看似平静的语气来叙述渔父和女子之死的，让人觉得普通人这样的自尽司空见惯，并不是惊天动地的悲剧。赵晔笔下的渔父和女子完全是主动自尽，没有人逼迫他们结束自己的生命，他们在瞬间作出相同的决定。这种看似平淡的选择实则暗示两人在潜意识中对社会阶层的无条件接受。

如果说董仲舒和王符都认为按照他们的理论可以建构一个完美的道德体系，那么赵晔则并没有承认这一可能性——即使在付出生命的情况下，普通人所得到的也无法和伍子胥所拥有的相比较。这既是赵晔的独特之处，也是其重要之处。

尽管他的叙述没有王符在《潜夫论》中批评时世的那般慷慨激昂，但是赵晔给予读者充分的空间来思考社会等级的必要性与合理性。一方面，在吴越争霸的过程中，胜利总是属于社会等级结构稳固的一方——当伍子胥对吴王夫差的态度发生了转变之后，吴国才开始衰落；而越国百姓和大臣对勾践的支持，其中包括了著名美女西施的自我牺牲——则为越国的兴起打下了坚实基础。只有在社会等级明确的情况下，一个国家才能强大，这体现了社会等级的必要性。另一方面，渔父和女子的自我牺牲不过是换得了伍子胥的复仇，而伍子胥的复仇带来的则是吴楚两国的交战与百姓的死亡，那么他们的自我牺牲是否有意义呢？这就让我们对社会等级的合理性产生了质疑。赵晔并没有试图提出一个终极解决方案，而是把难题留给了读者自己。也许和春秋时期的渔父、女子一样，一个身处东汉的普通人所能做的，就是接纳并融入社会等级结构之中，用生命来换得自己的权益，用另一种方式来获得"不朽"。当我们说到"不朽"时，指的是广义的"不朽"。换言之，渔父和女子以自己的生命为代价被后人所知。与此同时，渔父之死改善了其子的生活，而女子之死则改善了其母的生活。对于普通人来说，这也许是"不朽"的唯一方式。

渔父之子与伍子胥的相逢无疑印证了渔父的"不朽"。没有渔父身后的影响，儿子显然无法帮助郑国退吴国大军。所谓的

"不朽"，就体现在渔父父子之间的传承之中。一方面，儿子依靠渔父之死才能获得官爵；另一方面，只有在儿子获得官爵的情况下，渔父之死才具有意义。正如法国思想家阿兰·巴蒂欧（Alain Badiou）所云："人类的独特之处在于能够认识到自己是牺牲品。"[13]在道德哲学中，自我牺牲是必不可少的元素之一。[14]渔父和女子无疑都非常清楚自己在社会中的地位，认识到自己是伍子胥复仇路上的牺牲品。当然，他们愿意为伍子胥"说谎"并自尽，这应该被视为一种为了"不朽"的主动选择，而不是对社会等级的完全被动接受。之所以说是主动选择，是因为他们可以选择不帮助伍子胥；这样他们可以保全性命，但却无法给家人带来官爵或是财富。渔父和女子选择成为伍子胥的牺牲品，可这或许是他们能够为自己而做的最好选择。"伦理学内在的核心永远在于一种决定谁死谁生的力量"[15]，这种无形的力量让渔父和女子做出了相同的选择。

社会学家涂尔干（Emile Durkheim）认为自杀是一种具有社会性质的行为。他指出，既然自杀成为一种社会现象，那自杀的原因应在个人所处的社会环境中寻找[16]。赵晔在伍子胥逃亡的路上接连描述了两起极其类似的自杀事件，足以证明我们应该重视其中的社会背景。美国学者埃里克·亨利（Eric Henry）曾指出：早期中国自杀盛行的主要原因是当事人为了表现自己的真诚或正直，为了显现最内在的自我[17]，而赵晔的叙述显然驳斥了亨利的这一论断。渔父和女子的自杀都并为了展现自我，自杀对他们来说是底层百姓获得回报的一种"交易"。可以看到，亨利的论断主要是基于社会地位较高的贵族士大夫，屈原可谓其中的代表；而赵晔所讲述的这两次自杀的主角社会地位都相对较低。伍子胥根本就没有了解他们是否真诚的兴趣，也不相信他们的正直，他在意的只是自身的安全。在这一点上，伍子胥与渔父、女子之间有着主仆之感。然而，赵晔的叙述告诉我们，尽管渔父和女子在社会地位上低于伍子胥，可是在"说谎"与掩饰的能力上却比伍子胥要高明——连女子都看穿了伍子胥的身份，因此三人之间并没有截然的尊卑优劣之分。至少在某些方面，渔父和女子比伍子胥要更高一筹，而且他们两人同样能通过"说谎"来赢得自己所能得到的回报。

渔父和女子的相似命运与相同选择还告诉我们，社会地位之间的差异比性别的差异更为重要。对于地位低下的人来说，无论男女，都选择用自己的"谎言"来为伍子胥服务。面对伍子胥，两人的性别差异完全没有影响他们的选择。必须注意的是，女子是吴越争霸中为数不多的女性角色，但这位女子起到了非常重要的作用——倘若没有她的出现，那么伍子胥就可能无法顺利地抵达吴国。换言之，在伍子胥成功复仇的道路上，女子的作用也同样不可或缺。无独有偶，在勾践复仇的道路上，传授剑法的越女与迷惑夫差的西施、郑旦也扮演了举足轻重的角色。对于出于社会高层的勾践和伍子胥来说，只要是社会地位较低之人——无论男女，都应该成为他们的"仆人"；而"仆人"们也可以通过自己的"说谎"，获得相应的回报。

赵晔用典型的象征手法告诉我们这些远离社会"主流"之人对融入主流的渴望：渔父和女子都跳入了江中。这当然不是巧合。在投江之前，渔父本来就是在江中打鱼之人，女子则在江畔洗衣物。在中国古代的思想体系中，"水"具有体道、言志、比德等多种作用，不但象征着不朽与永恒[18]，而且有回归之意[19]——他们两人投入水中，也就意味着他们回到了自己的归属之地。《论语·子罕》篇说：

> 子在川上曰："逝者如斯夫，不舍昼夜！"

皇侃在《论语义疏》中引用了江熙所言，指出："言人非南山，立德立功，俯仰时过，临流兴怀，能不慨然乎？圣人以百姓心为心也。"[20]这段话乍一看很容易理解：虽然人无法永生，但可以通过立德立功来实现不朽。然而，"圣人以百姓心为心也"却看起来有一些突兀，《论语》原文完全没有提到"百姓"二字，而"立德立功"也和普通百姓缺乏联系。也许我们可以对江熙所言作如下的理解：社会地位较高之人能够通过立德立功而像川流一样不朽，可是百姓能够通过何种方式不朽呢？这才是皇侃眼中孔子之叹息的原因所在。在赵晔的笔下，渔父和女子这两位普通百姓正是采取了和江水合而为一的方式。

《吴越春秋》中的细节彰显了两人的不朽与他们的"说谎"之间关系密切。渔父和女子都没有在伍子胥面前表达自己想要自尽的意图，而是在伍子胥转身离开之际投入江中，让伍子胥毫无防备。当伍子胥再次回头之时，他们已然自尽。两人对时间的完美掌握表明他们懂得如何自尽、何时自尽。我们可以想象，如果他们对伍子胥说出决心自尽的真话，那么就会令伍子胥陷入两难的境地：同意他们自杀，伍子胥的形象就会一落千丈；反对他们自杀，伍子胥就难以安心离去。因此，他们若是不"说谎"，就难以用自尽来完成自己的使命。微妙的是，他们对时间的准确把握也体现在确保伍子胥能够看到他们的自尽。作为他们自尽的证人，伍子胥不但可以不用再担心自己的行踪被暴露，而且更重要的是，铭记两人的付出并在日后进行回报。假使两人选择自尽的时机不对——在伍子胥真正离去之后才投江，那么他们的自尽就无法得到伍子胥的见证，他们的生命也就会付诸东流。正因如此，渔父和女子的"说谎"与掩饰能力才是他们得以通过自尽获得"不朽"的关键所在。

二、刺客要离："说谎"与投江不得

渔父和女子是幸运的。他们的投江自尽换来了家人的官爵和财富。在《吴越春秋》中，同样身处社会底层的要离在为吴王阖闾"说谎"之后，却想要投江自尽而不得。与渔父和女子相比，要离的经历更加体现了社会地位较低的"被动说谎者"的无奈。赵晔的叙述再一次试图用极端的事例表明"说谎"能力与社会地位之间的关系，并由此对儒家道德哲学的可行性提出了质疑。在要离的身上，各种社会角色的冲突达到了极致，而在这样的情况下，即使要离善于"说谎"，也无法面面俱到，最终陷于道德的困境而无奈自杀。

在前一章中我们已经知道要离是一位刺客。阖闾在即位之后，依然寝食难安，因为吴王僚的儿子庆忌神勇异常，随时可能来报仇。吴王阖闾二年（公元前513年），阖闾谋划刺杀吴王僚之子庆忌。于是，伍子胥向阖闾献上了刺客要离。要离的外貌先天就具有"欺骗性":作为一名刺客,要离身形瘦小,看起来不堪一击,很容易令对手掉以轻心。然而,作为刺客,要离最大的长处是他的"智"。他通过无懈可击的"谎言","欺骗"了阖闾的心腹大患庆忌,成功地将其刺杀。

伍子胥在阖闾面前夸赞说,要离虽然细小,却有"万人之力"。于是吴王阖闾才表示愿意见一下要离,可是一见之下大失所望。然而要离对自己有着清醒的认识:一方面他知道自己"细小无力,迎风则僵,负风则伏",而另一方面则是"大王有命",自己不得不尽力。"细小无力"是他天然的掩饰,不但让阖闾一开始看不上,而且也容易使敌人失去应有的警惕。当阖闾由于要离的身材而暗自埋怨伍子胥所荐非人时,要离自信满满地说:"大王担心庆忌吗?臣能杀之。"要离的话给我们描绘了一个"食物链":要离怕大王之命,大王怕庆忌之力,庆忌则会断送在要离之手。从这一点来说,谁也没有绝对地高高在上。

值得注意的是,要离所肯定的是自己能杀庆忌,并没有自己之后的飞黄腾达。"迎风则僵,负风则伏"固然是为了说明要离的瘦小,但更重要的是形象地描写了他和阖闾之间的关系。在《论语·颜渊》篇中孔子说:"君子之德风,小人之德草,草上之风必偃。"对要离来说,阖闾就是他的"风",作为臣子的要离别无选择,因此没有任何必要询问刺杀庆忌的合理性(我们还记得当初专诸曾问公子光为何要刺杀吴王僚,因为彼时公子光尚不是吴王)。当阖闾对要离表示出自己的不信任,指出庆忌万人莫当,连他自己都无法用弓箭射杀时,要离再次强调说:"王有意焉,臣能杀之。"要离所言反复强调了两个重点:第一是自己能杀庆忌,第二是作为臣子的自己是听从大王之命才出手的。赵晔用出自要离之口的八个字就明确了要离"被动说谎者"的自我定位。

为了让阖闾放心，要离对吴王阖闾说："臣闻安其妻子之乐，不尽事君之义，非忠也。怀家室之爱，而不除君之患者，非义也。"要离的这段话非常重要。这是《吴越春秋》之中第一次提出"忠义"的概念，而提出"忠义"概念的要离不过是一个"细人"——这一定位是伍子胥向阖闾推荐要离时说的。"细人"指的是地位低下之人。[21] 作为细人的"要离"向我们阐述了他心目中的家国观念：君王比家人更为重要。他把"忠义"理解为替君王分忧除患，而为了"忠义"则可以且应该抛却家庭妻儿的爱与乐。如果我们还记得孔子对"亲亲相隐"的主张，就知道要离对"忠义"的理解是片面的。儒家的伦理道德强调从家庭出发，推而广之，直到国家天下。如果家庭妻儿都可以放弃，那么国家天下也就失去了根本。

具有讽刺意义的是，阖闾在身为公子光时并不是一个忠义的臣子。换言之，要离和阖闾形成了鲜明的对比。当要离面对阖闾大谈"忠义"时，读者不免觉得要离对牛弹琴；然而，身为臣子时不忠不义的公子光，在成为吴王阖闾后却希望臣子"忠义"。要离对"忠义"的理解让阖闾相信了他的动机，接着要离又让阖闾相信自己的能力："臣诈以负罪出奔，愿王戮臣妻子，断臣右手，庆忌必信臣矣。"

要离的计策可谓耸人听闻。要离用"诈"来形容自己的计策。诈就是"欺骗"，也就是"说谎"。和刺杀吴王僚一样，想要刺杀庆忌离不开"说谎"。具有讽刺意味的是，根据《说文解字》，"刺"的原意为"直伤"，也就是直接夺去对方的生命，而在《吴越春秋》中，身为刺客的要离并无法"直接"杀害目标。为了获得庆忌的信任，要离必须依赖"谎言"，用间接的方式获得机会。可以看到，"谎言"越要逼真，"说谎者"的投入或牺牲就越大。要离的计策不但让自己成为了一个只有左手的残疾之人，而且还以自己妻儿的生命为代价。就这一点来说，要离和主动尝夫差粪便的勾践一样，向我们揭示了"谎言"必须以行动作为基础，而且一定要有夸张的行动。这反过来给读者一个启示，那就是遇到不常见的夸张行为时，一定要提高警惕。

要离的"谎言"之所以对庆忌来说具有可信度，是因为他的计谋违背了重要的社会准则。《孝经·开宗明义》说："身体发肤，受之父母，不敢毁伤，孝之始也。"要离主动断右手，不仅伤的是自己的身体，更是大逆不孝之举，因而正常人一般情况下不会这么做。按照这个逻辑，庆忌默认要离一定会对断了自己右手的吴王阖闾恨之入骨。同样，在先秦时期，理论上要求父亲对孩子慈爱，"父母对子女的爱不仅仅停留在本能的生养和爱护上面，更重要的还是体现在对子女的理性之爱上"[22]。要离背其道而行之，主动要求阖闾杀死妻儿，这样违背社会道德的建议在增加其计策残忍程度的同时，也更加增强了它的"欺骗性"，庆忌一定会信以为真。

吴王依照要离的计谋，将他的妻儿焚弃于市，让大家都知道自己与要离"势不两立"。正如有学者所指出的那样，弃市"这种死刑是非常耻辱的"[23]，而这种死刑之所以耻辱，是因为它的地点："市"具有极强的公共性，会给死者带来最大程度的羞辱。[24]逃离吴国的要离身上背负了耻辱，这种耻辱和伍子胥逃离楚国时所背负的相似，而要离复仇的欲望也就自然变得可信。于是要离求见庆忌，说您知道阖闾是个无道昏君，如今他杀了我无罪的妻子孩子，我知道吴国的情况，靠着您的勇猛和我的智慧，一定可以制服阖闾，我们为何不联手合作呢？就这样，要离用令人发指的苦肉计获得了庆忌的信任。

三个月后，庆忌挑选了士兵，和要离一起前往吴国复仇。在渡江之时，要离趁其不备，借着风势用矛刺中了庆忌。庆忌临死前感叹说，敢对我动手的，是真的勇士啊！庆忌吩咐其左右不要杀害要离，让他回吴国"以旌其忠"。既然连受害者庆忌都赞叹要离的忠勇，那么要离理应对自己的刺杀成功而感到自豪。然而，顺利完成任务后的要离并没有要回到吴国的意思。"渡至江陵"，他忧心忡忡地徘徊不前，有人问他为什么不走，要离说："杀吾妻子，以事吾君，非仁也；为新君而杀故君之子，非义也。重其死，不贵无义。今吾贪生弃行，非义也。夫人有三恶，以立于世，吾何面目以视天下之士？"说完，要离就投江自尽。

要离这番话首先解释了他为何会愿意牺牲自己妻子与孩子的性命——因为他们不得不死。他们不死，他就无法尽忠；他们死了，他则陷于不仁。显然，在他看来，忠是最高的准则；但是忠并不是其他准则的保护伞。这番话同时也解释了他为何不愿意回吴国而选择自尽。他清楚地知道自己的选择违背了仁义，明白刺杀庆忌是一种道德的两难。到最后要离终于没有对自己"说谎"，没有告诉自己可以完美地解决眼前的难题。他知道身为吴王阖闾的臣子，先完成王命再自尽是他唯一的选择。换言之，他已经无处可"回"，妻儿已然不在，那个为了阖闾而被动"说谎"的要离也已经不再是之前的要离。因此，在完成任务之后，他选择了自杀，至少在自杀和求赏上，他还可以做不违背内心的选择。

然而，要离果真还有最后选择的自由吗？《吴越春秋》告诉我们：不。要离投江想要自尽，但是却死不了。他的左右把他救了上来。要离问："我还能不死吗？"左右回答说："您先别死，等着加官晋爵啊！"于是要离只好自断手足，伏剑而死。

要离无法在江中自尽，这是一个意味深长的象征。如前所述，渔父与女子和屈原一样，是投江而死的，水象征着永恒与生生不息。一个人能够投江而死，表明他会被世人所铭记；而要离则连这个资格都没有。这个细节表明赵晔已经给要离做出了评价。

要离的故事既展现了"说谎"的力量，也揭示了现实的矛盾。要离与庆忌——前者的瘦小和后者的强大形成了鲜明的对比，而正是高超的"说谎"能力使要离变得比庆忌更加"强大"。事实上，真正刺杀庆忌的并不是要离的"刀"，而是他的"诈"。要离让我们知道，"谎言"比武力更有效。与此同时，现实的矛盾在要离身上体现得淋漓尽致。他既是父亲、丈夫，又是吴王的臣子。面对阖闾的命令，要离不但无法承担父亲与丈夫的责任，而且更是以牺牲妻儿为前提，方能完成对吴王的效忠。我们知道寿梦由于没有"说谎"而无法处理好不同社会角色之间的冲突，如果说寿梦还有可能效仿古公，用"说谎"来协调自己的多种角色；那么要离所面对的道德困境则是再高超的"说谎"都无法解决的。

　　在要离身上，我们看到了渔父和女子的影子。要离和他们一样，身处社会的底层，他的"说谎"能力首先是为了满足吴王阖闾的需求，并不是为了自己。不过，要离的"说谎"更为极端，所带来的力量也就更为巨大，而这种力量在构建阖闾霸业的同时，也摧毁了至少四条性命：庆忌、要离的妻与子，以及要离自己。这似乎暗示着"说谎"的力量具有双重性：当实现目标的能量更为强大时，其所具有的破坏性能量也可能会越大。要离的"说谎"所带来的，是他失去了家人，遭遇了不可回避而又无法解决的道德困境。

　　有一个不可忽视的细节，是渔父和女子的自杀在先——他们需要以自己的性命为代价，为伍子胥的复仇铺路，为自己的家人赢得官爵财富；而要离的自杀在后——在自杀之前他已经成功刺杀了庆忌，无须自杀他就可以获得吴王阖闾的赏赐。因此，要离的自杀不是为了家人的利益——他的家人已作为"谎言"的重要组成部分而死，也不是为了爵禄和金钱——自杀后的要离显然无法享用这一切。那么，他为什么要自杀？或者说，他为什么一定要自杀？

　　要离自尽前的话已经给了我们答案。在他利用"谎言"刺杀庆忌的过程中，要离的各种社会角色遭遇了前所未有的剧烈冲突，而其所信奉的道德准则并没有能够为他提供答案。如前所述，要离是一位父亲、一位丈夫，既是阖闾的臣子，也是先王吴王僚的臣。要离应该承担起这些角色所应当具有的责任，可是他无法承担。在各个角色的责任相冲突的情况下，他只能把优先权给了吴王阖闾之命。不幸的是，为了尽忠，要离必须要"非仁""非义"。这样的道德困境当然不是要离自己的选择，而具有明显的社会性。换言之，这并不是要离一个人的难题，任何一个像要离这样身处社会底层的人，都可能会遇到这样的局面，而造成这一局面的最根本原因，是"忠"与"仁""义"的对立——对吴王阖闾的忠造成了对家人和庆忌的不仁不义。在家人和君王之间出现了不可调和矛盾的情况下，一个人究竟应该如何选择？很显然，直到自尽要离也处于困惑而自责的状态，这种困惑与自责是渔父和女子所没有的。要离的困境看起来与前一章的论点相矛盾。在第二章中，我们指出"说谎"能力可以解决社会角色之间的冲突，而要离的"说谎"却使他陷入了道德的困境，甚至是绝境。事实上，这一矛盾正是由社会地位造成的。我们在上一章说的规律，属于古公、太伯这些位于社会等级顶层的人物，他们是相对主动的"说谎者"；而对于社会底层的人物来说，社会地位就决定了他们的"说谎"能力不过是为君王们服务的工具，他们是"被动说谎者"。

董仲舒在《春秋繁露·玉杯》中说："《春秋》之法，以人随君，以君随天。……故屈民而伸君，屈君而伸天，《春秋》之大义也。"董氏所言为天、君、人之间的关系提供了理论基础——对君王的服从是人的第一要义。要离对阖闾的付出无疑是董仲舒理论的极佳注解。他正是以阖闾的需要为首要考量而采取了极端的"说谎"行为。面对父兄的死亡，伍子胥能够选择复仇；而要离却要为了满足阖闾的心愿而送上妻儿的性命。这正是赵晔的叙述所展现出的等级差异。从前一章所讲的要离与椒丘䜣之间的斗智斗勇足以证明要离的机智，机智的他并非不知道家庭的重要性，他只是知道自己的社会地位无以保全家庭。因为他是阖闾的百姓，所以必须以阖闾的利益为先。

当阖闾和要离刚刚见面而怀疑要离的能力时，要离反复强调"臣能杀之"，乍一看以为要离只是在展示自己的能力与自信，但回头再细品的话，就会发现这四个字充满了张力。首先，"臣"能杀之，意味着把君王的眼中钉杀死是"臣"的责任，君王不需要亲自动手；其次，臣"能"杀之，刺客之所以能够杀人，并不是因为他们武艺超群，而依赖他们的"说谎"，刺客无法堂堂正正地杀人，究竟是能杀还是不能杀；再次，臣能"杀"之，听起来可以把对方消灭，但是，在对方的生命结束之后，他们给吴国留下的后遗症并没有消失；最后，臣能杀"之"，似乎被杀的只是对方，可是要离同样付出了自己的生命。因此，"臣能杀之"四字，简洁而形象地揭示了社会等级的存在，概括了处于社会等级末端的要离所能做的一切。

赵晔的叙述与董仲舒的理论之间的差异体现在个人的情感之上。要离的"说谎"是为了维护现有的社会等级，而维护现有的社会等级符合"天"，但这并不意味着他完全认同自己的选择，更不意味着他在完成上天所赋予的使命之后感到快乐。在完成刺杀的使命之后，要离心中所拥有的只是痛苦和疑惑。因此，如果说自杀对渔父和女子来说是一种自我实现，那么对要离来说，自杀是一种自我解脱和自我救赎。渔父和女子的自尽换来了他们的"不朽"，而要离之死则是为了弥补他对家人和庆忌造成的伤害。要离临死前的自我谴责清楚地表明，刺杀庆忌的成功对他来说并无丝毫的喜悦，而是一种煎熬，所以才不得不用自尽来寻求解脱。在他看来，自尽可以让自己彻底摆脱道德的困境，并对自己所做的一切进行补偿。因此，他在人前毫不掩饰自杀的意图。与之相反的是，渔父和女子没有让伍子胥知道他们自尽的决定。

颇具有黑色幽默色彩的是，要离甚至无法成功地投江而死。这个细节无疑充满了象征意义。乍一看他无法投江自尽是由于他没有在众人面前隐藏自己的意图，被他人搭救。然而，鉴于要离高超的"说谎"技术，他之所以没有隐藏自己的自尽意图显然不是出于疏忽。那么，赵晔为何不让要离投江而亡呢？如前所述，江与水象征着永恒、不朽、善良与回家。这也是渔父和女子都选择投江的原因。因此，要离在江中被救——而且是被一群劝他求取功名利禄的随从所救——这一细节暗示着要离由于不善而无法不朽，无法回到自己的"家"。要离身边人不能理解他的痛苦，他们认为刺杀庆忌成功将换来高官厚禄，足以弥补任何的损失。这意味着重视个人情感的要离是一个另类。在旁人眼中，为了现实利益而抛弃妻儿是正常之举。这也许是要离无法不朽的原因之一——在常人看来，他不过是一个为了高官厚禄而不顾一切的无耻之徒，大家无法理解他内心的煎熬；要离无法不朽的另一个原因，可能体现在他的自责之中——正是由于其所作所为不仁不义，因而无法得到宽恕和赞扬。

等待着要离的结局是伏剑而死。伏剑而死在《吴越春秋》中出现多次：伍子胥和夫差的结局也是伏剑而死。在春秋战国时期，"伏剑"是一种常见的惩罚方式，行刑对象多为被赐死或自尽的贵族与大臣[25]。这意味着要离认为自己所说的"谎言"需要受到惩罚。可是，既然要离所做的一切都是为了吴王，他这么做也符合社会等级的架构，那么他又为何需要受到惩罚呢？

事实上，要离的惩罚是一种自我惩罚。在赵晔的叙述中，要离的身上至少体现了两种矛盾。第一是先秦儒家与汉代儒家之间的矛盾。尽管从董仲舒的角度出发，要离的"谎言"无可厚非，但是从先秦儒家所强调的道德出发，要离的确有所亏欠。我们反复提到，主张"亲亲相隐"的孔子强调"家"的重要性。董仲舒与孔子思想的不同在要离身上得到了展现。虽然戴梅可、齐思敏等学者早已指出汉代儒家和先秦儒家之间存在着天壤之别[26]，但是作为刺客的要离显然在为无法调和两者而感到痛苦。换言之，在要离的身上，体现了两种伦理观念的冲突。从这一点来说，要离是一个"汉代化"的春秋刺客，他之所以要自我惩罚，是因为他用先秦的儒家观念在惩罚汉代的儒家观念，用崇尚"亲亲"的自己在惩罚屈民伸君的自己。

如果要离彻底放弃仁义的道德观念，那么他就不会感到痛苦，也就不会有自我惩罚的必要。我们知道伍子胥在率领吴国大军打败楚国后，掘墓鞭尸，如此行为遭致不少人的非议，但是伍子胥并不以为然，因为伍子胥用报仇将一切行动合理化，完全无视其他的道德准则，所以他并不认为需要自我批评，遑论自我惩罚。这固然体现了作为贵族的伍子胥具有为自己"说谎"的特权，却也暗示我们只有地位低下的要离才懂得自省。事实上，在《吴越春秋》之中，对自己的"说谎"之举做深刻反省的只有要离一人，只有他将自己"说谎"所造成的后果与"非仁""非义"联系在一起。这一点使得要离在《吴越春秋》中的地位异常独特。我们不必认为他的反省是由于他的社会地位，更不必进而延伸到只有地位低下的百姓才有反省的良知。要离的所言所行告诉我们，他的自我反省与自我惩罚源于第二种矛盾。

第二种矛盾是第一种矛盾的延伸，可以被视为情与礼之间的矛盾。要离所言表明他的内心无法无视对妻儿所造成的伤害。尽管他所做的一切符合外在之"礼"，然而却不能说服自己的内在之情。仁义究竟是社会所塑造的外在道德理念，还是本于内心的情感体现？如果是前者，那么要离内心的挣扎就在一定程度上是由统治者们所操控的——那些统治者自身都并不遵守的道德观念正是由社会上层决定并推行的；如果是后者，那么要离内心的挣扎就是一种自我意识的觉醒，用自我的情感本能对外在的礼法提出根本性的质疑。[27]当然，赵晔没有给我们答案。或者说，历史故事的叙述者就像一个熟练的"说谎者"，将自己的思考隐藏于细节之中。春秋战国时期，有吴起杀妻[28]这样的著名事例，吴起并没有为自己的行为而反思，或者说至少从现有的历史记载来看，吴起未展现自己的情感，而是以功业为重。要离的独特之处在于他展现了内在的自我。尽管在极大的程度上他遵循社会上层所制定的礼法，但依然没有泯灭本能之情。

必须指出的是，董仲舒等汉代思想家并非没有论及"情"，不过一般在儒家所谓的"性情"这一对概念之中，"情"无疑处在一个相对负面的位置。董仲舒认为"由性而有仁，由情而有贪"（《春秋繁露·深察名号》），"情"是不道德行为的根源所在。我们在此所说之"情"，则与魏晋思想家们对"情"的阐述更为接近。众所周知，圣人是否有"情"是魏晋时期思想家讨论的主要话题之一。[29]魏晋玄学的代表人物王弼认为："圣人茂于人者神明也，同于人者五情也。神明茂，故能体冲和以通无；五情同，故不能无哀乐以应物。"（《三国志·钟会传》）王弼论述的重要性在于肯定了普通人之"情"的地位：喜怒哀乐之情是和圣人相同的。同样，魏晋时期的皇侃在《论语义疏》中也在主张圣人有情的基础上，博采众长，肯定了情感的合理性。[30]从汉代到魏晋，"情"的地位呈明显上升的趋势，出现于东汉的《吴越春秋》位于其中，可谓开魏晋情论之先河。正是要离内在的悲伤之情远远大于完成王命之喜，才使得他内心的矛盾激化。最终他的"情"压倒了"礼"，于是他选择了以自尽来终结这一矛盾。他用自尽将"被动说谎者"的"被动"二字阐释得淋漓尽致。

三、隐士公孙圣：不"说谎"的后果

也许有人会问，既然要离如此纠结于内心之情，那么为何不索性一开始就拒绝为吴王阖闾"说谎"？我们之所以将他们称为"被动说谎者"，就是因为他们别无选择。从渔父、女子到要离，这些社会地位较低的普通人都非常自觉地选择了为他人而"说谎"。如果他们选择不"说谎"会有什么后果？《吴越春秋》中的公孙圣告诉了我们答案。

与他们三人不同，公孙圣是一位"受道十年，隐身避害"的隐士，已经为了长寿求道多年。一般认为，先秦的隐士都是出于对现实政治与社会的不满才选择"隐"的，他们既然远离仕途，就会追求逍遥与长生。[31]在《吴越春秋》中，公孙圣是唯一一位以长寿为己任之人。渔父、女子和要离都认为有比自己生命更重要的"存在"，都选择用自尽来结束自己的生命。相反，公孙圣看起来把自己的生命置于首位，因而他的死亡也就更加具有讽刺色彩——一个追求长生的隐士却不得不面对君王而失去自己的生命。

赵晔的叙述告诉我们，一个社会地位低下的人，即使没有寻求高官厚禄的欲望，也无法通过得道保全自己的性命，更不用说长命百岁。在公孙圣身上，"隐"和"直"形成了有趣的对比。身为隐士的公孙圣说话却不能"隐"，而只能直言。或者我们可以说，公孙圣是一个"假"隐士。公孙圣之所以慷慨赴死，是因为他不愿意"说谎"。他的诚实为他带来了厄运。那么，公孙圣为什么不愿意"说谎"呢？对此他自己面对夫差作了解答："臣不言，身名全，言之，必死百段于王前。然忠臣不顾其躯。"也就是说，他坚持直言是为了忠。对公孙圣来说，依然有比生命更为重要的"存在"，那就是忠。

让我们来看一看公孙圣是如何尽忠的。吴王夫差在伐齐之前做了一个奇怪的梦，想要找大臣王孙骆占梦。王孙骆称自己"鄙浅于道，不能博大"，于是推荐了公孙圣。王孙骆所言是一个明显的"谎言"，他不敢对夫差说真话，讲明这是一个噩梦，也不愿意在解梦时"说谎"，骗自己的君王，就只能推脱给公孙圣。这再一次表明社会地位较高之人可以为自己而采用适当的"谎言"，而社会地位较低之人则无路可退。公孙圣的兄长不过是个亭长，社会地位不高。当听到吴王召见的消息时，公孙圣伏地而泣，他的妻子揶揄他真是个鄙陋之人，听到有见君王的机会，居然哭得像下雨一样。公孙圣仰天叹曰："悲哉！非子所知也。今日壬午，时加南方，命属上天，不得逃亡。非但自哀，诚伤吴王。"公孙圣和王孙骆一样知道占梦的两难，但是社会地位较低的公孙圣知道自己"不得逃亡"。公孙圣所言的关键在于"非但自哀，诚伤吴王"。作为吴国的臣子，公孙圣即使"隐"也并不仅仅是关心自己，还会同样真诚地关心吴王。可见公孙圣并非真正意义上的"隐士"。

面对公孙圣的哭泣，其妻劝谏说："子以道自达于主，有道当行，上以谏王，下以约身。今闻急召，忧惑溃乱，非贤人所宜。"公孙圣回答说："愚哉！女子之言也。吾受道十年，隐身避害，欲绍寿命，不意卒得急召，中世自弃，故悲与子相离耳。"公孙圣的妻子想得非常简单：她以为大王召见公孙圣是因为他的道术，而她相信丈夫道术的力量——一方面可以"谏王"，一方面可以"约身"。这说明她根本不了解自己的丈夫，或者说，是公孙圣根本没能够让妻子了解自己。夫妻之间这一回合的对话再一次微妙地表明了公孙圣"隐"的吊诡之处：他"隐身"十年，竟依然能让王孙骆知道其占梦之术；而他与妻子生活多年，却还是无法让妻子了解他。

公孙圣到姑胥台后，吴王对他说："寡人将北伐齐、鲁，道出胥门，过姑胥之台，忽然昼梦，子为占之，其言吉凶。"公孙圣在表示自己的忠心后仰天叹道："臣好直言，不顾于命。"接着便指出吴王之梦乃不祥之兆，毫不隐讳地表示夫差的梦意味着吴国会被越国所灭。这样的话当然触怒了夫差，当即命人用铁锤将他打死。

公孙圣身上的矛盾之处甚多。他的自我定位是一位求道之人。一般而言，求道之人不仅不关心世事，而且也远离各种社会关系，以谋求长生不老为唯一的目的，因而他们——也如孟旦（Donald J. Munro）所示——拒绝承认社会中的等级关系与道德准则。[32] 然而，当公孙圣直面夫差时，完全忘记了自己的定位，转而把自己塑造成了"忠臣"。赵晔用这样强烈的对比促使读者思考公孙圣究竟所求何道。

作为先秦道家的代表人物，庄子主张"游世"。在庄子看来，避世过于刻意，而且往往适得其反，而"游世乃是一种既顺应这个社会，又不丧失自我追求的处世态度"[33]。关于如何游世而得以长生，《庄子·人间世》中有一个著名的故事：一位木匠路过齐国的曲辕，看到了一棵被当地人当作神树祭拜的栎树。这棵树的树冠大到可以遮蔽数千头牛，树干也有十丈粗，树梢更是巍峨高耸。这样壮观的树木，引得众人驻足围观，木匠却是满不在乎，直接从大树旁边走开了。木匠的徒弟也被这神树吸引了，他很好奇地询问师父："您为什么对这么壮观的树木一点兴趣都没有呢？"木匠告诉他："因为这是一棵无用的树。用它的木料做成的船很容易就会沉没；做的棺材很快就会烂掉；做成门又会流出树脂并且关不牢；就算是做成房梁，也会很快就被虫子蛀空。"当晚木匠在睡觉时梦到了这颗神树，神树对他说："那在你看来，什么样的树才是有用的呢？像是梨树、橘树这样的果树，果实成熟之后就会被人摘除，自己也会因此受到伤害，大的枝干被砍断，小的枝丫被拽折。而像是楸树、柏树这些乔木，树干长到一两把粗，就会被耍猴的人砍掉做成木桩。长到三、四围粗的时候，又会被富人砍掉做成房梁；长到七、八围粗的时候，还会被贵族砍去做棺木。果树可以结出美味的果子，柏树和楸树可以做成木器，所以经常被木匠盯上，饱受刀斧之苦，不能终享天年。而我虽然没法做成木器，却因此免去了被人砍伐的厄运而得以长命百岁，受人祭拜，终成大用。"

类似的故事在《庄子》中还有不少。如果以这棵树为榜样，那么公孙圣就不应该让他人知道其能够占梦。如果以庄子为榜样，那么公孙圣在吴王请他前去之时也可以拒绝——庄子也曾拒绝过楚王的邀请。因此，公孙圣尽管受道十年，但显然并非一个合格的道家，绝不是一个真正体道之人。与此同时，他的忠君观念也与孔子的思想相悖。在春秋战国之际，拒绝君王之邀是完全合理之举，"孔子已明确摒弃了'事君不二''从一而终'的迂腐观念"[34]。当公孙圣觉得王命不可违而必须展现自己的忠臣形象时，他的身上又具有了浓烈的汉代色彩。事实上，忠君的观念逐渐到东汉才开始成熟与定型。[35]光武帝刘秀在选拔官吏上，坚持孝悌公廉的选拔标准，其中又以气节高尚、忠君不二为上。之后的白虎观会议更是系统地论证了"君臣之正义，父子之纪纲"的主题——而所谓君臣之正义，就是"忠"。[36]因此，赵晔笔下的公孙圣让我们看到了浓郁的东汉特色，体现了儒道之间的高度重合。[37]之所以强调"东汉特色"，是因为我们知道先秦的儒家并不鼓励一味地直言，先秦道家则同样注重隐喻[38]，而公孙圣却丝毫没有受到先秦儒道两家委婉表述的影响。儒家对他的影响体现在忠君之上，而道家对他的影响则表现于对长生的追求。

在公孙圣的身上，儒道之间并没有坚深的壁垒，一个求道之人完全可能以所谓的儒家道德作为自己的最高行为准则。有不少学者指出：道家是一个被西汉司马谈所构建的概念，在先秦并不存在³⁹；与此同时，在汉代，儒家和道家之间也并没有严格的区分，汉代的著名思想家中，贾谊、扬雄和王充等人都可谓兼具儒道⁴⁰。公孙圣与妻子的对话为"道"的多元性作了完美的注脚。在公孙圣面见夫差之前，夫妻二人在争论之中均论及"道"，但是两人对道的理解迥异。其妻认为道是为了"上以谏王，下以约身"，她对道的理解具有强烈的儒家道德色彩；而公孙圣则认为道是为了"隐身避害，欲绍寿命"，对道的理解带有庄子之风和后世道教的影子。有趣的是，对道有着不同理解的两人却结成了夫妻。这是一对极具象征性色彩的夫妻，也是《吴越春秋》中唯一一对有过针锋相对之辩论的夫妻。他们一儒一道，一阴一阳，观点相异，并不互相理解却能相互珍惜。尽管其妻笑公孙圣"鄙"，而公孙圣责其妻"愚"，但两人的感情体现在公孙圣的一句话之中——"悲与子相离耳。"这一句话道出了两人的融合——尽管他们的融合并不完美，却也象征着儒道之间、阴阳之间的交融。

但是，儒道的融合并不能改变公孙圣的命运——他的命运是由其社会地位决定的。口口声声要求道的公孙圣最后却以忠臣的定位而终，这是不是意味着无论信奉儒家还是道家，一个社会地位低下的人只能成为"被动说谎者"？如果他不"说谎"，就会一无所有。如果说渔父和女子的故事告诉我们，和社会地位相比，性别的不同无足轻重；那么公孙圣的遭遇则告诉我们，儒道之间的区分也远不如社会地位更具有决定性。事实上，赵晔反复地提醒我们，一个处于社会底层之人，无论是否善于"说谎"，等待他的命运都是为他人而死。就这一点来说，渔父、女子、要离和公孙圣的命运是注定的。然而，在无法改变命运的情况下，被动"说谎"能在一定程度上为普通人带来补偿。同样出于社会底层的渔父和女子通过"说谎"为家人带来了官爵和财富，而拒绝"说谎"的公孙圣则落得悲惨的下场——既不能保全自己的性命，也未能给家人带来任何的回报。

就"说谎"而言，赵晔在普通百姓和贵族之间划出了一条鸿沟，前者是"被动说谎者"，而后者是"主动说谎者"。这是一条真实存在的鸿沟。正如许倬云所示，东汉时期最严重的社会问题之一就是社会中上层阶级和下层阶级之间的分裂。阶层的固化导致各个阶层之间的流动异常困难。[41] 赵晔对这四位底层人士的描述无疑影射了当时的社会现实。与此同时，渔父、女子和要离的故事也告诉我们不同阶层之间的互相依赖。没有底层人物的帮助，伍子胥就无法实现复仇大计；没有伍子胥的成功复仇，渔父和女子的自尽也就会失去价值。但是，这样的依赖并不能掩盖一个事实：只有社会地位高的人才能为自己"说谎"，而社会地位较低之人只能做"被动说谎者"，如果不愿意被动"说谎"，那么结局会比"说谎"更惨。

四、圣臣范蠡：被动"说谎"与全身而退

当我们说到社会地位的高低时，讲的既是绝对的社会地位，也是相对的社会地位。越国之所以能在吴越争霸中取得最后的胜利，除了卧薪尝胆的勾践之外，还有一直为了勾践而"说谎"的范蠡。作为勾践的左膀右臂，范蠡自然处于社会等级的顶端，但是在他之上还有越王勾践。身为臣子的范蠡一直为勾践出谋划

策，可以说他所有的"说谎"都是为勾践服务的。如果说吴国的"说谎"传统源自他们的祖先古公和太伯，那么越王的"说谎"能力则并非出于祖传。勾践遇到麻烦，很多时候是靠左膀右臂的主意才转危为安的。这是两种不同的模式：一种是效法先王，另一种则是以臣为师。前者似乎是理所当然之举，先王既然是圣贤，那么他们的传统自然应当被继承，而且我们已经看到当寿梦和夫差放弃了"说谎"传统后，给吴国造成了毁灭性的后果。后者则是一种更为复杂的模式。当一个人既是君王的臣子又是君王的老师时，他所扮演的角色注定需要在"说谎"与真诚之间自如地切换。范蠡就是成功切换的典范。

那么，范蠡究竟是否属于"被动说谎者"？按照我们的定义，范蠡完全符合"被动说谎者"的标准：他的社会地位比勾践和夫差低，并且他的"说谎"完完全全是为了勾践。在吴国之时，夫差曾经诱劝范蠡归顺于他，但是范蠡明确拒绝；而在勾践成功复仇之后，范蠡又全身而退，并未从勾践那里获得任何利益。如果勾践没有自取其辱地被夫差击败而赴吴国为奴的话，范蠡根本不需要"说谎"。正因如此，我们才把范蠡也归于"被动说谎者"之列。

对于越王的爱臣，一般都是范蠡和文种并举。范蠡和文种都称得上是勾践的"老师"。勾践在战败之后赴吴国为奴，陪同他的正是文种和范蠡两位大臣，其中文种的地位一开始还比范蠡更高——临行前举行仪式，做主持的是文种而非范蠡。当勾践对前来送行的臣子们表示自责，对未来感到迷惘时，也是文种和范蠡对勾践作了劝慰和鼓励，告诉他现在的困境恰恰可能是一种机遇。但是，当大臣们开始具体分工之时，文种和范蠡的选择已经决定了他们日后的命运。文种说："夫内修封疆之役，外修耕战之备；荒无遗土，百姓亲附。臣之事也。"范蠡则说："辅危主，存亡国；不耻屈厄之难，安守被辱之地，往而必反，与君复仇者。臣之事也。"简单来说，文种主内，范蠡主外。文种负责的是让越国强大起来，让百姓忠于越王；而范蠡负责的则是如何确保勾践在吴国的安全，让他能顺利回到越国完成复仇。于是，对勾践来说，范蠡的地位就超过了文种，从此之后范蠡成为了陪伴在勾践身边的人。在勾践最孤独而无助的几年里，范蠡成为了他的依靠，成为了勾践学习"说谎"的老师。

在陪着越王到吴国后，范蠡所做的一切都是为了与勾践默契配合，以让他安全地回到越国。有一次吴王召越王入见，"越王伏于前，范蠡立于后"。这是一个有趣的细节，充分说明了此时勾践和范蠡的地位。如果说勾践是不想拜而不得不拜，那么范蠡则是想站就站。勾践的"伏"是真的也是假的，之所以说是真的，因为他知道只有"伏"才能活下去；之所以说是假的，因为他显然隐藏了内心不想"伏"的真实想法。相反，范蠡是真实的，此时此刻的范蠡不需要拜，因为他完全没有性命之忧，甚至吴王夫差还想重用他。范蠡之"立"和勾践之"伏"形成了鲜明的对比，表明范蠡在吴国的实际地位高于勾践。范蠡显然很清楚这一点，于是才会选择站着。君臣二人的一伏一立，正显示出他们的默契配合，范蠡用自己的"真"掩护了越王的"假"：在夫差看来，既然勾践的臣子都知道自己比勾践地位高，那么勾践也就自然是"真"地觉得自己的地位低下而诚心诚意地"伏"。可以说，范蠡为勾践在吴国的"说谎"作了掩护。

既然要作掩护，就一定要真真假假。勾践假，范蠡则真。当夫差说越王无道，越国将亡，劝范蠡改心自新，弃越归吴时，范蠡并没有虚与委蛇地表示愿意，而是明确表示感谢夫差大恩大德，可是自己愿意和勾践"君臣相保"。当范蠡慷慨陈词之时，越王伏地流涕，两人再次形成了强烈对比。范蠡用自己的"真话"让勾践的谄媚看起来更加真实。在夫差看来，既然范蠡敢于真实地表示自己不会背叛勾践，那么勾践也就不需要隐藏什么心机了。若是范蠡也和勾践一样伏地哀求，或是一见夫差抛出橄榄枝就赶紧接住，那么吴王也许反而会质疑范蠡的品行，进而更加怀疑勾践。

范蠡和勾践的这个配合模式一直延续着。当越王为夫差养马为奴时，范蠡在旁一直保持着君臣之礼。也许有人会问，这么做难道不是在告诉别人，勾践还想着回到越国做越王吗？这就是范蠡虚虚实实的高明之处。如果勾践此时此刻表现得彻底放弃了"越王"的尊严，反而会让夫差觉得可疑。因此，一方面范蠡和勾践向大家展示"真实"的一面，告诉夫差我们依然想做"君臣"；另一方面可以更加有效地掩饰他们的复仇之心，让夫差进一步相信勾践的"谎言"。

夫差并不是从一开始就对勾践报以信任的。即使范蠡和勾践配合得非常成功，夫差也曾在伍子胥的建议下把越王单独关到石室之中。因此，越王在有机会重新见到范蠡后，两人再一次配合完成了勾践"说谎"的巅峰之作——尝夫差的粪便。这一次他们君臣二人依然是一真一假。越王对范蠡说吴王对自己非常好，因而特别担心吴王的病情——这前半句显然是违心之言；范蠡则对勾践直白地说吴王"真非人也"，认为吴王满口仁义道德，但是只说不做——这当然是真话。可见他们两人一真一假或是亦真亦假的模式，不仅展现在夫差面前，也是两人之间的相处方式。

这一点非常关键。范蠡对勾践一直保持说真话，如此勾践才能够相信范蠡的建议，才能愿意采用相应的"谎言"。要是范蠡对勾践也是遮遮掩掩，那么很难想象勾践会对范蠡百分之百地信任，以至于对范蠡的建议——尝夫差的粪便都毫不质疑。勾践对于范蠡的重要性有着清醒的认识，他知道自己之所以能保全性命，全是倚仗范蠡的计策，而范蠡计策的关键就在于他本人不"说谎"——无论是对夫差还是勾践。在这一点上，范蠡和伍子胥有着本质的不同：伍子胥在吴国权力的积累靠的是对吴王阖闾的"说谎"，而范蠡则对自己的君王保持着诚实；伍子胥是利用阖闾替自己复仇，而范蠡则是把"与君复仇"当作了自己的目标。两相比较，高下立见。

可是，这并不意味着范蠡不善于"说谎"或是没有"说谎"。范蠡不但多次传授勾践应该如何"说谎"，而且通过说真话配合了勾践的"说谎"，从而成为了勾践"谎言"中不可缺少的一部分。和渔父等人相比，范蠡的社会地位具有独特之处。一方面，范蠡的社会地位比勾践低，他所展现的"说谎"能力都是为了勾践；另一方面，范蠡的绝对社会地位非常之高，在越国可谓一人之下而已，因而他不需要用自己的生命来换取"不朽"。在帮助勾践成功复仇之后，范蠡选择了功成身退，但事实上，他的这一选择从勾践回到越国后就开始了。在勾践回到越国之后，范蠡就不再是君王之师，而彻底转变成勾践之臣。当越王向范蠡询问建议时，他的回答总是可以准确地拿捏自己的身份，与自以为高高在上的文种有着微妙的对比。例如有一次勾践问："孤有报复之谋，水战则乘舟，陆行则乘舆。舆、舟之利，顿于兵弩。今子为寡人谋事，莫不谬者乎？"面对勾践的质疑，范蠡在展开详细的建议之前首先回答说："臣闻古之圣君，莫不习战用兵。……"与动辄用桀纣等负面形象向夫差劝谏的伍子胥不同，范蠡的潜台词把勾践视为圣君，非常严谨地遵守臣子之道。

与此同时，他也有足够的近距离观察勾践的机会，当发现勾践称霸后"爱壤土"而"不惜群臣之死"时，他果断地决定离去。但是范蠡依然不想直接从吴国离开而失去"人臣之义"，而是等到勾践率领大军返回越国后才辞行。范蠡向越王总结了自己这些年的心路历程："臣闻主忧臣劳，主辱臣死，义一也。今臣事大王，前则无灭未萌之端，后则无救已倾之祸。虽然，臣终欲成君霸国，故不辞一死一生。"首先范蠡表明在勾践初遭大辱之时，作为臣子的自己就应该赴死，之所以选择活下去，是为了帮助勾践称霸。在《吴越春秋》中，范蠡是唯一一个明确表明自己所说的一切"谎言"都是为了君王的臣子。他表示，如果自己不这么做，那么夫差就可能在太宰嚭、伍子胥的劝谏下破坏勾践的复仇大计。最后，范蠡再一次把勾践比作汤武，指出越王王业已成，自己作为臣子已然完成雪耻使命，到了请辞之时。

　　如前所述，范蠡特殊的社会地位让他在为勾践"说谎"的同时又可以确保自己的性命。在《吴越春秋》中，范蠡是唯一能够合理处理君臣关系的大臣。他为了勾践而"说谎"，对勾践本人保持诚实而不失礼仪，因而被称为"圣臣"。何谓"圣臣"？《荀子·臣道》："上则能尊君，下则能爱民；政令教化，刑下如影；应卒遇变，齐给如响；推类接誉，以待无方，曲成制象，是圣臣者也。"汉代的刘向在《说苑·臣术》中指出："萌芽未动，形兆未见，昭然独见存亡之几，得失之要，预禁乎不然之前，使主超然立乎显荣之处，天下称孝焉。如此者，圣臣也。"两者都强调圣臣需要凸显君王的荣耀地位，而《荀子》则同时指出了爱民的重要性。很显然，作为大臣，他身份中最重要的一点是地位在君王之下，他必须要为君王（和百姓）服务。更重要的是，他需要具有极强的预判能力，并通过灵活的方式来推行自己的政策。换言之，一方面他能够看破他人的隐藏，另一方面他能够委婉地表达己意，而最重要的是，他所做的一切都应以君王的利益为先。因此，尽管看起来范蠡的社会地位能使他进退自如，但是要扮演好这一角色并不容易。事实上，伍子胥就与范蠡形成了鲜明的反差。伍子胥的"谎言"是为了自己而不是为了阖闾，对于夫差，他则丝毫都没有尊重之意。如果把"谎言"看成一场博弈，那么范蠡始终站在勾践的一方，与夫差进行着较量；而伍子胥较量的唯一对手是他的耻辱，为了雪耻，他同样需要和阖闾斗智斗勇。因此，如果纯粹从大臣的角色来看，在《吴越春秋》中范蠡的确是唯一配得上"圣臣"之称的人，一位可以保全自己的"被动说谎者"。

五、儒者子贡：“说谎”与保全鲁国

在所有的“被动说谎者”中，子贡也许是最为特殊的一位——他是孔子的爱徒。《吴越春秋》中描写得最为详细的“谎言”也正是出自子贡之口。这多少有些出人意料，毕竟子贡作为一个儒者，听起来和“说谎者”的身份似乎不符；但这多少也在意料之中，孔子本身就主张可以为了仁义而“不信”。齐国计划攻打鲁国，为了化解这一场危机，子贡在孔子的授意之下先后前往齐国、吴国、越国和晋国，亲手策划了一场好戏。在整个过程中，子贡展现出纵横家的一面，“谎言”不断并获得了最终的成功。赵晔笔下的子贡用自己的“谎言”成功地化解了鲁国所面临的战乱与危机。他也符合“被动说谎者”的标准：一方面他不属于鲁国的统治阶层，而另一方面他也并非为了自己的个人利益。他之所以“说谎”是因为鲁国有难，而他的被动“说谎”也是为了鲁国的利益。

夫差十三年（前483年），齐国的权臣陈成恒计划伐鲁，杀害齐简公。身为鲁国子民的孔子对此感到担忧，召集门人说：鲁国是我们的父母之国，现在齐国要来攻打鲁国，你们有什么办法？于是，子贡领命前去解决这个危机。

子贡先到了齐国，劝陈成恒取消讨伐鲁国的计划，建议他攻打吴国。他说：“夫鲁者，难伐之国，而君伐，过矣。”陈成恒问他鲁国为何难伐。子贡回答说：“其城薄以卑，其池狭以浅，其君愚而不仁，大臣无用，士恶甲兵，不可与战。君不若伐吴。夫吴，城厚而崇，池广以深，甲坚士选，器饱弩劲，又使明大夫守之，此易邦也。"陈成恒听了大怒，觉得子贡这是在调侃自己。子贡不慌不忙地解释说，鲁国很轻松就能打下来，可是打下来之后陈成恒就会骄傲，一骄傲就很难与齐王以及大臣们处好关系；相反，和吴国会是一场恶战，到时候齐国的大臣都要前去帮忙，这样的话齐国空虚，陈成恒就可以轻而易举控制住齐王。陈成恒听了之后恍然大悟，夸赞子贡的计策高明；但是他还有一个问题，就是目前他的大军已在鲁国城下，如果不打鲁国而打齐国，别的大臣就会起疑心。子贡说这很容易解决，只要陈成恒先按兵不动，他会去吴国劝说吴王救鲁而伐齐，这样陈成恒就有理由直接与吴国作战了。

听到这里，读者们可能就开始大跌眼镜了。子贡的建议可以说完全不顾任何的道德准则，与《论语》中孔子的教诲有着显而易见的冲突。首先，他为了鲁国自身的利益，居然可以为陈成恒的谋反出谋划策。《论语》中孔子教导弟子不能犯上作乱，《学而》篇云：

> 有子曰："其为人也孝弟，而好犯上者，鲜矣；不好犯上，而好作乱者，未之有也。君子务本，本立而道生。孝弟也者，其为仁之本与！"

具有讽刺意味的是，子贡是在手把手地教陈成恒如何才能成功地犯上作乱，成为犯上作乱者的同谋。其次，孔子曾经亲自对子贡说过"己所不欲，勿施于人"的道理。《卫灵公》篇载：

子贡问曰："有一言而可以终身行之者乎？"子曰："其恕乎！己所不欲，勿施于人。"

"恕"被冯友兰视为孔子"仁"的核心原则[42]，根据这一原则，鲁国不想陷入战争，那么吴国人民也同样不想打仗。但子贡显然考虑的只是如何让鲁国避免战乱，完全不在意吴国人民的死活。有趣的是，《论语》中和孔子进行有关对话的正是子贡，说明子贡对"恕"应该有着清晰的认识。熟悉"恕"之原则的子贡做了与"恕"相反之事，就具有更为强烈的讽刺效果。

再次，为了让齐国的大臣不起疑心，子贡主动给陈成恒找寻攻打吴国的机会，帮助陈成恒掩盖犯上作乱的真实想法。孟子虽然主张"言不必信"，但却是以"义"为前提，而子贡替陈成恒所谋划之事，显然不符合儒家思想中"义"的原则。

不过我们大可不必指责子贡。我们不应该忘记派子贡前去齐国的是他的老师孔子。换言之，子贡所说的一切也许是自己的发挥，但是之所以如此，是得到孔子允许的。我们应该质问的是孔子是否相信自己所传授的道德原则，是否认为鲁国的安危比一切其他的原则都更重要？当然，在作此问之前，我们必须记住的是《吴越春秋》中的"孔子"和《论语》中的"孔子"是两个孔子。《吴越春秋》中的"孔子"如果和《论语》中的"孔子"相抵触，那么自然是赵晔有意为之。那么，他这么做的目的是什么呢？

让我们先继续欣赏子贡见到吴王后的精彩对话。子贡对吴王夫差说，强大的齐国要把弱小的鲁国纳入囊中，为的是与吴国争霸。按照这个逻辑，子贡指出吴国救鲁国有两大好处：一是可以彰显自己的仁义，二是可以在与齐国的对冲中获利。可以看到，子贡最初是为了鲁国而去齐国，变成为了齐国的陈成恒而去吴国游说，而到了吴国又变成为了吴国的利益而来。换言之，子贡成功地隐藏了自己的真实目的。

吴王夫差觉得子贡的话很有道理，但是却有顾虑。夫差对子贡说，吴国曾经和越国大战，战败后的越王来吴国为奴表现得很好，因此三年后就放他回到了越国。在夫差看来，越王回越国后夜以继日地操劳，一定会有报复吴国的野心。夫差表示自己要先解决了越国的后患再伐齐国。值得注意的是，此处夫差所言极为微妙——或者说赵晔让夫差说得非常微妙：夫差根本就没有放松对勾践的警惕，他虽然出于仁慈之心让勾践回到越国，但也时刻提防着勾践。这分明是一位仁义而英明的君王应有的举措，足以证明夫差并不昏庸，尚未被勾践的"谎言"所完全欺骗，是子贡在让夫差相信其"谎言"的同时，也彻底相信了勾践的"谎言"。

面对谨慎的吴王夫差，子贡赶紧使出了激将法。子贡表示越国没有吴国强大，而吴国则不如齐国强大，吴王担心小小的越国而不敢和强大的齐国交手，这表明不够勇敢；如果吴国伐越，那么与此同时齐国就会攻下鲁国，到时候齐国就更加强大，吴国就不会再有机会，丧失这样的良机是不够明智的。子贡为了让夫差彻底放心，表示愿意前往越国游说，让越王老老实实听吴王的话。

子贡在越国的表现再一次展现了他的口才。当勾践志忐地询问子贡前来拜访的原因时，子贡替他分析了当下的形势。子贡将吴王的担忧和盘托出，并建议越王全力支持吴国伐齐。子贡对勾践说："伐齐，齐必战。不胜，君之福也；彼战而胜，必以其兵临晋。"换言之，只要吴国和齐国开战，无论吴国胜负如何，越国都坐收渔利。如果吴国战败，那么越国正好可以复仇；如果吴国战胜，那么夫差将会继续向北扩张，越国的安全也就会进一步得到保障。

勾践对子贡所言深以为然，向子贡表达了自己对吴王的愤恨之心，并表示愿意依照其所言等待复仇的时机。子贡指出"吴王为人，贪功名而不知利害"，并向勾践提出了复仇的建议。令人惊讶的是，一直小心谨慎的勾践居然会对子贡说出自己的真实想法。这究竟表明子贡是一个值得信赖之人，还是说明子贡的"说谎"水平高到连勾践都会放松警惕？子贡在吴王面前大肆吹捧对方，而在越王面前又恶毒攻击吴王，这究竟是两面三刀还是随机应变？

在得到了勾践的信任之后，子贡返回吴国，对夫差说勾践根本不敢有反吴之心——这对于读者来说当然是一个再明显不过的"谎言"。五日后，越王派使臣到吴国，送上"甲二十领，屈卢之矛，步光之剑"，并表示愿意由勾践亲率精兵三千，帮助吴国伐齐。夫差询问子贡的意见，子贡说让勾践亲自作战"不仁"，应该收下财物和士兵即可。夫差听从了他的建议。这里最具有讽刺意味的当属"不仁"二字。子贡对夫差非常了解，知道他崇尚"仁义"，因此以"仁"为幌子确保了勾践的安全。可是，如果我们接受冯友兰对"仁"的诠释，那么"仁"最基本的就是"忠""恕"两个原则。"忠"即"己欲立而立人，己欲达而达人"，而"恕"则是"己所不欲，勿施于人"。[43] 从齐国到越国，子贡唯一关心的是鲁国的利益，把其他各国玩弄于股掌之间，完全忘记了"仁"的原则。可是在此处，他居然用"仁"这一原则来规劝吴王夫差，可谓是典型的双重标准。

最后，子贡到了晋国，建议晋定公厉兵秣马准备抗击吴国。子贡对他说："今吴齐将战，战而不胜，越乱之必矣；与战而胜，必以其兵临晋。"于是晋国也做好了防御的准备。随后吴国伐齐。正如子贡所算计的那样，吴国虽然获得了成功，但是却开启了最终衰败之门。在赵晔的叙述中，子贡堪称是吴国最后灭亡的推手，是勾践"谎言"的催化剂，勾践的很多计划都出现于吴国伐齐之后。子贡最完美的设想，就是各国之间不断地互相争斗，如此方可以保证鲁国的安全。

清代学者陈澧曾说："……孔子行一不义，杀一不辜而得天下者，皆不为也。"[44] 然而《吴越春秋》中的子贡显然愿意为了鲁国而牺牲其他各国百姓的生命，难道吴国或晋国的百姓就不是无辜的吗？赵晔花了极大的篇幅，用各种细节描述了子贡的这一次充斥着"谎言"的外交行为，无疑是为了让我们深刻体会到孔子弟子对所谓儒家道德的态度。在子贡详细的谈话中，我们可以看到仁义完全让位于利，为了鲁国的利益他可以说各种的"谎言"，给出各种令人惊讶的建议。他建议陈成恒如何篡位，建议勾践如何怂恿吴国伐齐；他对陈成恒和吴王夫差当面各种溜须拍马，背后则对他们施以算计。然而，从齐国、吴国到越国、晋国，所有的君王重臣都对子贡非常尊敬。当子贡时不时地用"仁"和"智"这样典型的儒家道德原则去教导君王时，又显得具有强烈的道德感。因此，赵晔笔下的子贡具有典型的"欺骗性"。

《史记》中对子贡此次南下也有所记载，相比而言《吴越春秋》中的叙述提供了更多的细节。最微妙的细节可能是子贡见越王之时，越王问子贡为何来越国，子贡回答说："君处，故来。"子贡这样的回答可谓充满了圆滑世故，也完全掩饰了自己的真实目的——为了鲁国自己的安危，但是却很难说是彻底的假话，他到越国的直接目的是要劝说勾践支持吴国伐齐，这么说来的确是由于越王在这里而来越国。在真与不真之间游刃有余的子贡牢牢地控制了各国的掌权者，也让读者可以预测到他的成功。换而言之，赵晔的叙述已经让我们能够自然地预判到子贡言行所能带来的效果。在孔子派他出使齐国时，我们可能还无法预测他是否能够完成使命，但是在看到子贡面对陈成恒和夫差的表现后，他在越国的成功也就是显而易见的了。我们之所以相信子贡会成功，是因为他善于"欺骗"；而他之所以善于"欺骗"，则是因为能灵活运用多种原则。

我们不应当认为赵晔对子贡的描绘必然带着批评的口吻。相反，赵晔很可能想告诉我们一个简单的事实：社会中的每一个人都可能像子贡那样面临着困境，为了解决现实的困境，他就必须被动"说谎"。在没有普遍道德原则的情况下，"说谎"成为解决现实困境的有效手段。既然没有普遍的道德原则，子贡也就不一定需要受到指责。作为鲁国的子民，子贡理所当然地想要保护自己的国家。然而，如果他不对陈成恒献上篡权的计策，不对吴王谄媚吹捧、两面三刀，不对越王掩饰自己的真正目的，就无法让鲁国免于战乱。至于子贡应该怎么做,孔子的允许已经给了答案——子贡的做法无疑是有效而正确的选择。可以说,不同的道德原则正是社会本身的必然产物。子贡的选择并不只是他一个人的选择,社会中的每一个人都可能面临着同样的选择,我们也可能变成另一个子贡。

对赵晔叙述的解读是一个共情的体验过程。我们并不是把子贡当作一个客观的外在对象,而是把他当作是我们自己。之所以相对而言子贡能给我们带来最多的共情,也许正是由于他的社会地位。子贡并不像渔父那样处于社会的底层,也不像范蠡那样位于一人之下万人之上,他是一个没有官衔却心怀国家的士人——这才是《吴越春秋》的大部分读者所共同具有的社会角色与社会地位。因此,解读赵晔笔下的子贡就变成了解读我们自己。赵晔问他的读者:我们是否能够避免"说谎"就解决子贡的难题?如果不能,那么"说谎"是否也是我们的必然选择?如果我们选择和子贡一样"说谎",那么别人也许会指责我们不讲道德;如果我们选择诚实,那么别人也许会批评我们拘泥于僵硬的规则而令国家陷入战乱。赵晔并不指望我们能够作出选择。在他的叙述中,即使连孔子最优秀的弟子之一都无法作出完美的选择,遑论我们这样的普通人。于是,我们就遇到了一个悖论:如果我们认为我们可以在不"说谎"的情况下解决所遇到的所有问题,这本身就是对自己所说的一个"谎言"。赵晔详细讲述子贡南下游说经过的目的,很可能就是进一步让读者认识到普通人被动"说谎"的不可避免性。

然而,在客观上赵晔对子贡的描述的确对孔子所宣扬的道德作了解构。赵晔笔下的子贡宛如《战国策》中的纵横家，把自己所要达到的目的作为首要而唯一的考量，而且表达方式具有极强的隐蔽性[45]。无论是他"说谎"的动机还是结果都是为且仅为了鲁国的安全，这一点孔子在召集门人商讨对策时已经明确指出——"夫鲁，父母之国也，丘墓在焉。今齐将伐之，子无意一出耶？"鲁国是他们的祖国，因而要全力保卫。可是，孔子及其门人并不能像墨家一样为鲁国提供军事支持，也不能像使郑国强大的子产那样践行使鲁国强大的政策，他们所能做的只不过是去游说各国不要攻打鲁国。这一方面表明力主仁义的儒家思想并不能使鲁国强大，另一方面则体现了儒家思想的理论和实践之间的鸿沟。孔子在指出鲁国对大家的重要性之前，说了一句微妙的话："诸侯有相伐者，丘常耻之。"孔子的这句话回应了《春秋》的主旨，在《春秋》中也充满了对于不义之战的批评。[46]然而，赵晔笔下的孔子在以诸侯相伐为耻的情况下，居然让弟子子贡用怂恿诸侯相伐的方法来解决鲁国的危机。那么，孔子所言是不是一种"谎言"？他的话是不是为了掩盖子贡此行的真实目的？抑或赋予子贡的游说以正义性？如果孔子和子贡只是用其他诸侯的相伐来取代鲁国的暂时平安，那么其伦理学说的价值又在何处？

　　子贡一路所作的"谎言"至少在几点上和传统认为的先秦儒家思想相左。首先，就对外而言，子贡凸显了鲁国的重要性，从而忽略了"天下"。严格来说，春秋各国都隶属周天子，各国相争等同于兄弟阋墙，子贡为了鲁国的安危而挑唆其他各国相争，顾其小而失其大，完全没有"天下"的观念[47]。如果把子贡的"说谎"看作一场博弈，那么他是将鲁国以外的其他各国作为对手，鲁国的安全必须以其他各国的战败或衰落为代价，从而在客观上否认了天下大同的可能性。

其次，对内来说，《吴越春秋》中孔子及其弟子完全依赖于子贡一路的游说，并没有采取任何有效措施使鲁国强大，孔子以孝为本、以礼治国的观念在鲁国完全没有实行，事实上否定了这些理念的可实践性。面对吴王，子贡称鲁国为"千乘之国"。在《论语》中，孔子说："道千乘之国，敬事而信，节用而爱人，使民以时。"按照孔子的理论，这样就可以使千乘之国真正地强大，然而在现实中，鲁国却面对齐国毫无防御的能力。

第三，就目的而言，子贡对各国的游说都以"利"为出发点，与孔子、孟子对"义"的强调相悖。为了劝说吴王伐齐，子贡对吴王夫差说："夫救鲁，显名也；伐齐，大利也。"对越王勾践，子贡则曰："夫吴王为人，贪功名而不知利害。"在后一个语境中，所谓的"贪功名"就是想要获得"仁义"之君的美名。子贡眼中的夫差就是因为贪图"仁义"之名而不知实利，最后被子贡和勾践联合算计。也就是说，面对勾践，子贡的逻辑认为"仁义"之名不如实际的利害更为重要；可是面对夫差，子贡的逻辑却是可以名利双收。这两种逻辑都不符合先秦儒家以义为先、义重于利的观念。[48]

因此，尽管赵晔从未在《吴越春秋》中明确提出"儒"的概念，但是在东汉的历史语境下，他对子贡的叙述提出了一个重要的问题：子贡是否是一个真正的儒者，或者他是否真正继承了孔子的思想。就常识而言，子贡作为儒家思想开创者孔子的高徒，自然是一个儒者，更有学者认为子贡对于孔子圣人形象的塑造起到了关键性的作用⁴⁹。但是在汉朝，众多持不同道德和政治观点的人都声称自己是儒者。从某种意义来说，儒者的身份掩饰了很多人相互之间的差异。此外，赵晔对子贡的叙述还提出了另一个问题：儒家的道德思想本身是否就是一种"谎言"？此处的"谎言"并没有贬义，而是指儒家思想带有强烈的理想色彩，难以在现实中得以实践。同样生活于东汉的史家班固虽然信奉儒家思想，但是在《汉书》中的叙述也对儒家思想的可实践性提出了质疑，因而被人诟病⁵⁰。包括《后汉书》作者范晔在内的后人认为班固"轻仁义，贱守节"(《后汉书·班彪列传》)。这是一个非常有趣的现象：理论上来说汉朝推崇儒家思想而魏晋南北朝玄学盛行，但身处六朝时期的范晔反而比东汉的班固更重视仁义和气节。抑或，身处东汉的班固和赵晔一样，对独尊儒术面具下的仁义在东汉社会的真实实践状况有所质疑？

尽管赵晔对子贡的叙述在一定程度上解构了儒家思想，但他最重要的一点在于揭示了"说谎"的自发性。我们看到，尽管渔父、女子、要离到范蠡和子贡都属于"被动说谎者"，他们的"谎言"首先是为了他人，和其他人相比，子贡的"说谎"具有相对更多的自发性。渔父和女子的"说谎"需要以自己的生命为代价获得补偿，要离的"说谎"需要通过自己来自我救赎；范蠡虽然可以功成身退，但是以他所处的社会地位，为勾践"说谎"是一种必须，而功成身退也是一种必然——他别无选择，倘若不为勾践"说谎"，就不是一个称职的大臣；而如果不选择离开越国，那么等待他的就是勾践的赐死。因此，他们的"说谎"具有强烈的被动色彩。

　　相反，子贡的"说谎"则具有更大的自发性。当齐国要攻打鲁国时，"鲁君忧之，孔子患之"，于是召集门人一起商议，才有了子贡的一系列"谎言"。这其中的先后关系非常微妙。"鲁君忧之"，但是他并没有对孔子下令；"孔子患之"，是担心鲁国生灵涂炭，抑或是担心鲁君的江山，也可能是兼而有之。无论怎样，孔子之"患"是出于己心。此时的孔子并无官职，他只是作为鲁国的子民，想要尽力保住鲁国的安宁，为此他和他的弟子需要"说谎"，但是他们的"说谎"是自发而为之的，不需要以牺牲自己的生命为代价。孔子及其弟子们组成了一个特殊的群体，虽然他们并没有在社会等级中具有很高的地位，但是却获得了他人的尊重。在子贡到越国时，勾践恭敬地问曰："此僻狭之国，蛮夷之民，大夫何索然若不辱乃至于此？"可见孔子与子贡在越国亦享有盛名。在当时他们虽然不能直接参与各国的政治，但是却可以通过自己的方式来影响政局，甚至可以说在《吴越春秋》之中，吴国和越国的命运就是由子贡的这一场"谎言"间接决定的。我们知道，孔子在汉代获得了"素王"之称，尽管他没有在实际的社会等级结构中处于最高的地位，但是他对后世的影响巨大，可谓无冕之王。董仲舒说："孔子作《春秋》，先正王而系万事，见素王之文焉。"（《汉书·董仲舒传》）同样，在赵晔的笔下，并没有实际官衔的子贡可以从容游走于各国诸侯之间，成为了各国命运的实际决定者。

　　更重要的是，孔子和子贡对其行为有着自己的判断。正如伯纳德·韦纳所说，生活像是一个法庭，在里面上演着与"犯罪"相关的场景，一般来说社会地位较高的人会成为法官，有着对是非的最高解释权。[51]要离和公孙圣用仁、义、忠等外在标准来决定自尽或是直言，正是因为他们认为自己的所作所为会受到他人的道德"审判"。生活本身就与道德紧密相关，道德关怀渗透在社会行为中。关于过错、责备、责任和赞扬的判断是社会责任的本质。[52]要离之所以决定自杀，是因为按照社会的道德审判，他所作所为"非仁""非义"；而公孙圣之所以不敢"说谎"以求长生，是因为他觉得直言才是忠臣所为，而关于忠臣的定义和判断则来自君王。相反，子贡显然未受这些规则的约束，或者说，他是自己的"法官"。不仅如此，子贡灵活地运用"仁""义""利"等概念，将齐国的陈成恒、吴国的夫差、越国的勾践以及晋定公哄得团团转。换言之，他反而成为了君王们的"法官"。

　　尽管都是为了别人而被动"说谎"，但不同社会地位的人有着不同的境遇。对于社会底层的渔父和女子来说，"说谎"是改变自己命运的唯一机会。他们不仅需要为了社会地位较高的伍子胥而说谎，还要付出自己的生命，并把自己的希望寄托在伍子胥的成功复仇之上。他们获得的所谓永恒，也不过是给家人带来的官爵或是财富。当然，和要离相比，他们还是幸运的。要离的悲剧在于他的"说谎"以家人的性命为代价，只是满足了阖闾的需求，而他的内心又受到了道德审判，以至于不仅本人一无所获，还失去了家人与自己的生命。

　　同样内心被道德准则束缚的还有求道养生的公孙圣。公孙圣的求道具有浓烈的汉魏道教色彩，但他已然无法摆脱忠臣的理念，为了在道德"审判"中获得忠臣之名，他单纯地和夫差直言相对。可以说公孙圣对"谎言"的理解是狭隘而片面的，他将"说谎"简单地等同于"欺骗"，而不知道作为一个臣子同样可以通过委婉的表达来劝谏君王。公孙圣的形象在一定程度上是东汉道教徒的缩影。一方面，一部分道教信徒与统治阶层处于对立的局面；另一方面，一部分道教徒在打造各种修炼成仙方法的同时，也宣扬儒家的忠孝仁义，形成了儒道合流之势[53]——东晋时期的葛洪将这一趋势推向了顶峰，提出以神仙养生为内、儒术应世为外的主张，将道教的神仙方术与儒家的纲常名教相结合。公孙圣既求长生，又慷慨赴死，这看似矛盾的两方面正是东汉以降道教特色的体现。[54]从公孙圣的悲剧可以看到赵晔对儒道融合似乎持有保留态度。

很多人认为范蠡也具有道家的色彩[55]，这在相当程度上是因为他选择遁世之故。这可以说是一种错觉。庄子所谓的遁世，是以不参与政治为前提的。范蠡进可以积极参与治国，退可以从容保全自身，这正是"穷则独善其身，达则兼济天下"的儒者风范。范蠡的重要之处在于尽管他处于社会等级的顶端，仅次于勾践，但是依然只为比自己社会地位更高之人而"说谎"，并且在保护勾践利益的同时，也没有忘记越国的百姓，因而才能获得"圣臣"之称。需要指出的是，范蠡虽然对勾践忠心耿耿，但从未把自己定位成忠臣。这表明他已经具有自我审判的意识；换言之，他没有将"忠"或"仁"这样的道德准则作为自己行为的指引，而是通过自己对"臣"这一角色的理解，尽力完成作为臣子的使命。他对于臣子这一角色的理解，固然基于礼法，但是却并不在意勾践或是他人对自己作任何评价。对于自己的得失，范蠡有着清楚的自我认识。因此，他在这一点上已经接近子贡。

可是，范蠡的社会地位对大多数人来说是可望而不可即的。即使对于孔子来说，相位都是高不可攀之物。尽管孔子也有弟子在一些国家成为了高官，但是整体来说他们的社会地位并不高。这一点和大多数的士人相仿佛。在赵晔的笔下，以子贡为代表的这一群体既具有为国而"说谎"的意识与能力，又不受到既有社会角色和社会道德的束缚，并在获得各国诸侯尊重的情况下，左右了各国的命运。也许我们可以说，在《吴越春秋》中子贡才是真正理想的"被动说谎者"。不过如前所述，还是有一个疑问：既然孔子和子贡主张仁义，却又为何不在现实政治中践行呢？有学者指出："这是因为，儒家在政治实践上对于人的理性保持一种审慎的警惕，对理性的不足与局限有着深刻的洞见。"[56]换言之，仁义是孔子和子贡的理想，而他们知道在政治实践中并不具备彻底实践仁义的土壤和空间，因而面对鲁国危机时采取了有悖于仁义的策略，用"说谎"来解决现实的问题。众所周知，孔子的弟子之中，只有颜回才能"三月不违仁"，"仁"本身是如此难以企及的境界。如此说来，要离和公孙圣这样用"仁"和"忠"来要求自己的人，就是在没有真正了解"仁"和"忠"的情况下，对自己提出了过于严格的要求。因此我们可以说，要离和公孙圣在一定程度上对自己说了谎，他们以为自己的选择符合道德准则，而事实上他们并不真正理解他们自以为理解的道德准则。正是自欺导致了他们生命的结束，而在《吴越春秋》中，像要离和公孙圣这样自欺之人并不少。在下一章中，我们要探讨的正是"说谎"的另一种方式：自欺。

第四章

"谎"与自欺

　　在前文我们已经提到过自欺。自欺是一种常见却并不容易发现的说谎形式，它在《吴越春秋》中屡屡出现，成为吴越争霸中主要的说谎形式之一。什么是自欺？怎么才算是对自己"说谎"？虽然早在《大学》之中就提及自欺——"所谓诚其意者，毋自欺也。如恶恶臭，如好好色，此之谓自谦。故君子必慎其独也"，不过，这段话对"自欺"并未下明确的定义。因此，也许我们可以先借鉴一下现代西方学界对自欺的理解，来剖析《吴越春秋》中所讲述的自欺。

　　西方学者对自欺有着较为系统的探讨。[1]在现代西方的观念中，自欺一般分成三种层面。[2]第一种是心理层面的自欺，这种自欺主要源自以弗洛伊德为代表的精神分析理论。简单来说，人的行为由自己的潜意识控制，这种潜意识由根植于人精神内部原始而自私的力量所驱动，可是这种原始的动力不能被社会所接受。因而人们一方面会选择告诉自己，自己的精神世界里并没有这些不符合道德的负能量；但另一方面，自己的行为却恰恰体现了所排斥的那个"自己"。正如贪财的太宰嚭屡屡论及仁义那样——他无法或者不愿意认识到自己的缺点。

第二种则出于社会性的自欺。用马克思主义来说，不同的社会阶级决定了一个人的视角、趣味与成见。比如资产阶级会认为在一个市场中，人们有权利自由地决定价格，但是他们完全没有意识到很多人根本就没有能力进入市场，他们所谓的自由只不过是特定阶层的权利。在《吴越春秋》中，伍子胥本能地以为为父亲报仇是天经地义之事，殊不知很多普通人根本就没有报仇的权利，比如渔父之子就没有想为父亲之死复仇。

第三种则是囿于认知的自欺。每一个人的知识或是所了解的事实都是有限的。由于所知的局限，往往会作出自以为正确而实际有问题的举动。在西方传统文化中，最典型的当属俄狄浦斯，他在不知道自己父母是谁的情况下，杀父娶母，还以为这是正义之举。或者说，正是因为他"欺骗"自己相信自己的虚假身份，才会造成这样的悲剧。[3]季札的自欺也可以属于这一类：他以为自己懂得旧礼，因而拒绝接受王位，但事实上恰恰是古公传位给幼子才有了吴国。那么，对于吴国来说，什么才是旧礼呢？

这三种分类方式不免有重合之处。比如所谓社会性的自欺，其实在一定程度上也是认知的局限。从中国传统思想的角度来看，这几种自欺的外在表现实际上是一致的：这些自欺者都无法扮演好自己的社会角色，或者处理好自己多种社会角色之间的冲突。用《论语》的话来说，就是"君不君，臣不臣，父不父，子不子"。当社会中的每一个人都无法承担自己角色所应有的责任时，社会秩序就会崩塌。但是，"君不君，臣不臣，父不父，子不子"只是外在的表现，如果这些人本来就认为不需要任何规范，那么他们的无德之举就并不意味着自欺。当然，我们说"君不君"的时候，潜在的逻辑是有君之所以为君的准则。只有当乱臣贼子们一方面以为自己的言行符合道义，而另一方面却"臣不臣""子不子"时，才可以说他们是在自欺。因此，自欺的本质就是知行不合一。[4]

在《吴越春秋》中，由于知行未能合一而自欺的人物颇多。朱熹曾针对《大学》中描述的"自欺"向弟子解释过："欺人亦是自欺"[5]，既然在吴越争霸的腥风血雨中这么多人选择了"说谎"，那么自然也就有众多的自欺者——自欺者"多矣"正是朱熹的观点[6]。朱熹为自欺下了一个通俗易懂的定义："自欺是个半知半不知底人。知道善我所当为，却又不十分去为善；知道恶不可作，却又是自家所爱，舍他不得，这便是自欺。不知不识，只唤欺，不知不识却不唤做自欺。"[7]朱熹的定义也符合古希腊哲学对自欺者的描述。几乎和苏格拉底对话的每一个人，都自以为什么都懂，然后在苏格拉底的追问下才发现自己其实什么都不懂，一直是在自己骗自己。例如在《游叙弗伦》篇中，苏格拉底遇到了游叙弗伦，于是问他去做什么。他说准备去告发自己的父亲，因为父亲杀死了一个奴隶。由于在古希腊公民杀死一个奴隶并不是什么严重的罪行，苏格拉底好奇地问他为什么要告发。游叙弗伦说是出于虔诚。苏格拉底就问他什么是虔诚，游叙弗伦说虔诚就是听神的话。苏格拉底追问说有那么多的神，他们之间还相互打架，如果虔诚是听神的话，那么要听哪个神的话，于是游叙弗伦最终发现自己其实什么都不知道。[8]

因此，在吴越争霸的过程中所谓的自欺者，简单来说就是自以为了解各种仁义道德，但是却未能真正践行的人。若是按照这个标准，那么伍子胥、夫差、季札等人均属此列。他们中有的觉得自己忠诚，有的觉得自己仁义，有的觉得自己守礼，然而赵晔用含蓄的叙述告诉我们，他们都陷入了自欺的陷阱之中。这说明一方面忠孝仁义等伦理规则获得了广泛的认可，大家都希望自己具有这些品质而得到社会的肯定；但另一方面这些规则却无法在现实中得到真正的实践与贯彻。道德理论与道德实践之间存在着巨大的鸿沟。那么，当我们在剖析这些人物的自欺之时，也就需要提醒自己，如果站在绝对道德的高度对他们进行批评，也许我们也是在自我欺骗。

一、文种和伍子胥：自欺以忠

1. 文种：从功臣到"忠"臣

让我们从一个尚未详细讲述的"忠臣"说起吧。在吴越争霸的过程中，并不缺乏所谓的"忠臣"。一般说来，吴国的"忠臣"当属伍子胥，而越国有"忠臣"文种。众所周知，文种和范蠡一样，都是勾践的左膀右臂。不过，不但大家一般很少称范蠡为忠臣，而且范蠡也没有把自己视为忠臣。究其原因，并不是文种的功劳比范蠡大，也不是范蠡对越王勾践有二心，而是范蠡最后全身隐退，文种则被勾践赐死，自然而然地就戴上了"忠臣"的帽子——之所以是"戴上"而不是"被戴上"，是因为文种在去世之前就称自己为"忠臣"。

文种并不是一开始就以"忠臣"自居的。在勾践多年的复仇过程中，文种和范蠡携手并肩，功劳几乎不相上下。在勾践大破吴国，建立霸业后，范蠡和文种对当下的情势有了不同的判断。文种祝贺勾践说："我王贤仁，怀道抱德。灭仇破吴，不忘返国。赏无所吝，群邪杜塞。君臣同和，福祐千亿。觞酒二升，万岁难极！"此时台上群臣大悦而笑，但是越王面无喜色。于是范蠡明白了勾践的心思，选择辞官而去，临行前他劝文种也尽快离开，因为"越王必将诛子"，然而文种并不相信。很显然，此时文种的自我认定是功臣，而不是忠臣。

可是，在范蠡离去之后，文种并不清楚当时的形势，面对忧心忡忡的勾践，还安慰他说吴国已灭还有什么可担心的？文种并不知道，勾践担心的正是他。赵晔特意指出，当时鲁国君臣矛盾激化，鲁哀公忌惮三桓，三桓也担心哀公之怒，"以故君臣作难"。赵晔这样宕开一笔，连一般的读者都能感受到越王勾践有着同样的担忧，而此时的文种竟然不知道勾践的心病，可见他已经失去了一个臣子应有的判断。他逐渐受到冷落，才慢慢地以忠臣自居。他认识到自己必然会获罪，因为自己"尽言竭忠，以犯大王"，而越王则"知臣勇也，不知臣仁也；知臣忠也，不知臣信也"。我们可以看到，文种的话中暗含着一个耐人思索的疑问：为何勾践在知道他的"忠"时，还不相信他？这让我们对"忠臣"的定义产生了好奇。

当文种认为自己竭尽全力地实践"忠"时，他将"忠"理解成敢于对君王直言斥责。他的直言冒犯了越王，如此越王才会知道文种"勇"，而不知道他的"仁"。也就是说，在文种看来，"忠"和"勇"属于同一组概念，而"仁"和"信"属于另一组。

更重要的是，这两组品质虽然在文种身上是合一的，但在越王看来却是矛盾的："勇"则可能不"仁"，"忠"则可能不"信"。如果"忠"并不会让君王感到可"信"，那么"忠"的作用和目的又是什么？随着越王对文种越来越不信任，文种则越来越认可自己的忠臣身份。当越王果真下令赐死文种时，他长叹道："后百世之末，忠臣必以吾为喻矣。"然后才伏剑而死。

如果按照文种对忠臣的理解，那么范蠡的确算不上"忠臣"。对吴越争霸稍有了解的人都知道，范蠡陪着勾践在吴国多年，为勾践出谋划策，可谓居功至伟，不过值得注意的是，他几乎没有对勾践有过不敬的批评——当然，他也没有进过谄媚之言。在上一章我们已经详细讨论了范蠡，他是"被动说谎者"的典范。那么，赵晔对文种持何种态度呢？勾践从越国前往吴国为奴之时，赵晔提及文种、范蠡二人相送，文种在前而范蠡在后；而当勾践返回越国之时，两人并提的顺序已经有了变化，变成了"相国范蠡、大夫种"。顺序的变化不仅代表着勾践心目中两人地位的改变，也是赵晔对两人评价的体现。更有趣的是，赵晔在讲述勾践在吴国为奴的经历时，很多时候单独提到范蠡的功劳，让读者觉得文种几乎不存在；而有时候又会将范蠡和文种并提。这样的叙述让人觉得文种在勾践为奴的这些年中所起到的作用似乎可有可无。

因此，在赵晔的叙述中，范蠡明显比文种要高出一筹。这并不完全由于范蠡最后明哲保身，而文种结局悲惨；两者在细节之处的对比就分出了高下。在勾践回到越国准备重新临政时，范蠡和文种有过一次不大不小的分歧。勾践问他们哪一天是吉日，范蠡说今天是丙午之日，就是一个好日子；文种则说了一句听起来很深刻却老生常谈的话——"前车已覆，后车必戒，愿王深察"。范蠡作了明确的驳斥，指出文种"不一二见"，列举了五大原因证明越王已经做好了临政的准备，其中一条是"君臣有差，不失其理"，再一次强调了自己与越王之间的等级差异。我们还记得，当勾践不在越国的时候，主持越国内政的正是文种。如今勾践回国，文种却不愿意让勾践马上执政，大约正是忘记了"君臣有差"的道理，故难免让勾践心中不满。

因此，范蠡和文种的最大区别，正在于范蠡不仅不对勾践"说谎"，而且不对自己"说谎"。范蠡虽然是勾践在"说谎"方面的"老师"，可是从不认为自己高于勾践；相反，文种经常自以为勾践需要自己的教诲和劝谏，勾践离不开自己的辅佐。我们在第一章中也已经讲到叶公和陈司败的自欺。叶公自以为懂得"直"，而陈司败则自以为懂得"礼"。同样，文种或多或少有着和他们两人同样的自欺倾向。他和陈司败一样，以为记得"前车之鉴"的只有他自己，完全无视勾践在吴国多年为奴已经脱胎换骨——勾践的卧薪尝胆就是明证。赵晔的叙述不止一次告诉我们文种的这个问题。比如说越王回国后"内修其德，外布其道……民富国强，众安道泰"，在越国已经走上复兴之路的情况下，越王向八位大臣咨询治国理政之道，文种的答案是："爱民而已。"越王问怎么才算爱民，文种给出了十六个字："利之无害，成之无败，生之无杀，与之无夺。"这一对话看起来中规中矩，其实问题也正在于中规中矩。在越王已经采取"民富国强"政策的情况下，文种还在劝勾践爱民，这恰恰说明文种并不知道对症下药，却以为自己能够给勾践有用的建议。尽管越王也肯定了他的建议，但是不可否认的是，文种心目中的勾践还是战败之前那个为了自己的荣耀而不顾百姓死活的勾践。中国人都知道刻舟求剑的故事，苦口婆心劝勾践要爱民的文种就是一直在"打捞"旧时的越王。

换言之，文种对国君的认识没有与时俱进，也导致了他对自己的错误判断，一直觉得自己是一个可以给勾践对症下药的忠臣，殊不知对勾践之症已有误判，下的药也就自然缺乏疗效。当他劝越王"爱民"时，显然有批评勾践"不爱民"的嫌疑。相反，范蠡的建议一般都具有针对性和实用性，无论是对内修筑城池还是对外等待时机，他都只是给勾践具体的建议，而不是站在道德的高度"教育"勾践。范蠡明确地知道"君臣有差"，也许在"说谎"上范蠡是勾践的"老师"，为勾践提供了很多的建议，但是这一切都是为了"君王"的复仇，而不是表明自己比勾践聪明。伍子胥有一次劝诫夫差时说的话明确地表明了范蠡的地位："越有圣臣范蠡，勇以善谋。"伍子胥的评价有两个关键点：一是在提到越国的威胁时忽略了文种，说明在伍子胥看来文种不足为患；二是用"圣"来形容臣，这是对范蠡的极高评价。三国刘劭所著的《人物志》的序言中说："夫圣贤之所美，莫美乎聪明。聪明之所贵，莫贵乎知人。"被伍子胥称为"圣臣"的范蠡，无疑做到了知人——不但了解越王和吴王，而且也了解自己。

具有讽刺意味的是，对勾践保持直言的文种并非不善于"说谎"。他把"说谎"的技能都用在了敌人身上。向勾践提出"今欲伐吴，必前求其所好"的正是文种，可见对于敌人，文种还是非常了解的。了解文种和范蠡的越国大夫计研曾对勾践说："范蠡明而知内，文种远以见外。"光看这句话可能会觉得惊讶，当年主持内政的不是文种、而替在吴国的勾践出谋划策的不是范蠡吗？但是，如果从"说谎"的角度来理解，那么计研的话就可以被解读成范蠡了解勾践和自己，文种则能看透吴王。文种的确提出了九条行之有效的计谋，成功地"欺骗"了吴王。他将这些计谋称为"九术"，其中包括送良木给吴王，让吴国大兴土木兴建宫室，建造姑苏台；送西施、郑旦给夫差，让他沉迷于女色；最狠心地当属向吴国借粮食这一招，亲自前往吴国完成这一使命的正是文种自己。

在吴王面前，文种的确是"说谎"的高手。他说越国连年水旱不条，粮食欠收，人民饥乏，所以才来向吴国借粟，并且保证来年就还。文种的"谎言"成功地"欺骗"了吴王，夫差借给了越国粟万石；结果第二年越国还给吴国的是蒸熟了的粟米，吴国拿这些粟米播种，落得个颗粒无收的下场。

我们可以看到，范蠡教勾践"说谎"，更多的是出于防御，为的是让越王保全性命得以回国；而文种的"说谎"着眼于进攻，为的是摧毁吴国的实力。因此，文种并不是不会"说谎"。或者我们可以说，文种和范蠡都善于"说谎"，但他们的区别在于范蠡没有自欺，而文种活在自欺之中。

帮助勾践成功复仇后，范蠡和文种先后对越王表示祝贺。范蠡从越王的表情中看出勾践所在意的是领土，而不是大臣们的性命。他清楚地知道自己的使命已经结束，也知道自己不可能改变"君臣有差"的局面，要保全自己，就只能选择不再做勾践之臣。

范蠡本来想直接从吴国就逃走，但是为了尽人臣之义，还是等到随勾践的大军回到越国后再选择离开，这一细节再次表明了范蠡对自己的定位：如果做臣子，就做一个守礼的臣子，而不幻想自己比君王更加重要。与此同时，文种不但没有警觉到自己的危险，甚至在范蠡提醒他"越王必将诛子"后，依然不相信范蠡所言。这并不意味着文种的愚忠。恰恰相反，这是文种的"自信"，而他的这种"自信"源于"自欺"。他之所以不相信范蠡的警告，是因为他相信自己了解越王，相信自己比范蠡聪明，相信自己依然可以掌控局势。

勾践在决定要赐死文种前曾经问他："吾闻知人易，自知难。其知相国何如人也？"这话是勾践说的，也是赵晔说的。赵晔通过勾践所言，让我们思考文种对自己的评价是否合适。换言之，文种对"忠臣"角色的理解是否合适？也就是说，他究竟是不是一个忠臣？当然，赵晔并没有对"忠臣"下定义。不过文种心目中的忠臣形象是伍子胥。在勾践打算讨伐吴国前，曾经对文种说，自己全靠文种的计谋才从吴国回到了越国，现在想攻打吴国，不知道时机成熟了没有。文种回答说，吴国之所以强大，是因为有伍子胥，而现在"伍子胥忠谏而死……亡国之证也"。这一番对话微妙地体现了文种的"自欺"。首先，勾践能回到越国，依仗的是范蠡、文种以及群臣之力，其中主要的贡献来自范蠡，当勾践对文种说"孤用夫子之策"时，文种居然没有丝毫的谦辞，而是坦然接受，这种自以为是的贪功行为，至少是对同僚的不敬；其次，文种的回答强调了伍子胥对于吴国的重要性，这种将一国之强大归于某位臣子的观点，无疑是对君王权威的冒犯，也否定了吴国人民的努力，并且隐隐然让人觉得他就是越国的"伍子胥"；最后，"忠谏而死"完美地解释了文种对忠臣的理解："忠"就意味着进谏，或者说，进谏就等于"忠"。

文种的这番话和董仲舒在《春秋繁露》中的观点明显相左。董仲舒云："《春秋》君不名恶，臣不名善，善皆归于君，恶皆归于臣。"（《春秋繁露·阳尊阴卑》）按照董仲舒所言，文种不应该把吴国强大的功劳归于伍子胥，而让吴国夫差对吴国的衰落负全部责任。董仲舒此论的合理性并非我们在此讨论的重点，重要的是若按照文种的逻辑，越国的强大是因为有他，而越王之所以之前会战败受辱，则是出于勾践自己的错误。很显然，这样的逻辑容易导致"君不君，臣不臣"的局面。在春秋中晚期，各个诸侯国的君王大多大权旁落，权臣当道，"普遍是寡头当权"[9]，文种的自我定位自然会让勾践感到威胁。

《老子》云："知人者智，自知者明。"（《老子》第三十三章）文种的自欺表明他既不知人，也不自知。如前所述，他不但没有认识到勾践的成长，而且也忽视了范蠡的贡献，高估了自己的价值。重要的是，当我们在说自知或是自欺时，其实已经默认"自"是一分为二的——换言之，存在着一部分的"自"无法理解另一部分的"自"，或者说一部分的"自"不想让另一部分的"自"看到。在此我们可以借用著名心理学家荣格（Carl Gustav Jung, 1875—1961）的现代心理学理论来理解自欺。荣格认为人的精神包括两部分：意识和潜意识，两者都有着重要的作用。[10]就文种来说，认为自己是忠臣就是他的"意识"，而认为自己比越王勾践或是同僚范蠡重要是其"潜意识"。用荣格的理论来说，文种的"自我"认为他自己是忠臣，这是文种对自己的自我定位，甚至连他自己都以为这是他的全部人格。但事实上，文种的潜意识才扮演着主要的角色。荣格把潜意识的那部分自己称为影子，他认为影子是普遍存在的，而且"对自我有着最频繁和最令人不安的影响"[11]。在很大程度上我们可以根据一个人的自我推断出其影子的性质。

在荣格看来，影子经常和邪恶的一面联系在一起。[12]由于文种在意识中想成为忠臣，而他所追求的和社会的价值相一致，于是就不知不觉地戴上了"人格面具"，他的意识排斥自己心中阴暗的一面[13]。因此，他完全没有意识到自己内心对勾践充满了不敬。当然，被否定和排斥的部分只不过是难以察觉而已，它们对整个精神来说是固有的，它们在被排斥后潜入地下，变成潜意识，并形成了影子。这种潜意识其实一直支配着文种的一言一行，有时候甚至会通过戏剧化的方式表现出来，让勾践感到不满。荣格认为潜意识具有一种自主权，它并不处于自我的控制之下。[14]这意味着那个自以为是的文种并不会听从"忠臣"文种。荣格的理论显然为文种那些听起来有些不得体的话提供了解释。可是文种的"自我"不愿意承认"影子"的存在，正因为如此，文种陷入了无法自知的境地，也导致了他的自我欺骗。

2. 伍子胥：从孝子到"忠"臣

在勾践成功灭吴复仇之后，文种在很多时刻将自己与伍子胥相比，认为自己和伍子胥的共同之处在于"忠"。和文种一样，复仇成功后的伍子胥面对并不信任自己的夫差也以忠臣自居。可以想见我们在伍子胥身上也可以找到类似的自欺——换言之，伍子胥的自我和影子也在互相争斗。"自我"告诉伍子胥自己是一个忠臣，是一个孝子，是一个为了报仇雪耻而努力的人；然而他的影子依然让我们知道他是一个为了权力而不择手段之人。正如西汉著名思想家扬雄所言："胥也，俾吴作乱，破楚入郢，鞭尸藉馆，皆不由德。"《《法言·重黎》》在扬雄看来，伍子胥是一个为了达到目的而选择无德手段之人，但伍子胥却不愿意承认自己的无德。自我和影子之间的争斗造成了他的"自欺"，这也可以解释为何夫差执政时期的伍子胥不再对夫差"说谎"。一方面伍子胥觉得他的"说谎"是和复仇紧密相连的，既然大仇已报，也就不再需要"说谎"；另一方面他觉得直谏才能体现自己的忠诚。因此，自欺也可以说是自我与影子之间的一场博弈。从"说谎"高手到粗暴直谏，这样的转变使得伍子胥和夫差之间的交流变得火药味十足。君臣之间这样的交流是否合适？身为忠臣的伍子胥是否应该采用更为有效的交流方式？赵晔的叙述给我们带来的是不断的疑问。

伍子胥对夫差的"直言"离不开勾践这个重要因素。正是战败后的勾践到吴国为奴，才有了伍子胥、夫差和勾践之间的明争暗斗。准确地说，在这三个人中，勾践是"说谎者"，伍子胥是看穿"谎言"的那个人，而夫差则是相信"谎言"的那一个。也许是伍子胥自己擅长"说谎"的缘故，勾践对夫差所说的一切"谎言"都逃不过他的双眼。在勾践刚到吴国向夫差表明自己的忠诚时，在一旁的伍子胥"目若熛火，声如雷霆"，力主将勾践处死。"目若熛火，声如雷霆"这八个字与当初在阖闾面前的"膝进、垂泪、顿首"形成了鲜明的对比。如果这目光和声音是对勾践的怒斥，那还合情合理，可是他这表情的对象是夫差，而夫差是他的君王。在君王面前，这八个字恰恰体现出了伍子胥的"臣不臣"。

伍子胥与阖闾、伍子胥与夫差虽然均为臣子与君王的关系，但是前后性质却有了根本性的变化。阖闾时期的伍子胥需要依赖阖闾以复仇，因而懂得根据阖闾的需求而"说谎"，而夫差时期的伍子胥认为自己是高高在上的功臣，把夫差看作是依仗自己才得以上位的后辈，所以坚持"以我为主"的直言。伍子胥的前后转变是如此明显而彻底，以至于他每一次开口之前，读者不但能够预测他会对夫差说什么，而且能够预见他的话会毫无效果。

伍子胥一而再、再而三地在夫差面前痛斥勾践，完全把夫差当作教育的对象——这也让我们想起了反复叮嘱勾践要爱民的文种。因此，虽然伍子胥痛斥的是勾践，但给人感觉他痛斥的是夫差。在勾践前无古人地尝了夫差的粪便后，夫差龙颜大悦，此时伍子胥进谏说："今大王好听须臾之说，不虑万岁之患。放弃忠直之言，听用谀夫之语……岂不殆哉！臣闻桀登高自知危，然不知所以自安也……愿大王察之。"任何一位读者都知道这段话从头到尾都无法令夫差接受。我们可以看到，伍子胥为了增加自己的说服力，采用了类比的手段。在第一章中我们已经指出，《诗经》善用委婉形式表达诗人的想法，而"比"则是委婉表达的重要手段。通常诗人们在用"比"来表达自己的讽刺时，关键在于隐去直接的负面意象，使自己的规劝充满张力，从而让对方乐于接受自己的规劝[15]。伍子胥的"比"，则是一种直白的比较，并非含蓄的比喻。他动辄用桀纣这样的亡国之君来类比夫差，把自己的君王说得愚蠢无比，这样的言语与中国传统所推崇的委婉表达方式完全相左——注定是一种毫无效果的交流方式。也就是说，伍子胥的劝谏必然会失败。然而伍子胥却沉浸在自己"忠于直谏"的形象之中，完全没有察觉到自己对夫差的不敬，也没有对自己劝谏的失败作自我反省。

我们必须认识到的是，此时的夫差刚刚赢得对越国作战的胜利，尚未进入昏庸的状态，伍子胥完全可以采取更为委婉的语气，然而他却只是一味地粗暴进谏。如前所述，勾践在文种眼中始终停留在战败受辱的阶段，文种始终把自己摆在高高的位置；同样，伍子胥眼中的夫差似乎也一直是那个靠自己才获得王位的"小子"，其近乎粗暴的进谏无疑是"勇而不仁"的。在伍子胥的潜意识中，夫差并不是自己的君王，而是一个需要听从自己的晚辈。他的怒斥体现了其影子中邪恶的一面：他希望能像其他各国的寡头一样掌控夫差和吴国。

伍子胥的劝谏模式让我们想到了文种，也再次让我们体会到伍子胥、文种两人与范蠡的区别——无论面对战败受辱的勾践还是春风得意的勾践，范蠡都懂得如何用最合适的方式进行交流。赵晔曾通过夫差的眼睛，告诉我们面对安心为奴的勾践，范蠡始终保持着君臣之礼。当夫差看到这样的场面，自然会希望自己的臣子也能如此。通常我们会把直言进谏作为阿谀奉承的反面，但事实上不但两者并非非此即彼的关系，而且这两种方式都不是理想的君臣交流模式，都会造成"臣不臣"的局面。

赵晔的叙述告诉我们，伍子胥对夫差的有话直说，并不见得是出于忠诚，而更多的可能是源于自大。这是由于当初夫差是在伍子胥的帮助下得到王位的。当阖闾和伍子胥商量立太子之事时，伍子胥推荐了夫差。阖闾表示了反对，认为夫差"愚而不仁，恐不能奉统于吴国"。此时伍子胥作了劝说，他说："夫差信以爱人，端于守节，敦于礼义，父死子代，经之明文。"我们看到，一方面伍子胥虽然表达了和阖闾相反的意见，但是语气合乎礼仪；另一方面他对夫差的评价颇高。由此阖闾听从了伍子胥的建议。

伍子胥当时对夫差的评价和他在夫差即位后对夫差的批评有着鲜明的反差。如果当时伍子胥对夫差的评价是真心的，那么他在夫差即位后就不应该把新任吴王当作愚蠢之人；如果他对夫差的评价乃是"谎言"，那么伍子胥到最后都在"欺骗"阖闾，想要阖闾把王位传给一个愚蠢之人，以利于自己继续掌控吴国的实际大权。无论是哪种情况，都让我们对伍子胥的忠臣身份产生了怀疑。然而，伍子胥显然不愿意承认自己怀有这样的私心。他越是想要压抑自己邪恶的影子，就越是想要在人前展现自己"忠诚"的一面，以至于在夫差对他完全失去了信任之时，他还不知道自己的问题所在。在《吴越春秋》中，夫差即位之后伍子胥的第一次出场就是担心自己被夫差弃用。他为了获得夫差的重用而开始了一路的直谏，希望用自己的"权威"来震慑靠自己才上台的夫差。于是他进一步朝着错误的方向前进。

可以想见的是，想要保持君臣之礼的夫差在即位后渴望摆脱权臣伍子胥的控制，也就越来越不听伍子胥高高在上的告诫。于是伍子胥感到了害怕，觉得自己已经被抛弃，但是他仍然没有改变自己的交流模式，反而趁着出使齐国的机会将自己的儿子送到了齐国。赵晔用细节告诉我们忠臣只不过是伍子胥的"人格面具"。如前所述，荣格所谓的人格面具，指的是一个人希望自己在精神方面的追求得到社会的认可，希望自己的品格与社会所认同的相一致[16]。既然自己的父亲是忠臣，伍子胥自然默认自己也会是一个忠臣，但是事实上他的内心深处关心的却是自己的利益。在夫差第一次没有接受他的进谏后，伍子胥就担心自己在吴国的命运，并在出使齐国时将儿子托付给了齐国的鲍氏——这与当初伍奢在蒙冤的情况下仍然遵楚王之命召二子共同赴死形成了鲜明对比。换言之，伍子胥此时并不想效忠吴国而死，而是为自己留好了后路。一个把儿子托付在齐国的伍子胥，又如何可能全力为吴国尽忠？但是，伍子胥依然拒绝承认自己的"影子"，而是坚持认为自己是忠臣。

当夫差决定伐齐后，伍子胥以"忠臣"的身份进谏说："臣闻兴十万之众，奉师千里，百姓之费，国家之出，日数千金。不念士民之死，而争一日之胜，臣以为危国亡身之甚。"伍子胥的观点很简单：不应该劳民伤财去攻打齐国，否则会给吴国带来危难。这样一番义正辞严的话其实空洞无比，他提出的理由完全没有从吴国和齐国当下的特殊情况出发，只是单纯地站在了道德的高度。他自己曾经率吴国大军讨伐楚国，这同样是兴师动众的危国之战。我们不会忘记，夫差更不会忘记——阖闾正是间接地死于与越国的战争，而彼时的伍子胥却并未劝谏，让阖闾不要开战。更重要的是，此时他的儿子身在齐国，这一事实让伍子胥反对伐齐的主张毫无说服力。可是，伍子胥显然不愿意接受自己的负面形象。当他掩饰了自己的负面形象，而夫差却记住了他的负面作为时，伍子胥的话就自然不会再对夫差产生任何的影响。

从现实的角度来说，伍子胥的判断是正确的，但是他说话的方式无法让夫差接受。与此同时，极度排斥自己"影子"的伍子胥对影子也格外地敏感。当夫差伐齐凯旋而回时，原本并没有赐死伍子胥之意，只是对他进行了揶揄。夫差承认伍子胥曾经帮助先王阖闾称霸，进而指出现在的伍子胥寸功未立。这原本是一个客观事实。可是伍子胥完全无法接受这样的评价，于是奋起反击，先是把夫差比作桀纣，说"昔者桀杀关龙逢，纣杀王子比干"，指出现在大王如果要诛杀他的话，那就和桀纣没什么两样。我们且不论他这么说的原因，单从效果而言，这样的话语除了激怒夫差之外，对伍子胥个人也好，对吴国也罢，都没有任何正面的作用。最后，伍子胥更是攘臂大怒，继续用最为直接的方式批评夫差，指出先王阖闾之所以成功是因为听了他的话，现在夫差如果能觉悟，那么吴国还能继续下去，否则吴国马上就要亡了。最后他说，自己死了之后，让人把他的眼睛挂在城门之上，"以观吴国之丧"。这究竟是忠臣的悲叹，还是恶毒的诅咒？

伍子胥一直到死都认为自己是一个忠臣，把夫差听信他人描述成"忠臣掩口，谗夫在侧"，而在夫差赐剑令其自尽后，他对夫差仰天长叹，说自己"始为汝父忠臣，立吴"。可见伍子胥的的确确始终把自己视为忠臣，以至于自信地认为"自我死后，后世必以我为忠"。问题是，"始为汝父忠臣，立吴"一句其实严重地暴露了他的自欺。首先，他算不上是阖闾的忠臣，阖闾对他来说不过是复仇雪耻的工具；其次，"立吴"一词可谓过于夸耀自己的功绩，抹杀了阖闾和他人的成就，赵晔告诉我们"吴以子胥、白喜、孙武之谋，西破强楚，北威齐晋，南伐于越"——很显然伍子胥的功劳只是吴国称霸的原因之一；最后，"汝父"一词充满了鄙夷，"汝"是极为不敬的用词[17]，如果说文种至少在用词上还保持着臣子之礼，那么伍子胥则彻底地"臣不臣"。既然不"臣"，何以谓"忠"？

在这样的情况下，伍子胥坚持把自己视为忠臣，无疑是一种自欺。用荣格的理论来说，他的自我彻底拒绝承认影子的存在。[18]他不但"欺骗"自己，使自己相信他比夫差聪明，而且完全没有认识到自己的真正处境。他对夫差的直谏和怒斥恰恰证明了他的无知：他的"自我"想要做一个好的臣子，但是在实践中他并不知道如何"臣臣"。这正是朱熹所谓的自欺。伍子胥并不清楚作为臣子，应该怎样去说服作为吴王的夫差，也不知道如何去化解自己的危机。他只是根据社会伦理，想要把自己打造成一个忠臣，却并不愿意承认自己从离开楚国的那一天起，其实就是在为雪耻而努力而已。吴国的称霸在某种意义上只不过是伍子胥为了复仇而带来的客观效果，就主观来说，吴王僚和吴王阖闾更多的只是伍子胥的工具罢了。换言之，在《吴越春秋》中，伍子胥始终不知道如何扮演好"臣"的角色，阖闾时期他努力为"臣"也不过是服务于复仇"孝子"的定位而已。

阖闾时期的伍子胥将自己看作为父亲报仇之"子"——作为儿子他的确完成了复仇大业，而夫差时期的伍子胥则似乎并没有找到如何作"臣"的感觉。忠臣固然会直谏，但是却不会诅咒自己的国家——文种至死也没有对越国作任何诅咒，就此来说，伍子胥的"忠"远逊于文种。吴国和楚国都未能给伍子胥提供认同感。对伍子胥而言，楚国已经回不去了，而吴国不过是复仇的工具，在这里他找不到归属感。在复仇成功之后，他更多的是试图控制夫差，而不是让吴国更加强大。如果能用吴国的灭亡来证明自己的准确预判，对他来说也在所不惜。所谓的直言，似乎不过是为了证明自己比夫差更为聪明。换言之，他在阖闾面前的掩饰和"谎言"，是因为阖闾比自己强大，需要借用阖闾的力量来复仇；而他对夫差近乎粗暴的直言，则是因为觉得自己比对方要强大。伍子胥把自己对夫差的不敬误视为忠诚，这就是他自欺的最根本原因。

从比干等"忠臣"开始，直谏就成为了"忠"的必备武器。可是，《吴越春秋》中伍子胥近乎狂躁而无用的直谏促使我们思考一个问题：直谏与忠臣是不是可以划上等号？如果用委婉的方式能让君王接受自己的建议，挽回王朝的衰落，岂不才是更为理想的选择？在《论语》中孔子指出："事父母几谏，见志不从，又敬不违，劳而不怨。"包咸认为"几"谏就是"微"谏[19]，这既表明劝谏要委婉和颜，也说明要从小问题入手，而不要等到出了大麻烦再规劝。朱熹认为孔子这是在告诉我们"为人子者，不惟平时有愉色婉容，虽遇谏过之时，亦当如此，甚至劳而不怨"[20]。既然对父母的劝告都要委婉，那么对君王也要持一样的态度。皇侃明确指出："谏之为义，义在爱惜……君亲宜一，若有不善，俱宜致谏。"[21]君王和父母一样，都会有过错，关键在于臣子要怀着爱惜之情，进行委婉的劝谏。伍子胥的言行显然违背了这个标准。他不但语气大不敬，而且对吴王和吴国都未怀有爱惜之心。因此，和文种一样，忠臣的自我定位可谓是伍子胥的自欺。

赵晔微妙地告诉我们伍子胥和文种对忠臣的理解有误。伍子胥的先人在楚国是著名的忠臣。当楚灵王章华之台建成后，其先人伍举曰：

> 臣闻国君服宠以为美，安民以为乐，克听以为聪，致远以为明。不闻以土木之崇高，虫镂之刻画，金石之清音，丝竹之凄唳，以之为美。前庄王为匏居之台，高不过望国氛，大不过容宴豆，木不妨守备，用不烦官府，民不败时务，官不易朝常。今君为此台七年，国人怨焉，财用尽焉，年榖败焉，百姓烦焉，诸侯忿怨，卿士讪谤，岂前王之所盛，人君之美者耶？臣诚愚，不知所谓也。

我们看到，伍举的进谏和伍子胥的有着明显的不同。他指出具体的问题，并用相对温和的方式提出了自己的反对意见，并且始终遵守臣子之礼——前后"臣"的呼应表明他非常清楚自己的角色。同样值得注意的是，他所举的例子非常具有针对性，用楚庄王的先例作为正面参照，而不是用桀纣的反面例子。因此楚灵王接受了他的建议，"由是伍氏三世为楚忠臣"。用合适的方式进谏，使君王改变自己的错误，这才是伍举之所以为"忠臣"的原因。同样，伍子胥之父伍奢也被称为"忠信慈仁"，但伍奢即使遭遇谗言最后身死，也没有对楚王恶言相向。

伍举的进谏和《吕氏春秋·不苟》中所讲述的翟黄劝说魏

文侯的故事相仿。《吕氏春秋》说：魏文侯大摆宴席，让各位大夫评论他。不少人就夸赞君王英明神武。轮到了任座时，他说："君不肖君也。得中山不以封君之弟，而以封君之子，是以知君之不肖也。"魏文侯一听就不高兴了，满脸怒气。任座赶紧离开，接下来刚好轮到翟黄。翟黄说："君贤君也。臣闻其主贤者，其臣之言直。今者任座之言直，是以知君之贤也。"魏文侯听到了很开心，就问任座会不会回来。翟黄说当然可以："臣闻忠臣毕其忠，而不敢远其死。"他准确地判断说任座应该就在门口。于是翟黄出门把任座叫了进来，魏文侯下阶迎接，从此任座也受到了重用。《吕氏春秋》最后评论道："上顺乎主心以显贤者，其唯翟黄乎?"很显然，任座和翟黄都是忠臣，但是任座直言，而翟黄则能"顺"君王之心，在首先夸赞魏文侯的基础上，再合理地提出自己的劝谏，如果不是翟黄的委婉进谏，那么任座就不可能被魏文侯所接受。

赵晔并没有试图对"忠"做一个明确的定义，而是通过伍氏几代对"忠"的不同理解，暗示我们伍子胥"忠臣"的自我定位值得商榷。三世忠臣使得伍子胥自以为也自然地继承了这一传统，殊不知自己的进谏和先人有着天壤之别，从而陷入自欺之中而不能自拔。从本质来说，伍子胥自欺的原因还是在于对社会角色缺乏清晰的认知。从《吴越春秋》的叙述来看，伍子胥前后"说谎"能力变化的背后源自其权力的变化，权力的变化导致了他的自欺。自以为居功至伟的伍子胥在最后还对夫差说"汝父"（阖闾）的成功靠的是他，但可悲的是，即使夫差的能力逊色，却也依然是吴王，依然是吴国的主人，依然有决定伍子胥生死的权力。相反，伍子胥即使再有能力，也只是一个臣子。因此，《吴越春秋》似乎是在暗示我们伍子胥应该正确地认识自己的角色，不要主动放弃"说谎"。如果他继续"说谎"的话，那么夫差就完全可能接受他的建议，吴国也可能会继续强大；伍子胥本人则不但不会落得被赐死的下场，而且可能成为像祖先伍举那样真正的忠臣。

尽管伍子胥和文种都自欺以"忠"，不过两者的角色转换上有所不同。文种是由功臣而自我定位成"忠臣"的，而伍子胥则是从"孝子"转变成"忠臣"的。在帮助勾践积聚实力打败吴国的过程中，文种无疑是有功之臣；但是在勾践称霸之后，文种旧的角色已经不再适用，他也未能像范蠡那样找到新的角色，因此开始成为"忠臣"。同样，伍子胥在帮助阖闾称霸的过程中，主要是为了实现自己的复仇大计，其角色是"孝子"，而在复仇成功之后，他也没有找到自己适合的角色。

伍子胥和文种的共同选择，说明"忠臣"能够给他们带来自我的肯定。这使两人看起来更像是汉代的臣子。我们之前已经说过，在吴国为奴的勾践在一定程度上有"汉魏"之风；伍子胥和文种的选择也体现了汉代对"忠"的推崇。[22] 一方面，在春秋战国时期，很多著名的纵横家都曾在多国执政，汉代以来的"忠君"观念在先秦并未流行，"忠"还没成为界定君臣关系的特殊范畴；另一方面，春秋时期"忠"作为一般道德范畴所涵甚广，从自省修身到事君治民都可谓"忠"。以《左传》为例，"忠"在其中不仅指为国家社稷、君主尽忠，还有为民尽心，更代表着公平、俭朴、无私、忠信等道德。[23] 从这两方面来看，伍子胥和文种对"忠臣"身份的执着都与他们所处的时代有一定的违和感。

赵晔用近乎夸张的笔触，让我们感受到伍、文二人对"忠"的理解与"忠"本身的多样性之间的矛盾。如果像伍子胥和文种那样偏执地认为忠等于"直谏"，那么"忠臣"的内涵就会变得非常狭隘。每一个无法处理好君臣关系的臣子，都可以用这种方式来"欺骗"自己，把自己塑造成一个"忠臣"的模样，而把一切的问题都推给所谓的"昏君"。我们可以看到，在伍举的"忠臣"形象下，楚平王是一个愿意接受臣子进谏的君王——也就不是一个纯然昏庸的君王，而是一个知错就改的典范；而在文种和伍子胥的自欺模式中，一个臣子很容易就能成为"忠臣"，而"忠臣"的出现必然伴随着"昏君"。两相比较，显然是伍举的忠臣模式更为理想。

也许有人会问：伍子胥不是付出了生命才赢得忠臣之名的么？怎么可以说"容易"呢？我们可以看到，在《吴越春秋》中，伍子胥在夫差在位期间几乎毫无功绩——至少在赵晔的讲述中没有提及；同样，在勾践称霸后文种也并未有贡献。然而正是在这个时期，他们开始将"忠臣"作为自己的人设。因此，伍子胥和文种所谓的"忠臣"，并不需要为国家作出实际的贡献，只需直言犯上，而不用考虑君臣礼仪。他们的直言不以被君王接纳为目标，而是以展现自己为鹄的。正是就这一点来说，他们为"忠臣"设立了一个相对容易的范例：只需要勇和直，不需要君臣之礼。孔子明确指出："勇而无礼则乱，直而无礼则绞。"（《论语·泰伯》）皇侃在《论语义疏》中解释说："勇而有礼，内则擎跪于庙堂之上，外则捍难于疆场之所。若勇而无礼，则为杀害之乱也……直若有礼，则自行不邪曲；若不得礼，对面讥刺他人之非，必致怨恨也。"[24]皇侃所说的情况，正是对伍子胥的生动写照。很显然，勇而有礼、直而有礼的忠臣才更加难能可贵。如果我们以《论语》为标准，那么伍子胥和文种的"忠"无疑是不合格的。

然而，伍子胥和文种自己却深信自己是"忠臣"的典范。文种临死前笑着说："后百世之末，忠臣必以吾为喻矣。"伍子胥死前则说："自我死后，后世必以我为忠。"最有趣的是，赵晔说在越王将文种下葬的七年后，"伍子胥从海上穿山胁而持种去，与之俱浮于海"。这样颇具传奇色彩的结局明确地表明伍子胥和文种是同一类人，而二人携手"浮于海"，则进一步表明了他们自欺的延续。众所周知，孔子曾经说，在道不行的情况下他会"浮于海"（《论语·公冶长》），然而孔子终其一生也没有"浮于海"，即使颠沛流离也在不断地求仁。在这样的语境下，伍子胥和文种二人的"浮于海"究竟是在暗示当时的君王无道，还是在告诉我们是伍、文两人自己选择了放弃？所谓"人能弘道，非道弘人"（《论语·卫灵公》），"道"究竟行与不行，也许并不在于自己的进谏是否能被君王采纳，而在于自己是否能真正对道身体力行。

二、夫差与太宰嚭：自欺以仁

1. 夫差：仁义与昏君

落入自欺陷阱的，不仅仅是身为臣子的文种和伍子胥，还有贵为吴王的夫差。如果说身为臣子的文种和伍子胥自欺以"忠"，那么身为君王的夫差则自欺以"仁"。一方面夫差认为自己是一个仁义之君，另一方面他又用仁义作为判断自己对手的准则。这一点在他和勾践的博弈中体现得淋漓尽致。后人把夫差视为一个昏庸的君王，认为他之所以被勾践的各种计谋所蒙骗，是因为愚蠢、贪婪和好色，这多少受到了司马迁的影响[25]。殊不知尽管夫差的确和春秋时期不少诸侯有共同的缺点，但他对勾践的同情和信任却是出于"仁义"，而仁义和忠诚一样，是很多人心中向往却无法在现实中达到的境界。

事实上，夫差自欺以仁与伍子胥自欺以忠可谓互为背景。夫差在即位之初就击败勾践，为父亲阖闾报了一箭之仇。当勾践战败前往吴国时，伍子胥力劝夫差取其性命，理由是机不可失。不过在赵晔草蛇灰线的叙述下，我们很容易推断出伍子胥如此劝谏的另一层目的。伍子胥为了报楚王的杀父之仇，以吴国举国之力攻打楚国；如今夫差之父阖闾由于和勾践交战受伤而亡，夫差和勾践之间也有了杀父之仇，倘若夫差不取勾践的性命为父亲报仇，就会影响到伍子胥先前雪耻的合理性。我们在第二章中看到，伍子胥之所以有充分的理由"说谎"，是为了一雪前耻。伍子胥所有的行为都依赖于一个基本的道德假设：洗刷家族耻辱具有绝对的优先性。正是在这一前提下，伍子胥才可以在采用各种不道德手段的情况下还能获得世人的称赞。如果同样父仇在身的夫差不杀仇人勾践，那么就会间接地告诉世人父仇并非要"血债血偿"，而是可以用仁义的方式来泯却，这样的话，伍子胥本人苦苦经营才赢得的荣耀就有可能受到众人的质疑。

正是从这个意义出发，伍子胥必然会急切地建议处死勾践，这既是从吴国的实际利益出发，也符合他本人的利益，但是却有违仁义之道。对此夫差说："吾闻诛降杀服，祸及三世。吾非爱越而不杀也，畏皇天之咎教而赦之。"夫差所言表明他并非一个杀人不眨眼的君王，也不是一个糊涂而心软的君王。他对上天充满了敬畏之情，而他的"仁义"正是出于这一份敬畏。夫差所言其实指出了一个令伍子胥极为难堪的论点：对杀父仇人的仁慈源自天。既然是上天要求夫差放弃诛杀勾践，那么伍子胥对楚王的鞭尸就有了不仁不义的嫌疑。因此，伍子胥只能走上自欺以忠之路，将自己对诛杀勾践的渴望打造成"纯粹"是为了夫差而作的劝谏。

以伍子胥为背景，夫差的"仁"就显得格外引人注目。赵晔的叙述暗示夫差的"仁义"并非出于伪装，而是他一以贯之的原则。夫差拒绝取勾践的性命是出于对上天的敬畏，而他想要劝说范蠡归顺自己的理由也是"仁"。他对范蠡说："寡人闻贞妇不嫁破亡之家，仁贤不官绝灭之国。今越王无道，国已将亡，社稷坏崩，身死世绝，为天下笑。"于是他提出了自己的建议，让范蠡"弃暗投明"。很显然，他之所以想劝说范蠡，也是因为在他看来范蠡是一位"仁贤"。

正是从"仁义"出发，夫差才宽恕并相信了勾践，夫差并非一开始就无条件信任勾践。他反复地考验着勾践，先是登台远望，看见身为奴隶的越王及夫人、范蠡坐在马粪的旁边，但是"君臣之礼存，夫妇之仪具"。越王和范蠡在这样的情况下依然守礼，深深地打动了夫差。于是夫差对太宰嚭说："彼越王者，一节之人。"太宰嚭表示："愿大王以圣人之心，哀穷孤之士。"此处太宰嚭所言也许有谄媚之嫌，无疑投其所好，但也表明夫差的确想做一个"仁义"的圣王。

在第二章中我们已经知道，勾践为了获得夫差的信任，尝了久病未愈的夫差的粪便。对此夫差大悦，直接说："仁人也。"在将勾践定性为"仁人"之后，夫差便报以百分之百的信任。因此，当勾践回到越国，诈称越国缺粮而向吴国借粮食时，夫差马上答应了勾践的要求，丝毫没有起疑，因为他认为："越王信诚守道，不怀二心。"

《吴越春秋》对这一幕的叙述颇值得玩味。在吴王表示愿意借给越国粮食后，伍子胥表示了反对，认为越国并无灾荒，借粮是越国的奸计。对此夫差再一次表示：勾践"岂敢有反吾之心"！这一个回合清楚地表明夫差对"仁"的理解过于僵化，颇有刻舟求剑之感。他认为勾践做过令他信任之事，就永远是一个值得信任之人；同样，他觉得伍子胥不仁，因而就彻底否定伍子胥所有的谏言。在勾践尝了夫差的粪便后，伍子胥曾警告夫差提防勾践，但吴王说："寡人有疾三月，曾不闻相国一言，是相国之不慈也；又不进口之所嗜，心不相思，是相国之不仁也。夫为人臣不仁不慈，焉能知其忠信者乎？"在这样的对比下，夫差对伍子胥的不信任也就是自然而然的了。当善于"说谎"的勾践和一味直谏的伍子胥在夫差眼前博弈时，作为裁判的夫差是用"仁"作为评判标准的。

同样，面对勾践借粮的要求，伍子胥的反对也不符合仁义。他对夫差说，如果我们暂且相信越国遇到了饥饿问题，那么这是上天给我们的机会，吴国可以趁机灭了越国；要是给他们粮食，这恰恰违背了上天之意。伍子胥甚至用类似东郭先生的故事来警告夫差不要帮助勾践。可以想见的是，夫差从仁义出发，表明越国有难而救之，这是符合德行之举，不必忧虑。而伍子胥则进一步用武王伐纣的典故，认为如果夫差这么做，有一天越国就会像周灭商一样灭吴。

这时候整段对话的亮点出现了。一旁的太宰嚭反问伍子胥，武王难道不是纣王的臣子吗，即使他战胜了殷商，难道不是不义之举吗？虽然太宰嚭被后人视为奸臣，但是他所提出的问题却是对伯夷、叔齐之问的回应——在《史记》中，伯夷、叔齐对武王伐纣的正义性提出了质疑，并愿意用自己的生命来表示抗议[26]。伍子胥回答说武王就是这样成名的，而太宰嚭则回答说武王不愿意靠杀戮主上而成名。

在此我们已经可以推测，夫差必然会听从太宰嚭的建议，这不是由于太宰嚭谄媚而夫差愚蠢，而是由于太宰嚭和夫差一样，以"仁义"为原则。因此太宰嚭和伍子胥的对话，实际上也是夫差和伍子胥在对话——也许太宰嚭的确投了夫差的所好，但是其所言也确实符合"仁义"的原则。伍子胥说的是如果借给越国粮食，吴国可能就要落得被灭的下场；而太宰嚭并没有直接否定伍子胥的这个结论，他所暗示的是越国如果灭了吴国，那么就会背上不义之名，而勾践是不会这么做的。两人其实并不是在同一话题下进行对话。如果说伍子胥是站在功利主义者的角度分析借粮的后果[27]，那么太宰嚭的话则代表了道德主义者的立场[28]。而夫差对太宰嚭的支持，也表明了他对道德的推崇。他不相信一个人会为了现实利益而违反"仁义"，或者说他认为不能在违背"仁义"的前提下去追逐现实利益。

有学者认为好的历史叙述能够成功引导读者为接下来将要发生的事件作出预判[29]。以"仁"为前提，我们可以非常容易地预测赵晔笔下夫差的行为：对于他所认为的"仁人"，他会选择信任，反之则会怀疑。几乎每一次夫差与伍子胥的对话都遵循了这一原则。夫差征伐齐国后班师回朝，群臣祝贺，伍子胥对夫差说吴国"忠臣掩口，谗夫在侧"，对此夫差大怒，批驳说："老臣多诈，为吴妖孽。"值得注意的是，夫差用了"诈"这个字，表明他并非对他人毫无防范，充分了解别人可能"欺骗"自己，更是熟悉伍子胥在过去所说过的种种"谎言"——正是伍子胥的"谎言"使得吴国上演了篡位的闹剧。他接着指出伍子胥不过是想独揽大权而已，自己看在先王阖闾的面子上才加以忍让，警告对方不要不知好歹。可以看到，夫差完全不相信伍子胥的话，不过他的判断也并非毫无根据——伍子胥的确心怀鬼胎，偷偷把儿子送到了齐国。我们不应该把夫差对伍子胥的不信任归于他的昏庸。事实上，夫差对伍子胥的批评非常准确，他酣畅淋漓地撕下了伍子胥的忠臣面具，揭穿了伍子胥的自欺。

然而，在揭下伍子胥自欺面纱的同时，夫差自己也披上了"仁义"的面具。我们为什么说夫差用"仁义"欺骗了自己呢？这至少包括三个层面的表现。第一，夫差以为自己了解什么是真正的"仁"；第二，夫差觉得自己能够发现他人身上之"仁"；第三，夫差认为自己的行为符合"仁"，并相信只要靠"仁"就可以维持霸业。在这三个层面上，真正的夫差都与想象中的自己相距甚远。朱熹说："所谓自欺者，非为此人本不欲为善去恶。"[30]

夫差的确想做一个"仁义"之人，他也自以为做到了，但事实上并未能做到。

众所周知，孔子在《论语》中并没有对"仁"下明确的定义。对于诸多弟子对"仁"的提问，孔子相应给出了不同的答案。这一事实告诉我们连孔子的弟子们都不明白什么是"仁"，也提醒我们"仁"具有多面性[31]。如前所述，夫差将"仁"理解得非常单一，似乎只有一味的"善良"才是"仁"的体现，这样的理解显然过于狭隘，让我们想起了著名的宋襄公[32]。由于夫差实际上并不了解"仁"，因而他对勾践的判断自然出现了偏差。他不但把勾践极端的行为——尝粪便，视为"仁"的证明，而且把"仁"理解成一种固定不变的品性，以为一个人成为"仁人"之后就会一直是"仁人"，因而即使勾践回到越国之后，夫差也没有任何的怀疑。这种对道德的理解方式无疑是僵化的。孔子说过，在他的弟子之中，只有颜回可以相对长期地"不违仁"，而其余的弟子则只能短时间达到"仁"的标准。孔子此论的重要性在于指明了道德的"变化性"。类似地，在《世说新语·德行》中周子居常说："吾时月不见黄叔度，则鄙吝之心已复生矣！"换言之，黄叔度对他的道德影响固然大，但却依然具有时间性。一个人的粗鄙之心是可能随时冒出来的，而夫差显然并不明白这一点。

那么，一个君王是否只需要"仁"就可以在春秋诸国中称霸呢？我们知道吴国是阖闾在位之时才称霸的。值得注意的是，阖闾初登王位之时，也"始任贤使能，施恩行惠，以仁义闻于诸侯"。然而当他想要向伍子胥请教如何施行仁义之政时，伍子胥却说自己不懂此道。从此之后，在《吴越春秋》中就再也没有用"仁"来形容阖闾。赵晔暗示阖闾在称霸过程中所凭靠的并不是"仁"。而有趣的是，阖闾在与伍子胥商议立太子之事时，明确指出夫差"愚而不仁"，不适合继承王位。双手占满了鲜血的阖闾在临终前都想找一个"仁义"的太子，是否意味着尽管阖闾不是一个仁义之君，却也希望在自己让吴国称霸之后，继位者可以息战而以"仁义"治国？换言之，强大的战斗力才是"仁义"的前提与基础。同时，阖闾对夫差的评价也间接证明了夫差的自欺：夫差觉得自己"仁"，但是其父亲却认为他"不仁"。愚而不"仁"，则反而可能认为自己懂得"仁"。

撕下夫差自欺面具的是勾践。勾践用实际行动告诉夫差一个事实：夫差对"仁"并不了解；夫差以为的"仁人"并非真正的"仁人"；称霸不能靠"仁"。"夫差二十年，越王兴师伐吴……吴师大败，军散，死者不可胜计。"吴王夫差向勾践求情，但越王勾践在文种的劝谏下对夫差说："吾将残汝社稷，夷汝宗庙。"三年后，越王再次伐吴，吴国再也没有兵力迎战，最终吴军城门不守，越王"遂屠吴"。

一个"屠"字让夫差在人生的最后关头认清了自己的自欺，看穿了越王勾践的凶残本质，也明白了"仁"无法让吴国延续。在《夫差内传》中，越国的军队最后将夫差包围，大夫文种将一封书信用箭射给了夫差。这是一封檄文，中间历数了夫差的种种过错。接着勾践问文种应该如何处理夫差。文种说："君被五胜之衣，带步光之剑，仗屈卢之矛，嗔目大言以执之。"勾践听从了文种之言，令夫差自杀，但是夫差拒绝。越王派人对夫差说，怎么大王你的脸皮这么厚呢，这个世界上没有真的活到一万岁的君王，"死生一也"，现在你至少还有一点点尊严，何必要我们亲自动手呢？但是夫差还是不肯自杀。勾践显然有点生气了，问文种和范蠡道："二子何不诛之？"两位回答说自己身为人臣，不敢诛杀君王。但他们劝勾践珍惜上天赐予的诛杀夫差的机会。于是越王瞋目怒斥说："死者，人之所恶，恶者，无罪于天，不负于人。今君抱六过之罪，不知愧辱，而欲求生，岂不鄙哉？"无法再退的夫差只能叹息着引剑而死。

赵晔的这一段叙述提到了两个我们熟悉的字眼。一个是"辱"。我们当然记得，勾践自己当年就是忍辱偷生，才有了最后的复仇机会；而此刻的勾践居然斥责依然具有求生欲的夫差。这样的夫差一定会让勾践想到当初的自己；而此时的夫差也一定想到了当初的勾践。不再以"仁义"自欺的夫差竭尽全力地想要获得苟且偷生的机会，这样的夫差才是一个正视现实的夫差，一个抛弃自欺、将学会"说谎"的夫差，也是一个会让勾践感到害怕的夫差。因此，勾践绝不会给夫差重生的机会。

另一个关键词则是"天"。有趣的是，当初夫差认为自己对勾践仁慈是服从天命之举，而越王勾践让夫差知道自己吞并吴国的机会也源于上天所赐。勾践在夫差临死之际再一次提及惩罚夫差的是"天"，再一次与当初夫差认为饶恕勾践是上天之意形成了鲜明的对比，也再一次让我们对"天"的身份提出了质疑。这绝不是一种偶然。从某种意义来说，"天"构成了夫差自欺的依据，也是勾践"说谎"的依据。那么，究竟什么才是"天"意呢？谁才具有诠释"天"的最终权利呢？抑或，任何用"天"来使自己的观点合法化的人都是在自欺并欺人？赵晔给我们提出了一个终极的哲学问题：人们的伦理规范究竟应该由谁来制定？既然"天"是一个任人打扮的小姑娘，那么伦理道德就无法以"天"为最终依据，在这样的情况下，是选择回归到人的自身，从人性中寻找答案，还是继续寻找别的外在因素？

2. 太宰嚭：仁义与佞臣

在赵晔的笔下，以"仁"自欺的不仅有夫差，还有他所信赖的大臣太宰嚭。夫差之所以会信任太宰嚭，在很大程度上是因为后者也同样高举"仁义"的大旗。太宰嚭一般作为伍子胥的对立面而存在，被视为贪婪狡诈的奸臣代表。但是，不要忘记太宰嚭其实和伍子胥有着类似的经历，他之所以来到吴国，正是为了投奔伍子胥。换言之，太宰嚭和伍子胥最初不但不是对立的，反而是"合一"的。原本"合一"的太宰嚭和伍子胥为何又会一分为二呢？对"仁义"的不同态度也许正是个中的主要原因。

太宰嚭原本叫作白喜，楚平王听信谗言而诛其祖父，因此他作出了与伍子胥相同的选择，逃离楚国投奔伍子胥，决意携手复仇。阖闾向伍子胥询问白喜，伍子胥介绍了前后因果，指出"喜闻臣在吴，故来"，并请阖闾见之。阖闾为白喜的经历感到哀伤，于是与他共谋国事。赵晔特意提到有位名为被离的大夫问伍子胥为何信任白喜，伍子胥回答说这是因为"吾之怨与喜同"。被离说他觉得白喜"鹰视虎步，专功擅杀之性，不可亲也"，但是伍子胥并未听从劝告。

被离所言的吊诡之处在于，在整个《吴越春秋》中，白喜并没有显露出"专功擅杀之性"。白喜和伍子胥携手带领吴国大军打败了楚国，但是挖开楚王之墓鞭尸的只有伍子胥一人。赵晔的叙述告诉我们，凶残的是伍子胥而并非白喜。换言之，白喜的特点并非是凶残，至少和伍子胥相比他算不上凶残。那么，被离提醒凶残的伍子胥警惕白喜的"凶残"，究竟是被离的判断有误，还是别有深意？我们必须清楚的是，在《吴越春秋》中被离几乎是伍子胥唯一的真正"战友"，连吴王夫差都知道被离"常与子胥同心合志，并虑一谋"。如果伍子胥最亲密的战友都无法对白喜作准确的判断，那么说明白喜——后来的太宰嚭——的确是一个不容易被看清的人。抑或，被离之所以最为关注他人是否擅杀，是因为这本来就是他和伍子胥所具有的特性；换言之，他对白喜这样的评价恰恰暴露了他和伍子胥自己的内心。

随着复仇的成功，伍子胥和白喜的分歧也出现了。如前所述，伍子胥开始把自己打造成"忠臣"，而白喜则选择塑造自己的"仁义"形象。两人殊途同归，虽然选择不同，但都没有逃脱自欺的宿命。白喜转变成太宰嚭后，在《夫差内传》中的第一次亮相就是越王勾践献给他重宝，于是"嚭喜，受越之赂，爱信越殊甚，日夜为言于吴王。王信用嚭之计"。这一段的关键在于一个"信"字。虽然人们通常以此认为太宰嚭是一个贪婪之人，但是一个似曾相识的"信"字表明他和吴王有着同样的倾向：把越王勾践的礼物当作是勾践"仁"的证据，从而才对勾践保持着信任。换言之，如果仅仅是好财，那么太宰嚭也完全可能在收下礼物后依然对勾践保持警惕。他对勾践的信任，以及夫差对他的信任，都基于他们对"仁"的错误认识：把勾践的糖衣炮弹当作了"仁"的载体和证据。因此，与其说他是一个奸臣，不如说他是一个"蠢"臣。在《吴越春秋》中，子贡评价太宰嚭说"智而愚"，大约就是看似机智却实则蠢笨之意——自以为越王可以信赖却不知自己已然被勾践"欺骗"利用。

《吴越春秋》中多次用"佞"来评价太宰嚭。这是一个极为有趣的词汇。"佞"既意味着花言巧语，又有机智之意。从博弈的角度来看，如果自以为机智的花言巧语被他人一眼看穿，那么就是一种"愚"。如此说来，子贡对太宰嚭的评价也近乎"佞"。然而，太宰嚭肯定既不承认自己花言巧语，也不会认为自己愚蠢。在赵晔的笔下，太宰嚭多次和伍子胥争论，几乎每次都是他主张以"仁义"为先，而伍子胥则坚持实际的利益。如前所述，勾践刚到越国时，伍子胥力主杀之；而太宰嚭则认为这只是一时之计，并不是"安国之道"。在夫差考虑是否宽赦勾践时，太宰嚭表示："臣闻无德不复。大王垂仁恩加越，越岂敢不报哉？"于是伍子胥再次进谏，表明为了无后顾之忧，一定要斩尽杀绝；而太宰嚭则反驳道："昔者，齐桓割燕所至之地以赆燕公，而齐君获其美名；宋襄济河而战，春秋以多其义：功立而名称，军败而德存。今大王诚赦越王，则功冠于五霸，名越于前古。"我们可以看到，此时越国尚未向太宰嚭送礼行贿，因此他的态度与奸佞或贪婪无关。尽管我们无法推测他这么说在主观上是由于自己真的相信"仁义"，还是知道夫差推崇"仁义"而投其所好，但在客观上太宰嚭无疑与伍子胥形成了鲜明的对比。

太宰嚭所举的例子颇值得仔细玩味。宋襄公"济河而战"一事，固然获得了司马迁的肯定。《史记》中指出，有人夸赞宋襄公的仁义之举与礼让精神，但正如王夫之所言："宋襄公奉信义以与楚盟，秉信义以与楚战，兵败身伤而为中国羞。"（《读通鉴论》卷四）在更多后人的眼中，宋襄公的"仁义"之举过于拘泥，为他带来的是失败与耻辱。太宰嚭对宋襄公的推崇，表明他对"仁"理解的偏差，体现了他对"仁义"的极端态度：只要坚持"仁义"之德，那么就无需纠结现实之利。可是，一个诸侯倘若"军败"，又如何能"功冠于五霸"呢？因此，太宰嚭的论证中存在着一个矛盾：一方面他认为道德高于功业，另一方面又认为道德是为了功业。于是，太宰嚭就陷入了自己的逻辑陷阱之中。和夫差相似，太宰嚭对于"仁"的理解并没能清楚地梳理义利之间的辩证关系。我们看到，阖闾虽然一开始怀有"仁"的情怀，但在实践中以霸业为先，并不拘泥于道德准则；相反，太宰嚭和夫差则一方面始终高举"仁义"大旗，可另一方面却并不能克制自己的欲望，也无法用"仁义"来延续吴国的霸业。于是在客观上造成了太宰嚭形象的割裂：高谈"仁义"却好财贪婪。

伍子胥和太宰嚭的争论让人想起了儒家内部长期的"义利之辨"。孔子说："君子喻于义，小人喻于利。"孟子则对梁惠王表示："王何必曰利，亦有仁义而已矣。"西汉的董仲舒也有名言："正其义不谋其利，明其道不计其功。"这一派的思想家们显然认为义重于利。[33] 但是他们之所以反复论及义利之间的关系，正是表明当时的社会中利重于义的风气颇为盛行。自战国以降，"义利之辩"成为了一个长久的争议性话题，这意味着它并没有普遍接受的答案，同时也告诉我们义利并非截然两分。很显然，和伍子胥相比，太宰嚭的主张更符合孔子的观念，而支持太宰嚭的夫差也可以被看作一个儒家的"信徒"。于是我们不禁要问，看起来符合传统儒家观念的夫差和太宰嚭为何没能在实践中获得成功，反而是实行"霸道"的阖闾和勾践实现了霸业？这是否意味着仁义观念在现实社会之中不具备实践的可能性？为什么推崇仁义的夫差不但最后惨遭灭国之痛，而且被视为昏君的典型呢？同样，为什么主张儒家观念的太宰嚭却是以奸臣形象被大家批判呢？

我们不必由此断定《吴越春秋》是在质疑儒家的伦理观念。赵晔的叙述让我们再一次联想到了《论语》中的叶公和陈司败。与叶公、陈司败一样，太宰嚭和夫差都未能理解道德的弹性，却以为自己掌握了仁义之道，并且以他们所理解的"仁"来应对勾践的"谎言"，从而造成了自我"欺骗"。有学者指出，在中国的传统文化中，对"仁"的僵硬理解是造成自欺的主要原因之一。[34]"仁"具有极强的社会性，从个人的视角出发，在君臣、父子、兄弟、夫妻和朋友等多种关系上，都会有不同的内涵。在脱离了社会角色的前提下，呆板地把"仁"理解成一种任何人都需要遵守的准则，"仁"就变成了一种束缚。对于太宰嚭和夫差来说，他们显然对各自的社会角色有误解，忘记了勾践是自己的"敌人"，认为暂时臣服的勾践永远会是吴国的臣子。于是错误地以为勾践会以"仁"来对待吴国，而吴国也同样报之以"仁"。正是在这个意义上，我们可以说太宰嚭的"佞"更多地来自他的自欺。换言之，他以为自己在尽忠臣之责，殊不知行的是奸臣之事。他的自欺和夫差的自欺相结合，直接导致了对勾践的错误判断，从而造成了吴国的灭亡。

三、刺客专诸：自欺以智

在吴王阖闾称霸的过程中，有两位刺客起到了重要的作用：专诸和要离。关于要离，我们已经在前一章中做了讨论，亦已指出要离因自感"非仁"而自尽在一定程度上出于自欺。相比而言，帮助公子光刺杀吴王僚的专诸则自欺得更为明显。如果说要离非常清楚自己不过是吴王阖闾与伍子胥的棋子，那么专诸则还沉浸在正义与勇猛的自我评价之中，完全没有意识到自己真正的角色。可以说，正是由于专诸的自欺，伍子胥和公子光才能够成功地利用他实现刺杀与篡位的计划。

伍子胥在渔父和女子的帮助下到了吴国，获得了吴王僚的青睐。可是他发现公子光意图谋反，于是准备放长线钓大鱼，把赌注压在公子光身上。伍子胥对吴王僚"说谎"称吴国不应当为了自己出兵复仇，然后退耕于野，私下里寻找可以助公子光一臂之力的勇士，以此获得公子光的欢心。他的运气不错，专诸及时地出现在了他的面前。

说起来专诸算是伍子胥的故人。伍子胥在从楚国逃亡到吴国的路上，偶遇了专诸。当时专诸正要和人打斗，他大喝一声就势不可挡，吓得对手屁滚尿流。可是有趣的是，他的妻子一开口让他住手，他就马上回去了。伍子胥就好奇地问他，你怒气冲天准备和人决一死战，可是一听到妻子的话就折返了，这是什么原因呢？专诸回答说，你看我的样子，像是愚蠢的人吗？你怎么说出这样鄙陋的话呢？能屈于一人之下的，一定可以伸于万人之上。

专诸的话的确出乎大家的意料。一个虎背熊腰的猛士，居然有这样的境界，不得不说他并非徒有匹夫之勇，而是一个深谋远虑之人。怪不得他觉得自己不是"愚者"。他真的不愚蠢吗？或者说，专诸和伍子胥比起来，到底谁更愚蠢？这个问题又回到了自欺的话题。如果不"愚"，那么专诸为何要大怒与他人争斗；如果不"愚"，他为何看不出伍子胥是何等人物；如果不"愚"，他为何会向陌生人全盘托出自己的"雄心壮志"。因此我们可以说，作为一个刺客，专诸并非自欺以勇，而是自欺以智。他自以为并非"愚者"，但事实上他处处透露着"愚"。

我们看到，公孙圣、要离和专诸都有妻子，三位妻子的出场各有特色。公孙圣的妻子对公孙圣进行了斥责，而公孙圣做了反驳；要离的妻子没有正式出现，而是默默地接受了要离的安排，被吴王残忍地处死；只有专诸的妻子可以做到对专诸呼之即来。董仲舒指出："天地之阴阳当男女，人之男女当阴阳，阴阳亦可以谓男女，男女亦可以谓阴阳。"（《春秋繁露·循天之道》）清人苏舆引《论衡·自然篇》解释说："儒者说夫妇之道取法于天地。"[35] 在董仲舒看来，天地之间，"凡物必有合"[36] 男女夫妇应该是合二为一的整体。因此，要离这样的擅自决定妻子生死之人需要受到惩罚，而专诸对妻子这般绝对服从也不是合乎阴阳理论之举。从当时的基本社会等级结构来说，君臣和夫妇相等同，而专诸则错误地理解了夫妇的关系：如果他在家服从妻子，在外又服从君王，那么又怎么只是屈于"一"人之下呢？

自欺以智是专诸成为刺客的重要因素。自欺让他觉得自己是一个讲究原则之人，做的是正义之举。在伍子胥将他介绍给公子光后，他特意刨根问底，让公子光解释为什么要杀害吴王僚。公子光说，先王寿梦有四个儿子，本来要传位给幼子季札，但是季札拒绝了，因此长子诸樊继位。在诸樊去世后，两个弟弟余祭和余眛先后继承了王位。等到余眛死的时候，按道理应该是立诸樊的儿子——也就是公子光为继承人，但是余眛却把王位传给了自己的儿子吴王僚。公子光问专诸说这是不是不合理，专诸问为什么不让大臣进谏劝吴王僚把王位让出来，那样就可以不用诉诸武力，以免有损先王之德。

至此，专诸的自欺已经愈演愈烈。他以为自己懂得伦理礼仪，甚至还想着替公子光出谋划策。殊不知公子光看中的只是他的力，并未赏识他的智。公子光在成为吴王阖闾之后，把王位传给了儿子夫差而不是叔父余祭之子，这足以证明他对专诸说的道理完全是为自己的谋反找借口。然而，专诸显然被公子光冠冕堂皇的理论说服了。公子光接着说，吴王僚为人贪心，因而不会听从忠臣的劝谏，为了吴国的将来，他只能寻求志同道合之士联合推翻吴王僚的统治，而专诸正是合适的人选。这时候连专诸都觉得公子光说得过于直白，但是公子光却辩解说这都是为了社稷。

就这样，专诸完全被公子光拙劣的理由所征服，从而主动成为了其篡位的帮凶。他提出计策说："凡欲杀人君，必前求其所好。"公子光说吴王僚好吃。专诸接着问他喜欢吃什么，公子光回答说喜欢吃烤鱼。于是专诸花了三个月时间在太湖学习如何做烤鱼。我们还记得阖闾之女滕玉正是由于觉得吃鱼时受辱而自尽的，而吴王僚又因鱼而死，这应该不是一个巧合。根据闻一多等人的研究，鱼象征着求偶，吃鱼则有合欢之喻。[37]《诗经》中确有"岂其食鱼，必河之鲂？岂其取妻，必齐之姜"的比兴，将吃鱼和娶妻关联在一起。[38]如果广义地将鱼视为生命繁衍的象征，那么吴王僚因鱼而亡，则具有了强烈的吊诡色彩。

专诸知道用烤鱼来诱惑吴王僚并掩饰自己的杀机，这说明他的确算一个懂得"说谎"的人，其"说谎"技术足以让他成功刺杀吴王僚。但是，我们也不应该忘记专诸最开始对伍子胥说的话：能够屈于一人之下，就一定可以伸于万人之上。且不说专诸的这个理论是否正确，单看他所选择的"一人"，就可以体会到他的自欺。他所选择的是公子光，一个满口正义却心狠手辣之人。更重要的是，屈于公子光并没有给专诸带来"伸万人之上"的荣光。在这一场对吴王僚的博弈中，最终"伸万人之上"的是伍子胥。专诸的自欺基于两个原因：一个是对自己不够了解，高估了自己的剑术和地位；另一个是对公子光和伍子胥不够了解，错信了他们的"道义"。因此，专诸虽然懂得"说谎"，但是和伍子胥相比，无论在地位还是在智上都处于劣势，他能成功刺杀吴王僚而无法保全自己也就是一种必然。

吴王僚十三年（前514年），吴王派两位弟弟伐楚，结果吴国大军被楚国困住。伍子胥劝公子光说这是刺杀吴王僚的良机。于是公子光安排好埋伏，请吴王僚前来饮酒。吴王僚也做好了防备，穿着厚重的铠甲前来赴宴，身边坐的都是自己的亲信，他们手里都举着长戟，而士兵则从吴王的宫殿一直站到了公子光家的门口。此时，专诸的烤鱼终于显示出了重要性。专诸将鱼肠剑放在烤鱼的肚子里，端着烤鱼到了吴王僚面前，借剖烤鱼之机将匕首插入了吴王僚的胸口。吴王僚死了，可是专诸也被吴王的左右砍成了肉酱。专诸"伸万人之上"的美梦并没有成真，阖闾不过是拜专诸之子为客卿而已——和公子光摇身一变成吴王阖闾、伍子胥大权在握得以复仇相比，专诸的所得可谓微乎其微。有趣的是，司马迁在《刺客列传》中称专诸等人"不欺其志，名垂后世"。如果专诸之志是"夫屈一人之下，必伸万人之上"，那么在赵晔笔下，专诸的结局显然"欺"了其志——不折不扣地体现了专诸的自欺。

在被剁成肉酱的瞬间，不知道专诸有没有认识到自己的自欺？事实上，从专诸一出场赵晔就微妙地告诉了我们专诸的自欺。伍子胥在听了专诸"夫屈一人之下，必伸万人之上"的豪言后，并没有被他的话语所打动。伍子胥之所以看上专诸是因为他的外貌："碓颡而深目，虎膺而熊背。"根据专诸之貌，伍子胥知他是"勇士"，才与他交结。换言之，在伍子胥看来，专诸的可取之处是"勇"，而并非"智"。伍子胥从来都没有想要给专诸带来"万人之上"的社会地位，而只是把他看作一个工具。最终专诸不过成为了伍子胥成功复仇的一枚棋子，而从长远来看，也间接地促成了吴国的灭亡。

四、延陵季子：自欺以义

当然，造成吴国灭亡的不仅仅是伍子胥、夫差、太宰嚭和专诸的自欺，还有一位人物的自欺也同样起到了推波助澜的关键作用。他就是阖闾的叔叔季札。我们已经知道，季札是吴王寿梦的幼子。当寿梦病危之时，就是想把王位传给他的。可是季札明确表示了拒绝。寿梦薨后，只好由长子诸樊继位，随后王位依次传给了二弟余祭和三弟余眛。可是余眛去世之后，季札还是不愿意接受王位，于是余眛之子继位，是为吴王僚。这才有了诸樊之子公子光的不满，他起意谋反，刺杀吴王僚，自己成了吴王阖闾。随后吴国称霸，再在夫差手中遭遇灭国之灾。

不管吴国的命运如何，季札从当时至后世，都获得了众多的褒扬。[39]季札被夸赞的品德很多，其中主要有两点：一是让位，二是守信。《吴越春秋》中几乎没有涉及守信的笔墨，却颇为详细地描述了季札的让位之举。对于让位，季札自信满满，不但批判了父王寿梦，也指责了长兄诸樊，认为他们都不懂"旧制"。然而当公子光刺杀吴王僚，吴国上下血雨腥风之时，季札却在很大程度上处于隐身的状态。赵晔的叙述微妙地指出了一个问题：为什么像季札这样一个有"德"之人，会允许谋杀、篡位这般不伦之事发生在吴国呢？如果他需要对吴国的衰落负责任，那么他的德行也不过是一种自我"欺骗"。他认为自己恪守旧礼，但事实上，其所言所行不仅不孝不悌，还全然不顾吴国的百姓，其所在意的，似乎只有自己。

让我们先从他的让位说起，再次回顾一下寿梦临死前的场景。赵晔说："季札贤，寿梦欲立之。"我们在第二章已经指出，寿梦眼中的"贤"并不一定是真正的"贤"。然而，季札显然和他的父亲一样，觉得自己"贤"。他一开口就让我们感受到了扑面而来的"正义"感。季札对寿梦说："礼有旧制，奈何废前王之礼，而行父子之私乎？"这是一句义正辞严的话，但是请注意，这是儿子对父亲说的。在《吴越春秋》中，儿子对父亲说话的次数虽然不多，但是从有限的几次来看，没有别的儿子会像季札这样用不客气的语气对父亲说话。当季札口口声声地说"礼有旧制"时，显然觉得自己熟谙礼制，殊不知自己不但拒绝了父王的美意，而且还有顶撞父王的嫌疑，恰恰构成了不守礼的证据。季札的自欺形象也就跃然纸上了。

季札所言再一次让我们想起了《论语》中的叶公。在第一章我们已经看到，叶公和孔子对"直"提出了不同的理解。叶公认为当父亲偷羊时，儿子向失主证明父亲的行为，这样才是"直"；而孔子认为在这样的情况下，父子互相隐瞒不说实话才是"直"的体现。如果让季札做选择，那么他应该会站在叶公这一方。我们不难在赵晔对季札的描述中找到相对应的地方。当季札觉得自己拒绝父王的王位是在遵守"旧制"时，却忘记了两个基本的原则：第一是"不辱君命"，赵晔明确告诉我们寿梦的考量并非出于对幼子的宠爱，而是为了国家的利益；第二则是"孝"，当季札公开质疑父亲的决定，并用强烈的疑问语气来表达自己的意见时，他的表现无疑是值得商榷的。用孔子父子相隐的原则来说，即使父亲做错了事情，儿子也应当"隐"，何况身为父亲的寿梦并没有真的出于"私"而作出决定，作为儿子的季札却给他戴了一顶"莫须有"的帽子。而此时的季札也一如叶公，自信满满，觉得自己才是正义在手，殊不知他正是以不守礼的方式在宣扬守礼。在寿梦面前，作为儿子的季札不孝，而作为臣子的季札则不忠。

寿梦去世后，长子诸樊听从父命让位给季札，此时季札又有一场与兄长的"精彩对话"。诸樊对季札说，父王想要把国家给你，现在吴国是"子之国也"。诸樊表示自己"愿达前王之义"，支持季札为王。诸樊所言强调了两点：第一这是父王的决定；第二则吴国是"子之国也"。前一点彰显的是季札继位的合法性；后一点强调季札所面对的是不可逃避的神圣"义务"。国不是普通的私人财产，当季札辞让的是"国"时，不仅辞去了权力，同时也逃避了义务，这一点唐代文人独孤及已经指出[40]。

这并非是牵强附会，赵晔的叙述也暗示了这一点。季札回答说，长子为王"乃宗庙社稷之制，岂可变乎？"诸樊则回应说，只要能有利于国家，哪里需要拘泥所谓的先王之命。诸樊再次强调，古公传位于幼子季历，于是太伯和仲雍远赴荆蛮，在蛮夷之地领导人民创立了吴国，前人对此赞不绝口，而这一切是"子之所习也"。

这一轮对话进一步体现了季札的无知。"岂可变乎"彻底印证了季札的死板。众所周知，儒家思想讲究"经"和"权"，"经"就是一般需要遵守的规则，"权"则是在特殊情况下的灵活应变。[41]如果说在其他诸侯国"废长立少"可能还会带来麻烦，那么吴国本身就是"废长立少"的产物。正因如此，诸樊才回敬了季札一句"子之所习也"——这一切你应该是了然于心的，为什么要大惊小怪呢？诸樊的话还强调了一点，那就是太伯创立吴国，绝不是为了权力，而是为了荆蛮的人民。言下之意，放弃王位并不是对权力的蔑视，而是对责任的逃避！

季札继续举例来证明自己选择的正确性。然而，他举了一个完全不合适的例子，即曹国子臧让位的典故。曹宣公死后，公子负刍杀死了太子自立为王，成为曹成公。各国诸侯和曹国人都认为新立的曹君不义,于是晋国抓住了曹成公,想要让周天子立子臧为曹君。而子臧选择离开曹国,以成全曹君继续在位。后世赞颂子臧让国之举,子臧也就成为了品德高尚之人的代表。

当诸樊在对季札讲祖先时,季札却对兄长讲曹国。这本身就是对先人不敬的表现。吊诡的是,以他国为榜样的季札却反复声称不能改变"旧制"。只要稍作对比,就知道子臧所面对的局面和季札的全然不同。前者面临的是曹国政变后的混乱局面,如果子臧再争夺王位,可能会火上浇油;而吴国在寿梦去世之后则局势平稳,即使季札继位也完全可以顺利过渡。季札只是抓住了子臧让国这一点,完全忽略了其他的细节,实属生搬硬套。按照季札的类比,若他是子臧,难道诸樊是杀了太子的曹成公不成?因此,季札的侃侃而谈恰恰体现了他的无知,而他的无知则体现在对"义"理解的偏差之上。正如宋儒陈淳所说:"季札终于固让而不肯立,卒自乱其宗国,是于守经中见义不精者也。"[42]问题在于,季札在劝说诸樊之时,显然觉得自己比兄长懂得多,自己对"义"的理解才是正确的。这当然是一种自我"欺骗"。

更重要的是,坚持要季札继位的不只是诸樊,还有吴国人民。赵晔告诉我们,"吴人固立季札",但是季札依然拒绝而"耕于野"。太伯当初建立吴国,也是"国民君而事之","数年之间,民人殷富"。而到了季札这里,百姓的愿望也不再重要。那么对他来说,最重要的又是什么呢?他究竟是怕无法像太伯那样让吴国富强,还是满足于让国带来的美名呢?

事实上，季札的坚辞让他的兄长们非常为难。赵晔接下来的叙述意味深长："诸樊骄恣，轻慢鬼神，仰天求死。"在此之前，诸樊是一个有理有节之人，对先祖和父王充满了敬畏之情。忽然之间，他就变成了一个骄纵蛮横、肆意妄为之人。难道诸樊真的是一个糟糕的君王吗？真的一做了吴王就忘记了自己的初衷？"仰天求死"四字似乎作了解释：诸樊可能就是想通过这样做来获得上天的惩罚，从而可以尽快地把王位传给季札。这也解释了诸樊在临死前对二弟余祭下的命令："必以国及季札。"一个"必"字蕴藏了诸樊的决心。换言之，诸樊所做的一切都是为了"一定"能让季札成为吴王。或者说，可能正是季札的让国促使长兄诸樊"求死"，而季札自己却依然沉浸在让国之举的"仁义"之中，以为让国可以让自己赢得子臧一样的美名，却完全无视这一行为所带来的后果。诸樊死后，季札被封于延陵，世人称他为"延陵季子"。这样对待苦心孤诣的兄长，季札自以为言行符合大义，但实际上是否"不悌"呢？

《吴越春秋》在接下来的篇幅中提及季札的内容寥寥无几。也许我们可以把季札的隐身作两方面的理解：一方面他对吴国的称霸没有什么贡献；另一方面他也没有阻止吴国所发生的种种恶行。最具有讽刺意味的是，季札甚至成为了公子光谋反的理由之一。正如宋朝著名思想家程颐所说："札让不立，又不为立贤而去，卒有杀僚之乱。"[43]当刺客专诸质疑刺杀吴王僚的必要性与合理性时，公子光就是用季札作为借口的。公子光说，王位本来从他的父亲诸樊传到二叔余祭，再到三叔余昧，最后应该传到季札，可是余昧去世之时季札刚好出使他国，不在吴国，按照道理就应该轮到下一辈中最为年长之人，也就是公子光自己——公子光是诸樊的儿子，没想到余眜立了自己的儿子吴王僚。公子光信誓旦旦地对专诸说，自己不过是为了讨一个公道，而绝非真的为了权力，等季札回国后，也不会因此怪罪他的。

公子光的话让人感到，在这位侄子的眼中，叔父季札不过是一枚棋子。公子光选择季札不在吴国的时候刺杀吴王僚，这究竟是出于对叔父的敬畏，还是为了保全叔父自我幻想出来的颜面？我们不得而知。毕竟，季札自以为他的让国是为了像子臧一样不给吴国制造麻烦和纷争，如果公子光当真在季札的眼皮底下弑君谋反，那么也许会让季札塑造的自我形象彻底破灭。因此，季札像鸵鸟一样，安慰自己吴国所发生的一切和自己并无关系。一个侄子杀死另一个侄子，只是他们之间的争斗与纠纷，完全不影响自己的声誉。

有人也许会想起苏东坡著名的《延州来季子赞》[44]。在其中苏东坡告诉我们季札之所以知道吴国必亡，却没有做任何的努力，也没有说一句谏言，是因为他"知言之无益也"。苏东坡为季札辩解说，夫差毫不留情地杀了伍子胥，"岂独难于季子乎"，言下之意，要是季札乱说话，夫差还可能杀了季札。因此苏东坡得出结论："吾是以知夫差之不道，至于使季子不敢言也。"这论断听起来像是在为季札辩护，实则让人对季札的风骨产生了怀疑。苏东坡眼中季札最大的特点是明哲保身，也就是他所谓的"不死者也"。问题是，既然只是为了自己的"不死"，那么也就无所谓"让"国。且不说夫差会不会对季札下手，如果季札把自己的生命看得比祖先留下来的吴国更为重要，那么他又有何面目自称重"义"守礼呢？季札这样的自我评价，难道不是在对自己"说谎"，不是一种彻头彻尾的自我欺骗吗？

季札在《吴越春秋》中出现的最后一个场面，是他回到吴国，已经从公子光变成了吴王的阖闾假惺惺地要把王位让给他。当吴王阖闾都"以位让"时，我们就知道"让国"已经成为了一个笑话，一个"谎言"，一张用来掩饰自己丑恶嘴脸的面具。王位是阖闾费尽心思"抢"来的，他根本舍不得"让"，但是他会说自己愿意"让"。那么，季札所谓"让"的背后，又究竟是什么意思呢？

面对阖闾之让，季札说，如果余昧没有废掉礼制，那么本来继位的就是你，我有什么可抱怨的呢？季札的话和阖闾预想的理由一模一样。问题在于，如果不废礼制，成为吴王的应该是季札。季札用这样轻描淡写的话掩饰了自己的责任，也把阖闾杀死吴王僚的恶行一笔勾销。他最后说："非我所乱，立者从之，是前人之道。"就好像终点又回到起点，季札再一次提到了"前人"，可是他已经偷换了概念：最初他效仿的是前人让国，而现在则已经蜕化至自己不做什么坏事，谁被立为吴王就服从谁。季札的眼中已经没有了阖闾手中的鲜血，也没有了对正义的追求和捍卫，隐隐然有了"平庸之恶"的模样[45]，而他却告诉我们，这就是"前人之道"！

在包括《公羊》《穀梁》和《左传》的《春秋》三传的记载中，季札并未有如此鲜明的自欺形象，因此历代学者有的对季札进行了褒扬，而有的则提出了批评。[46]和《春秋》中的叙述相比，《吴越春秋》中的季札充满了对自己的"欺骗"。生活于东汉的赵晔当然熟悉《春秋》中的季札，因而他对季札形象的重新塑造在某种意义上是对《春秋》的诠释。一般认为，《春秋》三传都肯定了季札的德行，直到唐宋才出现了对其让国之举的质疑。[47]如果我们把《吴越春秋》视为对《春秋》的诠释，那么赵晔早在东汉之时就否定了季札的让国。赵晔并不只是否定季札，更是向我们提出了一个问题：一个人身处乱世，究竟能否既明哲保身，又仁义守礼？从赵晔的叙述来说，似乎答案偏向于是否定的。仁义守礼，就意味着当社会角色出现矛盾冲突时，个人的利益不具有优先权，必要时甚至要舍生取义。我们必须再次指出的是，季札的让国意味着他推卸了原本应负的责任，而只顾及自己的安逸。宋儒胡安国对季札的评价恍如千年后对赵晔叙述的回应，他认为季札所为不过是独善其身而"失时措之宜"[48]——也就是说季札的选择并未顾及当时吴国的情形。因此，季札所推崇的道德原则与他真正的道德实践之间出现了偏差，这也就是朱熹所谓的"自欺"。朱熹形象地用蒸饼来形容这种自欺："一以不好面做心，却以白面做皮。"[49]一张饼皮是白的，中间却并不是白的；对于自欺者来说，在用仁义礼法包装自己的同时，却作出有损天下国家的举动，就恰如这张蒸饼那样表里不一而不自知。唐宋以后，很多思想家根据孔子在《春秋》中未称季札为"公子"这一事实，而推测孔子对他持贬斥的态度。[50]

仁义、礼智、忠信，这是儒家道德的核心[51]，但这并不意味着孔子认为每一个人都能够达到这样的境界，抑或每一个人都已经达到了这些境界。在《论语》中，孔子对众多弟子都有所批评和鼓励。以在《吴越春秋》中所出现的子贡为例，孔子反复提醒他要了解自己的极限所在。当子贡说"我不欲人之加诸我也，吾亦欲无加诸人"时，孔子明确地泼冷水说："赐也，非尔所及也。"在《论语·公冶长》中，孔子也会让子贡拿自己与颜回做比较：

> 子谓子贡曰："女与回也孰愈？"
>
> 对曰："赐也何敢望回？回也闻一以知十，赐也闻一以知二。"
>
> 子曰："弗如也，吾与女弗如也。"

尽管学者对孔子的回答有着多种解读，但可以肯定的是这段对话表明子贡对自己有清醒的认识，孔子也对此表示赞叹。子贡对自己有着准确的定位，他既没有放弃成为君子的追求，也不会盲目地认为自己已经具备了圣贤的品性。这样的自省可以有效地防止自欺，从而在与他人的交往中占据主动。相反，大多数人则会陷入自欺的陷阱。他们一方面有着对道德境界的向往，并渴望自己的德行能得到相应的社会认可，但另一方面却缺乏踏踏实实修炼的耐心，于是在缺乏实践的情况下就误以为自己已臻圣贤之境。于是，自欺成为一种广泛存在的"说谎"方式。从文种、（后期的）伍子胥、夫差、太宰嚭，到专诸和子贡，他们都自以为对仁义礼智有着通透的理解，但在实践中却暴露出知行并不合一困境。如果说第二章中所讨论的"谎言"是一种为了解决现实问题而主动进行的"说谎",第三章中所论及的"谎言"是基于社会地位而不得不进行的"说谎",那么自欺则是一种由于自我认知的局限而自己并不知觉的"说谎"。这一种"谎言"向我们提出了一个根本性的问题:"知"的可能性——若是连自己都无法真正了解自己,那么又如何去了解他人,去看穿他人的"谎言"?

如果我们把"说谎"视为一种博弈,"说谎"的一方自然不希望让对方知道真相。倘若被"欺骗"的一方知道"说谎者"在"说谎",那么"谎言"也就没有了效力。但是,自欺之人根本就没有意识到自己是在"说谎"。在一个人对自己不"知"的情况下,是否能够"知"人?他是否也会由于自欺而对别人作出错误的判断,从而无法看穿别人的"谎言"?是否,这会成为一个恶性的循环,一个造成人与人之间无法真正相知的恶性循环?是否,这样的循环并不局限于同一时代,还会在不同历史时代的人与人之间造成延续?这正是我们在第五章将讨论的话题。

"谎" 与 "知" 可谓既是天生的对头，又是亲密的朋友。之所以说是对头，是因为"说谎者"自然不想被人知道真相；而之所以说是朋友，则是因为成功的"说谎者"在目的达成之后，会获得他人——甚至是后人的肯定和褒扬。美国学者埃里克·亨利（Eric Henry）曾指出："在古代中国的叙述语境中，'被人知'是最大的成就，而'不为人所知'则是最大的痛楚。"[1]在亨利看来，知与不知是互为矛盾的两个方面。然而，"说谎"却可以将两者完美地结合在一起，让人能够"不知而无不知"，通过不让人看穿自己的"谎言"，而能让所有人都知道自己的成功。《吴越春秋》中最主要的两个角色——为父复仇的伍子胥和卧薪尝胆的勾践，都是通过"不知而知"的。

因此，当我们在谈"知"时，有着两层不同的含义：第一是"说谎者"的"谎言"是否被识破；第二是时人与后人对"说谎者"的肯定与赞赏。这两层含义是紧密相连的。如果一个人的"谎言"被对方"知"，就不会有后世的"知"；而只有一个人的"谎言"不被对方"知",才可能有后世的"知"。换言之,前一层面的(不)"知"是一种手段,而后一层面的"知"则是目的。就手段来说,"说谎者"千方百计地不想被他人看穿;而就目的而言,他们则想方设法寻求时人与后世的认可。

在《吴越春秋》中,伍子胥和勾践正是用"谎言"的不被"知"而获得"知"的两位典型。当刚到吴国试图用"谎言"来掩饰自己的身份和目的时,伍子胥在集市扮成了一个乞丐。这无疑是为了不让普通人知道他的真实身份。他的"谎言"最后帮助他获得了巨大的成功,先是获得了公子光——也就是吴王阖闾的认可,在吴国处于一人之下、万人之上的高位,最后更是作为忠臣的代表而被后世所铭记。同样,勾践利用"谎言"在夫差面前竭力表现自己的臣服之心,而不让夫差"知"其复仇之意,从而才能最后成功灭吴称霸,成为后世传颂的君王典范。

当然,我们也不要忘记在赵晔的笔下,还有由于自己的"谎言"被人"知"而最终被世人赞赏的情况:古公并没有直接向儿子们表明自己的心意,但太伯和仲雍就能"望风知指",选择远赴荆蛮,从而开启了周朝和吴国的历史,留下了一段佳话。古公和儿子们之间的"谎言"则属于"由知而知"——接受者看破了"谎言",才有了"说谎者"与接受者的盛名。

"不知而知"也好,"由知而知"也好,《吴越春秋》中赵晔所讲述的均为成功的"谎言"。我们所说的成功,并不是狭义地指听者没有识破言者的"谎言",而是指"说谎者"都达到了他们的目的。吴王僚没能看穿伍子胥和阖闾的"谎言",成就了阖闾的霸业和伍子胥的复仇;太伯看穿了父王古公的"谎言",也使得古公成功地把王位传给了孙子姬昌。即使是渔父等"被动说谎者",他们各自的"谎言"也都达到了相应的目的。因此,如果我们把"说谎"看作一场博弈,那么《吴越春秋》中的"说谎者"都不同程度地获得了胜利。赵晔也正是从"说谎者"的角度来叙述一场又一场博弈的,他让读者不自觉地站在"说谎者"的角度,为"说谎者"的"谎言"而喝彩。此时的读者很容易把自己的感情投射于"说谎者"身上,希望他们的"谎言"不被识破,并且觉得吴王僚或是庆忌这些不能看破"谎言"的人蠢笨。

从"知"的视角出发来看吴越争霸过程中的种种"谎言",意味着我们更多地将目光转向听者,或者"说谎者"和听者之间的互动之上。如果没有听者的"配合",《吴越春秋》中的"说谎者"就不可能成功。既然"说谎者"有着各自的理由,那么听者之所以"不知"或"知",也有着他们各自的原因。当我们说"各自"时,指的是各个听者所面对的"谎言"是不同的,但这并不意味着他们的原因不具备普遍性。事实上,儒家经典中具体的历史叙述和抽象的普遍原则之间是互相渗透的,有学者将这种情况称为"具体的普遍性"[2]。所谓具体的普遍性,就是说每一个单独的故事都具有普遍的意义。我们已经知道伍子胥或是渔父"说谎"的理由具有普遍性,同样,听者面对他人"谎言"时的反应背后也蕴含着普遍的原则。按照这个逻辑,《吴越春秋》中听者的"知"或"不知"也就是读者的"知"或"不知"。因此,我们有必要站在听者的角度,来找寻知或不知背后的原因——因为,听者也许也会是我们。

一、不知而知：让对方轻视自己

伍子胥和勾践是《吴越春秋》中两个主要的"说谎者"。虽然两人的"说谎"都是为了复仇，但是他们在"说谎"的具体方式上各有特色，代表着两种不同的风格。要言之，伍子胥没有固定的"说谎"对象，而勾践的"说谎"对象具有唯一性。伍子胥从逃离楚国到最后复仇，一路之上对很多人说了谎；而勾践则从始至终所需要"欺骗"的对象只有夫差。这一根本性的差异使伍子胥和勾践用截然不同的方法以让对方"不知"自己的"谎言"。

1. 迂回作战的伍子胥

乍一看，似乎是伍子胥面对的困难更大。"说谎"的对象不同，势必就要随机应变地运用相应的"说谎"技术，才能成功地让对方"不知"。让我们再回忆一下伍子胥的经历，盘点其"说谎"的对象。他先是在从郑国逃亡至吴国的路上，用"谎言""骗"了关吏。接着他在到了吴国之后"被发佯狂，跣足涂面，行乞于市"，成功"欺骗"了市人。在获得吴王僚的赏识之后，伍子胥看出了公子光的野心，于是又对吴王僚"说谎"称不想麻烦吴王为自己兴兵伐楚。然后他向公子光献上了刺客专诸，这一次的"欺骗"对象也是吴王僚，结果吴王僚被专诸刺杀。在公子光成功登上王位成为吴王阖闾后，伍子胥又向阖闾隐瞒了自己的复仇之心，"说谎"称自己"何敢与政事焉"，这一次他"说谎"的对象是阖闾。在阖闾把大权交给伍子胥后，伍子胥又向阖闾献上了刺客要离，这一次他的"欺骗"对象是吴王僚之子庆忌，最终要离成功刺杀了庆忌，解决了阖闾最后的心头大患。

在伍子胥心中，他所做的这一切都是为了复仇。众所周知，伍子胥最大的仇人是楚平王。既然"说谎"是一场博弈，那么他应该对楚平王"说谎"。然而吊诡的是，他从未对楚平王说过"谎"。在伍子胥的复仇之路上，他一路靠着"说谎"越来越接近权力的巅峰，并最终实现复仇大业，可是却没有和其主要敌人楚平王进行过任何交锋。这固然是一个历史事实，在《吴越春秋》中却也具有象征意义。在通常的认知中，要在一场博弈中击败对手，需要直接与之对战，并且战而胜之；而伍子胥的经历告诉我们，战胜敌人并不需要完全依靠自己的直接较量，也可以借用他人之力。在这种模式下，伍子胥的"说谎"对象变成了他想要借力之人。无论是关吏、市人、吴王僚、吴王阖闾还是庆忌，都不是伍子胥的仇人。在他们当中，只有关吏可能会对伍子胥的安全造成直接的影响；而吴王僚和吴王阖闾都愿意给伍子胥以高官厚禄，帮助他复仇。换言之，伍子胥的"说谎"对象甚至是对其有恩之人。也就是说，伍子胥不但没有对自己的仇人"说谎"，反而通过对自己的伯乐"说谎"而实现了自己的目标。

法国汉学家于连认为，和西方的表达方式相比，迂回是中国古代叙述的最主要特点，而表达中的迂回则和作战的迂回有相似之处。简单来说，古希腊人喜欢正面作战，而中国人则尽可能地避免正面交战。他指出："对古希腊人来说，对话有一个目标对象，在对话时会尽可能地单刀直入，而中国人则会建议在对话中避开想要说的主题。"[3]伍子胥的"说谎"模式是对迂回的极佳诠释。如果他直接选择将楚王作为"说谎"对象，留在楚国图谋复仇，那么也许根本就没有"说谎"的机会。当他选择出逃时，就注定他将迂回作战，通过对别人"说谎"而曲线杀回楚国。因此，伍子胥的"说谎"对象均非其直接的仇人或是敌人。这些人在面对伍子胥时，自然就会放松自己的警惕性。无论是关吏还是市人，他们看到的伍子胥是一个狼狈逃窜的路人或是衣衫不整的乞丐。在他们眼里，这样一个地位低下之人是无须重视的。换言之，他们根本就没有"知"伍子胥的兴趣，也认为自己没有"知"伍子胥的必要：这样的一个人，即使"说谎"也不会对他们造成任何影响。这也可以解释为何当伍子胥对关吏说自己之所以出关，是因为要去取郑定公所想要的"美珠"时，关吏居然会"不知"伍子胥的"谎言"。关吏的"不知"很可能是缘于不屑"知"。赵晔早就用一个细节告诉我们郑国人对伍子胥的态度："郑定公与子产诛杀太子建。"在郑国看来，太子建才是他们的心腹大患，而伍子胥根本就没有被诛杀的价值和必要——殊不知伍子胥比太子建更为重要。因此郑国对伍子胥的追捕，并没有足够的用心。这也是关吏"不知"伍子胥"谎言"的关键原因。如果说伍子胥在说自己丧失"美珠"之时带有重寻荣光之意，那么关吏则完全可能只是将他视作一个为了寻求出路而仓皇逃窜之人，并不知道其实一颗"美珠"正在从自己的手中溜走。

伍子胥到了吴国之后"行乞于市，市人观，罔有识者"，同样，在吴国集市中的市人眼里，伍子胥也不过只是一个乞丐。《孟子·告子上》指出："一箪食，一豆羹，得之则生，弗得则死。呼尔而与之，行道之人弗受；蹴尔而与之，乞人不屑也。"很显然，在孟子看来，乞丐是地位极其低下之人。在此有一个微妙的细节：市人会"观"，但是"罔有识"。换言之，他们有兴趣看，也的确看到了伍子胥的伪装，但是都"不知"伍子胥的伪装。无论是在春秋之时（伍子胥复仇的历史语境）还是东汉（赵晔写作的时代），市人都是公众人物行为的重要见证者。《左传·文公十八年》："夫人姜氏归于齐，大归也。将行，哭而过市，曰：'天乎！仲为不道，杀适立庶。'市人皆哭。"《后汉书·王霸传》则载："光武令霸至市中募人，将以击郎。市人皆大笑。"可以看到，市人的哭或笑是对公众人物行为的重要评价标杆。

在市人眼里，伍子胥根本就不算一个值得注意的公众人物。这也表明市人相信"所见即所得"，他们没有能力看穿他人的伪装和"谎言"，只是简单地从外貌衣着或举止出发对他人做出判断。诚然，古人特别重视服饰的象征作用，不同的服饰象征着相应的社会地位，从君王到庶民的各个阶层都有各自的象征性服饰，彼此之间不可逾越。[4]市人对伍子胥的"不知"正是出于对其外在形象的判断。伍子胥的"谎言"利用了"礼"，用不适合自己身份的服饰让市人对自己"不知"，这一点和初到荆蛮之地时的太伯兄弟相似。这一次伍子胥的"说谎"并没有具体的对象，也不需要特别的借口，只是利用了市人们对"礼"的常识——衣着破烂的行乞之人一定是社会地位低下而无需"知"的。因此，伍子胥这一次"说谎"的难度并不大，市人们几乎是靠着本能就无视了伍子胥的伪装，而这样的本能则来自固有的文化习俗。

相对来说，吴王僚和吴王阖闾是两位更难"欺骗"的对象。他们身居高位，见多识广。伍子胥想要取得他们的信任，从他们身上获得权力，以左右吴国的政局，最终讨伐楚国。但他不能够让吴王觉得他只是为了复仇，否则就无法获得他们的全力支持，他必须让他们相信他的存在是为了扩张吴国的霸业。不过伍子胥又不能在他们面前全然否认自己的复仇野心，这样显然无法让人相信。于是，伍子胥的"谎言"就要恰到好处，既不能掩饰自己的复仇之心，又要让吴王们相信他真的以吴国的利益为重。

事实上，当公子光（吴王阖闾）一听到伍子胥到了吴国时，就暗自窃喜说："吾闻楚杀忠臣伍奢，其子子胥，勇而且智，彼必复父之仇，来入于吴。"在春秋时期，为父报仇是天经地义之事[5]，伍子胥的复仇之心是符合情理且人尽皆知的，他无需隐藏。他需要隐藏的是自己对吴国的态度——对伍子胥来说，吴国始终是其复仇的跳板和工具。吴王僚之所以被伍子胥征服而不"知"其"谎言"，首先是震惊于伍子胥的外貌——"身长一丈，腰十围，眉间一尺"。后世所说的猛将诸如吕布等不少"身长一丈，腰十围"，这意味着伍子胥容貌的确"壮伟"；其次是伍子胥的口才，伍子胥和吴王僚谈论三天，"辞无复者"，于是吴王僚断定伍子胥是一个"贤人"。赵晔对伍子胥口才的描述简洁而生动，指出其能说三天的话而没有重复，可见辞令绝非寻常[6]。《说文解字》中说，贤原本是多才之意。吴王僚由伍子胥的口才而断定他是"贤人"，似乎并不仅仅认为伍子胥"多才"，还有贤能之意。魏晋时刘劭的《人物志》指出了言辞与观察人品行之间的关系："夫人厚貌深情，将欲求之，必观其辞旨，察其应赞。"（《人物志·八观》）简要来说，言辞可以体现一个人的内心，吴王僚无疑也相信这一点，才会将口若悬河的伍子胥视为贤人，并愿意为他报仇。然而,《人物志》中还说:"听言信貌,或失其真。"(《人物志·八观》)亦即根据一个人的言辞来判断他的品行,完全可能被其所"欺骗"而无法"知"他的真实面貌。建安七子之一的徐干曾说:"……大贤在陋巷也,固非流俗之所识也,何则?大贤为行也,哀然不自满,偏然若无能,不与时争是非,不与俗辩曲直,不衿名,不辞谤,不求誉,其味至淡,其观至拙。"(《中论·审大臣》)按照这个标准,衿名而求誉的伍子胥显然不能算是贤人。

之所以用魏晋时期的《人物志》来解释言辞与品貌之间的关系,是因为伍子胥与吴王僚长谈三日,颇有清谈的影子。也许有人认为伍子胥和吴王僚之间的长谈展现的是先秦时纵横家之风。春秋战国时期的确有以口才著名的纵横家,但是他们大多会向初次见面的君王提出自己的政治主张,以求获得君王的赏识和重用。[7]而在《吴越春秋》中,赵晔只是用"语三日"一笔带过伍子胥与吴王僚之间的长谈。鉴于赵晔在需要的时候会不厌其烦地讲述人物之间的对话,他对此番重要长谈的叙述只有寥寥数语,表明伍子胥和吴王僚的谈话并没有具实际意义的内容,因而也就更像是纯粹的清谈。清谈虽然盛行于魏晋,但发轫于两汉,在东汉已甚是流行,是名士获得他人赏识的重要手段。[8]清谈高手最重要的是辞藻华丽,口若悬河[9],而吴王僚显然被伍子胥的口才所折服,这正是吴王僚"不知"伍子胥的根源。

在获得了吴王僚的欣赏后,伍子胥才耐心地"稍道其仇",一个"稍"字正是伍子胥"说谎"的关键所在。一个想要为父亲复仇的人是合理的,一个不惜一切代价要为父亲复仇的人则可能会被他人所提防。伍子胥正是通过"谎言"把自己打造成一个

"合理之人",从而可以"在具体的道德选择中从容不迫"[10],让自己的谎言能够被他人"不知"或是接受。正如休谟所说,当一个人控制他的对手,让对方与自己共鸣时,"他必须脱离自己特定的情况,找到与别人的相同点;他必须转到人们所共通的普遍原则,从而获得大家的同情"[11]。伍子胥需要让自己的"说谎"合理化,而合理化的过程应该是渐进的,如此方能慢慢地让吴王僚从欣赏转向同情。在吴王僚对伍子胥表示同情之后,伍子胥的行为就具有了公共性,他的行为——包括"说谎"在内——就不再是个人之举,而是君王所认可的行为,用罗尔斯的话来说,吴王僚对伍子胥的态度是一种公开的肯定和辩护[12]。也就是说,吴王僚对伍子胥的欣赏让伍子胥的"谎言"获得了"保护伞"。因此,吴王僚对伍子胥的"不知"起于对他外貌与口才的拜服,终于对他悲惨遭遇与复仇之心的同情。在用"贤人"的形象征服吴王僚后,伍子胥所说的话自然会被吴王僚所相信。

当吴王僚表示愿意为他兴兵复仇时,伍子胥判断了吴国的形势,决定倒向公子光。当然,他不会对吴王僚说出自己的真实想法,而是找了光明正大的借口:"臣闻诸侯不为匹夫兴师用兵于比国。"吴王僚好奇地问原因。伍子胥继续义正辞严地说:"诸侯专为政,非以意救急后兴师。今大王践国制威,为匹夫兴兵,其义非也。臣固不敢如王之命。"尽管伍子胥的真实目的就是依靠吴国起兵伐楚,然而他却掩饰了自己的意图,用诸侯之义来劝谏吴王僚不要为自己用兵。这一番话完美地掩盖了他计划为公子光效力的企图,而由于吴王僚业已认定伍子胥是个"贤人",自然就不会对他产生怀疑。因此,如果说市人们对伍子胥的"不知"

是出于既有的社会等级规则，那么吴王僚对伍子胥的"不知"则是出于公共的社会道德评价。伍子胥根据社会道德所建构的"贤人"形象让吴王僚"不知"其真正的面目。

吴王僚对伍子胥的"不知"给自己带来了灾难，使自己成为了伍子胥复仇之路上的牺牲品。伍子胥向公子光献上了刺客专诸，最后专诸成功刺杀了吴王僚。换言之，伍子胥这一场冠冕堂皇的"说谎"是将吴王僚的生命作为赌注的，而被"欺骗"的吴王僚原本却是伍子胥的恩人而并非仇人。因此，伍子胥很难将这一次"说谎"真正地"合理化"。众所周知，感恩是儒家文化的重要特色。[13] 当我们站在吴王僚的角度，自然会认为伍子胥对吴王僚恩将仇报。有学者认为："由于遇到生命威胁而需要拯救生命所说的'谎言'是可以被合理化的。"[14] 此时的伍子胥显然已经没有性命之忧，他的"说谎"也就失去了合理性。这也为后来阖闾对伍子胥的"不知"埋下了伏笔。

相对来说，吴王阖闾对伍子胥"谎言"的"不知"更为微妙。《吴越春秋》告诉我们："阖闾元年，始任贤使能，施恩行惠，以仁义闻于诸侯。仁未施，恩未行，恐国人不就，诸侯不信，乃举伍子胥为行人，以客礼事之，而与谋国政。"这段话的逻辑颇值得玩味。靠刺杀篡位的阖闾想要施行仁政，可是他对吴王僚所做的一切无法让国人相信他的"仁义"。为了获得国人与其他诸侯的信任，阖闾才任命伍子胥为"行人"。所谓"行人"，又称"行李""行理"，即现在的外交使节。在早期，行人只起到沟通各诸侯国或上传下达的作用。到了春秋时代，由于诸侯争霸，弱小国家的利益受到损害，行人的使命已不限于信使的范围，而是承担拯救国家危亡的重任[15]，如堪称执政官典范的子产、文采飞扬的叔孙穆子、舍生忘死于秦乞师的申包胥等人都是"行人"。那么，吴王阖闾任命伍子胥为行人，为何可以彰显阖闾的"仁义"呢？这也许因为行人也是礼法的实施者。[16]任命主张用暗杀来篡位的伍子胥为礼法的实施者，这当然充满了讽刺的意义。在外人看来，阖闾大胆启用来自楚国的逃亡者，这当然是广纳人才之举，当来自楚国的伍子胥替吴国出使各国时，各国都会知道阖闾的"仁义"；与此同时，阖闾明白伍子胥既然可以设计刺杀吴王僚，自然也可能继续谋反，因而用他来负责礼法，是对伍子胥的一种警示。赵晔的叙述暗示我们，"仁义"似乎只是阖闾的幌子。他想在诸侯和国人面前展现"仁义"，与当初伍子胥想在吴王僚面前塑造"贤人"形象如出一辙。在把自己打造成"仁义"的君王之后，阖闾就可以名正言顺地争夺诸侯之间的霸主地位——包括刺杀心腹大患庆忌。

可以说，阖闾和伍子胥本身就是一对相互利用的拍档。无论是刺杀吴王僚还是刺杀庆忌，都是两人合谋的结果。当阖闾问伍子胥强国之道而伍子胥说"何敢与政事焉"时，阖闾自然知道伍子胥所言不过是一种自谦性的"谎言"。尚未进入权力高层的伍子胥始终不敢把自己的复仇野心公之于世，但阖闾对此早心知肚明。他知道自己"强国霸王"的理想和伍子胥复仇的心愿是紧密联系在一起的。只有吴国的强大才能让伍子胥领兵打败楚国，也只有一心想要复仇的伍子胥才能千方百计地使吴国强大。因此，阖闾对伍子胥"谎言"的"不知"，是阖闾在互相了解的前提下故意地视而不见；而伍子胥也同样明白阖闾和自己之间的相互

依赖，因而他会努力扮演好臣子的角色。只有做好臣子，才能够
与阖闾携手让吴国强大。在这样的情况下，伍子胥对阖闾的"谎
言"就不再是一种狭义的博弈，而更像是一种默契的合作。正是
在与阖闾合作的基础上，伍子胥才能够让吴国强大，也能实现复
仇的夙愿。

综上所述，伍子胥的几位"说谎"对象对其"谎言"的"不
知"各有原因。在赵晔的叙述中，伍子胥并没有单纯依靠言辞的
技巧去"欺骗"对方，而是根据其不同对象的特点，随机应变地
运用相应的对策。包括社会等级、公共道德在内的多重文化要素
构成了伍子胥令其"说谎"对象"不知"的屏障。抑或，我们可
以认为，当市人或是吴王僚一味地相信或坚持某些原则之时，恰
恰容易一叶障目，陷入某种成见，而这些成见则对了解他人造成
了阻碍。从关吏、市人到吴王僚和阖闾，他们都在不同程度上低
估了伍子胥。关吏和市人将伍子胥视为微不足道之人，即使连吴
王僚都以为伍子胥只是想单纯地复仇。即使真正了解伍子胥价值
的吴王阖闾，也是从君王看待臣子的视角审视伍子胥。当伍子胥
的这些说话对象处于相对的"高位"往下看时，本能地会忽略伍
子胥的"谎言"，认为伍子胥无论说什么都不会对自己造成威胁。
或者说，并不是伍子胥的"说谎"技巧，而是这些"说谎"对象
的成见本身让他们"不知"。伍子胥"谎言"的成功正是利用了
这些成见，为自己在吴国掌握大权奠定了基础，将这些低估自己
之人踩于脚下。他与故意无视自己野心的阖闾合作，从而将自己
与楚平王之间的博弈转化成吴国和楚国之间的争斗。这也是伍子
胥不需要直接面对仇人就可以报仇的原因之所在。也许我们可以

说，在伍子胥"说谎"的过程中，被轻视或低估是其天然的最佳掩护；而听者的"不知"，从根本来说还是出于对"说谎者"的优越感，这种优越感则根植于对自己的高估，而对自己的高估则属于第四章所谈到的自欺。

2. 换位思考的勾践

严格来说，勾践的"说谎"对象只有一个：吴王夫差。和伍子胥所不同的是，勾践一直被他的"说谎"对象——夫差所重视，这在很大程度上是因为勾践的"说谎"对象就是他的敌人与仇人。勾践无法像伍子胥那样迂回作战，而是只能直接面对夫差。对夫差来说，勾践既是自己间接的杀父仇人，又是自己直接的竞争对手，不仅充满警惕，还充满仇恨。勾践的"说谎"之路注定如履薄冰，每一次都有被"知"的危险。此外，由于地位相等，夫差和勾践必然会在相当程度上考虑类似的问题。在勾践"说谎"之时，夫差就能很容易地将自己代入，设身处地地揣测勾践所言，思考一个诸侯是否会真正地臣服于自己。勾践的"谎言"想要说服夫差，首先就要说服自己。只有勾践自己能"不知"自己的"谎言"，才有可能让夫差"不知"。因此，尽管勾践的"说谎"对象只有一个，但就难度来说却比伍子胥大得多。

勾践和夫差之间关于"知"的较量始于勾践入吴称臣之时。就在从越国前往吴国的路上，勾践仍在摩拳擦掌准备报仇；但是一见夫差便将复仇之心彻底隐藏，对其能保全自己的性命深表感激，并自降为"臣"。作为越王，勾践知道诸侯最喜欢听的是别人向他称臣，这一点夫差也不例外。因此，当夫差问"子不念先

君之仇乎"时，勾践再次强调："臣死则死矣，惟大王原之。"勾
践当然不愿意死，但是他知道只有用这种方式对夫差说话，才有
可能让对方"不知"自己的复仇之心。也许我们可以认为，勾践
是"将心比心"地在"说谎"，而面对勾践的"谎言"，夫差也是
"将心比心"地在作判断。夫差之所以"不知"勾践，正是由于
勾践能够更好地"将心比心"，预判了夫差的判断。

赵晔告诉我们，夫差最为在乎的是自己的名声。在夫差看
来，自己的名声与皇天的庇佑紧密相关。正如子贡对勾践所说：
"夫吴王为人，贪功名而不知利害。"这便是夫差的死穴所在，也
是勾践"说谎"的切入点。靠刺杀篡位的阖闾尚且想要有"仁
义"之名，何况是甫登王位就为父亲报仇的夫差？对名声的追求
使夫差一叶障目。面对勾践所言，夫差说："吾闻诛降杀服，祸
及三世。吾非爱越而不杀也，畏皇天之咎，教而赦之。"这一段
话为夫差的"不知"作了清楚的解释：用"仁义"之名赢得皇天
的赞赏，从而延续吴国的霸业。

通常认为，夫差由于昏庸好色、好大喜功，才会拒绝"忠
臣"伍子胥的劝谏，听信"奸臣"太宰嚭的谗言，给了越王勾
践机会。实则在《吴越春秋》之中，夫差一直有着自己的行事
原则——那就是以上天的意志为依归。就现有的文献记载来说，
对"天"的信仰在商代就已广泛地存在。到周初，信奉上天的思
想得到了进一步的发展，"天"具有了明确的道德色彩。[17]《左
传》中晋国的重耳曾经逃亡楚国，楚国的子玉建议杀之。楚子表
示反对，其理由是："天将兴之，谁能废之。违天，必有大咎。"
（《左传·僖公二十三年》）楚子所言表明天命作为最高的意志不能有所违

背，而"违天，必有大咎"一语也和夫差的观点一致。夫差认为滥杀投降的勾践有违天意，这才是他一次又一次"不知"勾践的根源。

不过，夫差深知勾践和自己同为诸侯，随时有复仇的可能，因而他虽然并未结果勾践的性命，但也一直没有放松警惕。在勾践身处吴国为奴时，夫差也始终保持着对他的监视。当勾践趁夫差生病甘愿尝其粪便后，夫差才彻底相信了他的忠心。勾践之所以能让夫差"不知"自己的"谎言"，一方面当然由于自己前无古人的"壮举"证明了自己对臣子角色的全然接受，勾践知道夫差认为一个还未完全臣服之人不会做出此等事；另一方面是由于勾践对"天"的了解，他知道同样作为君王的夫差一定会对"天"抱有敬畏。吴王夫差在病愈后设宴庆祝，也邀请越王参加。范蠡和越王勾践一起向吴王祝福，说："皇在上令，昭下四时，并心察慈仁者。"不难看出，勾践以"皇天"作为最高的施令者，进而指出"仁"是君王应有的品质，这既是对夫差的赞美，也是对夫差的警诫——让夫差继续听从天命做一个仁慈的君王。

在第四章我们已经详细地探讨过夫差自欺以仁的情节。勾践对此显然非常了解。和夫差同为诸侯的勾践深知天命与仁义对君王的意义。勾践祝福病愈的夫差"四海咸承，诸侯宾服"，这也正是他自己的理想。事实上，在最后起兵伐吴报仇雪恨的前后，勾践和他的大臣们都反复提到了上天——越国灭吴是天命。在灭吴之后，文种也用"我王贤仁，怀道抱德"来称赞勾践。遵循皇天之命，做一个贤仁之王，可谓是每一个胸怀大志的诸侯的共同心愿。勾践以此原则来推断夫差对自己"谎言"的反应，再编织相应的"谎言"，于是就让夫差满足于"仁义"的形象之中，从而"不知"勾践的真实野心。

在《论语》中，孔子曾对子贡指出"夫仁者，己欲立而立人，己欲达而达人"（《论语·雍也》）。吊诡的是，越王的"谎言"在某些程度上还真的符合了这个原则。他以自己的雄心推断夫差的心思，倒颇有"能近取譬"之风。如果说伍子胥能让自己的"谎言""不知"主要依赖的是自己被他人看低，那么勾践能让夫差"不知"则在于两人角色的相通。赵晔给我们讲述了一个有趣的现象，那就是在勾践"说谎"后，夫差并不会直接去判断他所言的真假，而是由伍子胥和太宰嚭二人展开争论——伍子胥会痛斥勾践所言而从功利的角度出发建议夫差不要相信勾践，而太宰嚭则会从仁义的角度出发劝夫差仁慈对待勾践。在两人的争论之后，夫差往往会选择相信勾践。这样的模式重复了多次，也成为夫差排斥忠臣伍子胥、听信奸臣太宰嚭的"证据"。事实上，这种模式反复强调的是两种观念——从现实出发与从仁义出发——之间的对立，而夫差在这两种观念之间始终选择后者。如果我们再次借用荣格心理学的理论，那么也许伍子胥和太宰嚭正是代表着夫差的两种人格。太宰嚭代表着夫差的自我——自我总是追求完美的一面；而伍子胥则是夫差的影子——夫差的潜意识也知道君王离不开对现实的考量。伍子胥与太宰嚭之间不断地争论，是因为夫差内心的两个人格处于持续动态的矛盾之中。尽管每一次都是太宰嚭获得了胜利，但是在遇到新的问题之时，夫差的内心会再次涌现矛盾，再一次需要通过太宰嚭的慷慨陈辞来打压自己的影子。[18]

　　因此，夫差并不是相信太宰嚭，也不是相信勾践，他相信的是一个成功的君王必须要遵循天命而行"仁义"——这一点在相当程度上也是夫差对勾践的优越感的体现：勾践的战败为奴正是因为不遵循天命而受的惩罚。对此勾践也非常清楚，他对夫差"说谎"的成功正在于反复激发了夫差的这种优越感，让夫差感到勾践已经不再是一个与自己分庭抗礼的诸侯，而只不过是自己的一个臣子；而勾践之所以能成功激发夫差的优越感，是由于他了解夫差作为君王的心理，知道夫差自以为受到皇天庇佑。在第四章我们曾经提及朱熹所言，认为欺人就是自欺；而现在我们则可以说，自欺则会被人欺。正是作为听者的夫差对自己不知，因而才会导致他对勾践"谎言"的不知。《吕氏春秋·不苟》说："吴王……不自知而亡。"信然！

　　我们可以看到，对勾践充满警惕的夫差最终还是觉得自己高高在上，这是由于他相信皇天对自己的肯定，从自欺中孕育出了对"说谎者"的优越感。正是这种优越感让他"不知"伍子胥和勾践的"说谎"。在《吴越春秋》中，所有的"谎言"都获得了成功。其中固然有古公和太伯所说的善意"谎言"，但贯穿吴越争霸的显然是伍子胥和勾践为了雪耻复仇而说的"谎言"。在伍子胥和勾践所说的"谎言"中，无论看起来多么荒唐可笑或显而易见，他们的"说谎"对象都会"不知"他们的"谎言"。这样的"不知"与其说是相信，不如说是"无视"；这样的"无视"，是由于伍子胥和勾践在主观和客观上都处于低位。

　　这不禁让我们想起了《老子》第八章："上善若水。水善利万物而不争，处众人之所恶，故几于道……夫唯不争，故无尤。"
王弼对此解释说："人恶卑也。"[19]毫无疑问，"说谎"时的伍子胥
和勾践都"处众人之所恶"，而且两人都向各自的"说谎"对象
展示了自己的不争——伍子胥在市人面前不过是一个乞丐，面
对吴王僚也表示不想吴王为自己兴兵复仇；而勾践则安心为奴，
甚至愿意尝夫差的粪便。汉代的《老子河上公注》对此解释说：
"壅之则止，决之则流，听从人也。"[20]要让"说谎"的对象不怀
疑自己，就要做到听从"说谎"对象。这便是伍子胥和勾践能够
让听者"不知"的关键所在。伍子胥和勾践依靠着"说谎"对象
对他们的"不知"，各自成功报仇，最终获得了世人的赞誉。《老
子》第六十六章云："江海所以能为百谷王者，以其善下之，故
能为百谷王。"两人的轨迹就如同《老子》所言，处于卑微之位
而得以居上，由"不知"而为世人所"知"。

二、由知而知：不需要"欺骗性"的"谎言"

如前所述，《吴越春秋》中成功的"说谎者"不仅由"不知
而知"，还有"由知而知"的模式。既然"不知而知"中的"不
知"包括"说谎者"的不被知与听者的不自知，那么"由知而
知"中的"知"也自然包括"说谎者"的被知与听者的自知。
"由知而知"，既是"说谎者"由于"谎言"被知而获得世人的赞
赏，更是听者由于自知而更够看破对方的谎言。

"由知而知"的典范当然非古公、太伯父子莫属。这其中包
括古公对太伯的"说谎"，也包括太伯、仲雍兄弟对古公的"说
谎"，更包括太伯、仲雍兄弟对荆蛮之地百姓的"说谎"。从一定

程度来说，古公父子之间的互相"说谎"属于柏拉图所说的"高贵的谎言"（noble lie），为的是国家的利益。[21] 柏拉图在《理想国》中所说的"高贵的谎言"认为，国家存在着天然的社会分工，神在造人之时分别添加了金银铁铜，相应地出现了统治者、辅助管理者、农夫与工匠，而统治者为了整个国家的稳定与和谐天然具有"说谎"的权利。我们知道，古公的"说谎"是为了将王位传给幼儿季历，最后传给具有圣王之相的孙儿姬昌，是为了国家的繁荣强大与百姓的生活安康。同样，太伯和仲雍的"谎言"一方面是为了让父王实现心愿，另一方面也是为了尽可能地不打乱荆蛮之地百姓的生活。因此，他们的"谎言"无疑具有合理性和正当性。

古公父子的"谎言"一旦具有了正当性，就失去了"欺骗性"。或者说，它们本来就不需要"欺骗性"。它们原本就是为了让接受者"知"，只是不能用直白的方式让对方知道。一方面，古公不能直接表明自己想要传位给季历的真实想法；另一方面，太伯和仲雍却能够准确领悟到古公的心思。对于他们如何"说谎"又为何"说谎"，我们在第二章已有详细的讨论。在此再次讨论古公父子的"说谎"，主要的着眼点在于他们的"自知"。他们正是因为"自知"，才能够准确地判断自己，进而准确地领会对方"谎言"中的信息，完美地扮演好自己的角色。

先秦的思想家们非常重视"自知"。集先秦思想大成的《吕氏春秋》指出，人原本就不能"自知"，而君主尤其如此，因而天子会设立专门的大臣负责指出他的过错，"尧有欲谏之鼓，舜有诽谤之木，汤有司直之士，武王有戒慎之鞀，犹恐不能自知"。

可见，"自知"既重要而又困难。它的重要性在于关系到国家的"存亡安危"，君王将相遭遇失败的原因"莫大于不自知"；其困难在于连圣王们都无法依靠自己而实现"自知"，而是要依靠"直士"的监督。在见证了春秋战国众多君王的负面教训后，《吕氏春秋》用著名的"掩耳盗铃"故事形象地解释了何谓"自知"的反面：春秋时晋国贵族范氏被政敌驱赶逃亡之时，有个人趁机偷了他们家的一口钟，想要背着它逃跑。这口钟太大了，他背不动。于是他想用锤子把钟砸碎了，化整为零带回家，可是刚一砸，就发出了"当当当"的响声。他生怕别人听到钟声，就把自己的耳朵紧紧捂住继续砸。很显然，《吕氏春秋》所认为的"自知"侧重于外在的过错——自己需要了解自己做了什么不符合道义的事情，而吴王夫差正是不知道自己的错误所在。

在《吴越春秋》中，古公父子是几乎完美的存在，他们没有任何错误的举动，他们的"自知"体现在他们充分了解自己所扮演角色应尽的责任；更重要的是，他们的"自知"并没有依赖于他人的劝谏。这样的"自知"模式和《吕氏春秋》所指出的"自知"模式有着明显的差异。按照《吕氏春秋》的理论，连尧、舜、禹这样的圣王都需要有他人的监督才能保持"自知"，可是在赵晔的笔下，古公身边并没有任何大臣进谏。他似乎拥有与生具来的仁义，这一点和他的祖先公刘相似。赵晔告诉我们，古公的祖先是后稷，后稷的三世孙公刘"慈仁"，连走路都不会脚踩小草，运车的时候则会避开芦苇，于是成为了一代明君。古公是公刘的八世孙，他"修公刘、后稷之业，积德行义"，也获得了百姓的拥戴。

乍一看，赵晔似乎在暗示古公的仁义源自祖上，是对祖先公刘品德的继承，但是这样的结论未免过于简单。众所周知，解读《春秋》的要点在于"推见至隐"，也就是从它所说的文字中推测其所未讲述之意[22]。换言之，文本所没提到的往往才是重点所在。如果我们用这样的方法来揭示赵晔叙述背后的意义，那么就会有完全不同的解读。从后稷到公刘，从公刘到古公，十余代人之中，赵晔只提到了公刘和古公，特别指出古公模仿的是公刘和后稷。我们完全可以由此推测其余众人均未如此仁义。因此，在从后稷到古公的传承中，公刘和古公属于绝对的少数，他们的仁义之举并非一脉相承地遗传自祖上，更是源于他们自身的"变异"。

即使在同一家族之中，变异往往比传承更为常见，这大约是赵晔给我们的答案。这才可以解释为何寿梦在遇到相同问题的情况下，并没有效仿古公，而是作出了自己的决定。赵晔给我们的答案是悲观的。古公的仁义既然是天生的、独立的，那么后人也就无法找到固定的方式来达到古公仁义的境界，从而实现"自知"。也许有人会问，太伯和仲雍为何亦能"自知"？如果用孔子的思想来解释赵晔的叙述，那么太伯、仲雍兄弟和他们的父王古公一样，都应该属于生而知之的"上智"，而古公、太伯父子两代都"生而知之"则属于极小概率的事件。他们并没有受到老师的教诲，也没有受到臣子的劝谏，依靠自己的禀赋就能够知仁义之理而行仁义之事，也对自己的责任有着清楚的了解，从而能够互相领会彼此的"谎言"。当古公弥留之际，他令"季历让国于太伯"，太伯当然知道这是父王为了表明长幼有序而所说的

"谎言"，父王真实的想法是想要季历继承王位的同时又顾全到所有人的体面。同样，在古公染病之后，太伯和仲雍"二人托名采药于衡山"，古公自然也懂得他们是为了给季历一个单独尽孝的机会，让他顺理成章地继承王位。甚至我们可以大胆地推测，连古公的"生病"也许都可能是他为了给太伯兄弟一个离去的理由，而太伯和仲雍则完全领会到父亲的用心。他们父子之间能够互"知"，是因为他们都自知——都能够了解仁义并将之付诸实践。

《老子》第三十三章说："知人者智，自知者明。"王弼认为从境界来说，自知者胜过知人者[23]，因为"知"人者不一定"自知"，而"自知"者则定能"知"人。古公父子从"自知"而"知"人，并在知晓对方"谎言"的基础之上获得了世人的赞赏，无愧于"由知而知"的典范。他们与后人夫差形成了鲜明的对比。夫差不但未能"生而自知"，而且也没有像魏文侯那样遇到真正的忠臣，从而陷入了自欺之中而不能自拔。赵晔用夫差和古公们的对比来告诉我们，"自知"只属于极少的圣王，而普通的君王或是臣子则难以避免自欺的陷阱，这也就注定了这些自欺者无法看破他人的"谎言"，从而使得"不知而知"成为了相对常见的模式。

三、赵晔的自知：放弃对历史人物的评价

当我们说"不知而知"时，所谓的"知"指的是世人对"说谎者"的赞赏。在《吴越春秋》中，"说谎者"凭借"谎言"的成功为他们带来了生前和身后的美名。不过，我们千万不要嘲

笑夫差或是吴王僚居然没有看破勾践或是伍子胥的"谎言"，面对《吴越春秋》中的这些角色，我们又能够确定他们是什么样的人？正如他们的"谎言"对象"不知"他们的"谎言"一样，世人和后人是否又能够真正看清楚他们的言行，给予他们恰当的评价呢？换言之，当伍子胥和勾践的"谎言"分别"欺骗"了他们各自的"说谎"对象时，有没有同时也"欺骗"了我们——后世的读者？

对此，赵晔的叙述表明了他的立场。正如狄尔泰所言，历史学家在描述事件时，并不是从一个节点出发，从各个方向追溯这一事情的种种可能性，而是有一个自己的原则，将自己叙述中的故事一以贯之。[24]在"知"的两个层面上，赵晔也保持着自己的一致性：他不但告诉我们要看清"说谎者"的"谎言"很难，而且对这些"说谎者"作出准确的评价也同样困难。换言之，无论他们的"说谎"对象还是后人都很难真正"知"这些"说谎者"。因此，这些"说谎者"尽管获得了盛名，但随之而来的也不乏批评，可见要对他们作出客观而中允的评价并非易事。可能正是由于这个原因，赵晔并没有像司马迁那样尝试对所描写的各个人物做出自己的评价，而是把评价的权利交给了读者。

把评价历史人物的权利交给读者，这是赵晔对自己的历史叙述的一种"自知"态度。作为叙述者，他当然对于笔下的人物有自己的判断，但是他并不认为自己的判断应该左右读者的判断。这样的态度并不符合主流的观念。在唐朝学者刘知幾看来，史家讲述历史的主要责任之一就是要让读者知道历史人物的善与恶："夫人之生也，有贤不肖焉。若乃其恶可以诫世，其善可以示后，而死之日，名无得而闻焉，是谁之过欤？盖史官之责也。"[25] 刘知幾认为撰写史书的责任就在于彰显善恶，从《尚书》《春秋》以降，这就是史官的主要责任。尽管刘知幾对司马迁的《史记》有所批评，但他的这个观念还是应和了司马迁的主张——司马迁也强调自己的叙述是为了让后人铭记历史中的正义之人："自获麟以来，四百余年，明主贤君、忠臣死义之士，废而不载，余甚惧焉。"（《史记·太史公自序》）

司马迁和刘知幾的观念默认了若干个前提。首先，对历史人物的历史评价是不变的，从春秋到汉代，从汉代到唐代，千余年来善者恒为善，而恶者恒为恶；其次，善恶评价的原则是不变的，只有善恶的标准不变才有可能对人物的评价不变；再次，史家对于史实的了解是无误的，如果史家对所发生的事件记载有误，那么就有可能对历史人物产生误判；最后，史家对自己的判断充满了信任，认为自己的判断能够为后世立下标杆，后人所需要做的是遵循自己的判断，而并不需要挑战或是质疑。在这样的观念下所写的史书，必然是自信满满的。

司马迁的自信体现在对伍子胥的描述与评价之中。在《史记·伍子胥列传》中，司马迁的叙述以伍子胥忍辱复仇为主题，对伍子胥作了肯定与赞扬。有学者认为司马迁对伍子胥的肯定是因为他从伍子胥身上看到了自己的不幸遭遇："又因子胥之报怨，带出郧公弟之怨，吴阖闾之怨，白公胜之怨，以作点缀；而太史公满腹怨意，亦借题发挥，洋溢于纸上，不可磨灭矣。以伤心人写伤心事，那能不十分出色！"[26] 许多学者指出，司马迁在《史记》的创作当中，尤其在讲述和评价悲剧人物时，往往借他人之酒杯来浇自己心中的块垒，像屈原和贾谊等都是如此，伍子胥也不例外。因而司马迁对伍子胥的肯定，也就是对自己的肯定。[27]

赵晔并没有在《吴越春秋》的叙述中流露出这样的自信。相反，赵晔用微妙的笔触告诉我们，"知"——无论是了解还是评价历史人物都并非易事。史家的的确确可以有权力通过自己的叙述，让读者以特定的方式了解历史人物，但是想要让自己对历史人物所作的评判被后世读者普遍接受，这就需要亘古不变的道德准则。困难的是，何为圣王，何为忠臣，何为贤人，何为直士，不但不同时代的人理解相异，即使同一时代的人也会有不同的答案。众所周知，春秋战国时期百家争鸣，文化呈现出多元的色彩，即使在汉代独尊儒术之后，佛教与道教的兴盛也使东汉得以继续保持着文化的多元性。[28]持续的多元性也决定了人与人之间对道德准则理解的差异，即使在儒家内部，对人性或是仁义的理解也有着众多的分歧。[29]这意味着社会道德本身缺乏普遍的共识。这是一种横向的多样性。与此同时，从发展的角度出发，人们以不同的社会角色，参与不同的社会交往，从而对社会道德不断产生新的理解与体会。[30]这意味着我们在评价历史人物时，也会随着自身经历的变化而产生不同的观点。这是一种纵向的变化性。横向的多样性与纵向的变化性结合在一起，对历史人物的评价就自然会存在着多种可能性。

四、是否忠臣：世人眼中的伍子胥

因此，伍子胥是不是忠臣的问题，不同的人会有不同的答案，赵晔则将自己的判断隐藏于叙述之中。就传统来说，伍子胥是中国文化中典型的忠臣形象之一。在《吴越春秋》中，伍子胥也反复被不同的人称为忠臣，但这并不意味着赵晔也认为他是一个忠臣，更不意味着我们应该无条件地接受伍子胥的这个身份，否则我们将不但被伍子胥的"谎言"所欺骗，也无法看破赵晔的隐晦叙述。事实上，赵晔的叙述告诉我们，伍子胥的祖上三代在楚国均为忠臣，他们一方面可以向楚王提出合理的建议并被楚王接受，另一方面在遭受不公平的对待时也会听从王命坦然面对。如果说伍子胥祖上是忠臣，那么伍子胥就肯定不符合忠臣的标准。他既没有说服夫差以挽救吴国，也没有接受王命从容赴死。因此，赵晔并没有将伍子胥"塑造成一位文武双全、忠孝节烈集于一身的神化英雄"[31]，而是通过书中人物对他的评价，让读者思考伍子胥究竟是不是一个忠臣？

在《吴越春秋》中，称伍子胥为忠臣的人主要可分为两类：一是伍子胥自己；二是范蠡和文种。我们早已知道，夫差时期的伍子胥一改之前的说话风格，在夫差面前一直用近乎粗暴的语气进谏，从而受到了夫差的冷落。正是在与夫差争执之时，伍子胥不止一次用"忠臣"自称。当最后夫差赐剑令其自尽时，伍子胥对夫差说："吾始为汝父忠臣，立吴，设谋破楚，南服劲越，威加诸侯，有霸王之功。今汝不用吾言，反赐我剑。"关于这一段话，我们在谈及自欺时已有论述。而在此则需要特别指出的是，在阖闾面前时，伍子胥从未自称"忠臣"。这一细节非常重要：这意味着在与君王关系融洽的情况下，伍子胥没有自称"忠臣"的必要。换言之，只有当被君王冷落或是失宠的情况下，"忠臣"的身份才会被伍子胥提及。因此，也许我们可以推测，在伍子胥看来，忠臣并非是一个"常态"的身份，其存在的前提是君臣不合——这样的理解显然有悖于其祖先伍举的理解。同样被誉为"忠臣"的伍举分明可以和君王和谐相处，并让君王接受自己的劝谏。

我们知道自欺让一个人的自我定位并不准确。当伍子胥自认为是"忠臣"时，他不仅抹杀了阖闾的功绩，独揽了使吴国强大的功劳，并矢口否认了在此过程中自己复仇的达成，还彻底否定了夫差——必需承认，夫差至少在执政前期的政绩依然是可圈可点的，能够击败勾践让其称臣便是明证。更重要的是，伍子胥对阖闾的否定以及对夫差的批评已然与孔子的原则相悖。我们已经在第一章中讲过，在《论语》中，孔子宁可被人说不懂礼，也不愿意承认鲁国的君王不知礼；而在《春秋》之中，孔子批评的原则是于内只记载"小恶"，于外才记载"大恶"。当伍子胥以"忠臣"自居而批评并未罪大恶极的夫差时，其所言显然与"忠"相去甚远。

除了伍子胥之外，还有越国的大夫文种和范蠡多次称伍子胥为"忠臣"，其中文种独自提及的占多数。这也是一个微妙之处——最后文种也同样自比伍子胥，自称为"忠臣"。更微妙的是，文种和范蠡之所以称伍子胥为"忠臣"，是为了证明越国伐吴的合理性。在彻底消灭吴国之前，文种多次向勾践进谏，阐明复仇时机已经成熟。有一次他对勾践说："吴杀忠臣伍子胥，今不伐吴人何须？"又有一次则说："吴之所以强者，为有子胥。今伍子胥忠谏而死，是天气前见，亡国之证也。愿君悉心尽意，以说国人。"文种的逻辑很简单：吴国没有了伍子胥，越国就拥有了战胜吴国的天赐良机，所以越国必须抓住这个机会。这样的逻辑之中暗含着一个危险的假设：吴国最重要的人是伍子胥。之所以说这个假设危险，是因为根据这个假设，越国最重要的人就不是勾践。因此，当文种一次又一次地强调伍子胥的重要性时，我们也可以预见到他最后的结局。

那么，文种和范蠡为何将伍子胥视为忠臣呢？他们是由于无法看破伍子胥的"谎言"吗？其实理由似乎并不复杂：文种和范蠡想要为越国伐吴找到一个合理的理由——如果伍子胥是忠臣，那么将伍子胥赐死的夫差自然是昏君，越国就有足够的理由对昏庸的君王进行讨伐。在这种需求下，伍子胥是否真的是忠臣对文种和范蠡来说并不重要。如前所述，在《吴越春秋》中，"忠臣"的概念并不明确。在文种看来，伍子胥之所以可以被称为"忠臣"，是因为他以性命为代价而向夫差劝谏。不过，虽然伍子胥自己也曾把直谏视为"忠"的象征，但是其"吾始为汝父忠臣立吴"一语，却表明他认为自己身为阖闾忠臣的最大证据是为吴国立下赫赫大功。如果以功绩为标准，那么范蠡无疑是忠臣；如果以直谏为标准，那么越国群臣中不少人都可谓忠臣；如果以直谏而死为标准，那么连文种也算不上忠臣——他的死并非直接源于直谏。在"忠臣"这一概念的内涵并不明晰的情况下，文种对伍子胥的评价也就失去了客观性。他更多地是在用伍子胥来衬托夫差的昏庸，从而证明越国伐吴的合理性。有一个细节足以证明我们的观点：在吴国被灭后，文种再也没有称伍子胥为"忠臣"。

除了文种和范蠡之外，子贡也曾以"忠"评价伍子胥。也许有人会说，连孔子的高足子贡都认为伍子胥是忠臣，难道还需要质疑伍子胥忠臣的身份吗？事实上，正是由于这一评价出自子贡，才更加地值得玩味。我们已经知道子贡为了鲁国而南下游说，用"谎言"说服吴国伐齐的经过。在游说吴王和越王之时，子贡堪称是一位"说谎"大师。子贡此行的目的是为了阻止齐国伐鲁，而他见越国勾践则是为了劝说越国支持吴国伐齐，待吴国伐齐之后再坐收渔翁之利。子贡在勾践面前分析吴王、伍子胥和太宰嚭，是为了让越王能在吴国伐齐之时继续表现出越国的臣服之意。因而我们对他所说的话显然不能信以为真。子贡正是在越王勾践面前，提到了伍子胥的"忠"，指出他"正言以忠君，直行以为国"。这一评价显然值得商榷。

在《吴越春秋》中，伍子胥为吴国称霸所做的一切很难被称为"直行"。我们在第一章已经谈到，孔子对于"直"的理解并非是单纯的直率坦诚，"亲亲相隐"方是"直"的体现。因此，伍子胥的"说谎"并不必然与"直行"相左。之所以说伍子胥所行不"直"，是因为他的所作所为有悖于"善"。从伦理意义上看，孔子所主张的"直"表现为"知善"与"行善"的统一，关键不在于方法，而在于目的。[32]伍子胥的不善是显而易见的：对吴王僚和庆忌的两次刺杀都出自伍子胥的谋划，而刺杀自然难以被誉为"直行"。如果"直行以为国"并非事实，那么"正言以忠君"也就值得怀疑。在此之前，伍子胥已经将儿子留在了齐国，这当然不是"忠君"之举。子贡明知伍子胥将儿子置于齐国，却依然夸赞他的忠诚，这当然不是由于子贡被伍子胥所"欺骗"，而是因为子贡对伍子胥"不忠"的行为故意视而不见。

正如史怀梅（Naomi Standen）所示，作为传统中国文化中影响巨大的一项道德准则，"忠"与身份认同息息相关。[33]换言之，"忠"并非是一种普遍存在的道德，有"臣"这一身份，方有"忠"的存在。"臣"可谓是"忠"的载体。太宰嚭一直作为伍子胥的反面，被文种等人称为奸臣，但即使奸佞如太宰嚭，也从未将自己的财产和家人转移到他国。伍子胥的这一举动已经彻底解构了其吴国之臣的身份，既然伍子胥并未将自己视为吴国之臣，那么他也就无所谓"忠"。事实上，子贡怂恿夫差伐齐，正是有意识地激化夫差和伍子胥之间的矛盾，也是对伍子胥忠诚与否的考验。如果伍子胥同意伐齐，那么他的儿子就可能性命不保；如果伍子胥反对伐齐，那么他不但会进一步被夫差冷落，而且其"忠臣"之名也就名不副实。因此，子贡对伍子胥的评价，恰恰是"明褒暗贬"。子贡并没有被伍子胥所做的一切所"欺骗"。

在赵晔笔下，另一个指出伍子胥忠臣身份的是一个存在感并不强的角色，"太子友知子胥忠而不用，太宰嚭佞而专政"。这让读者再一次对伍子胥的形象产生疑问。太子友是夫差的太子，在之前各种争论中太子友从未出现过，在伍子胥死后，太子友登场，开始进谏，劝夫差提防越国，不要再次伐齐。看似太子友是在学习伍子胥，但实际上他完全改变了伍子胥的劝谏方式。太子友知道伍子胥的说话方式不可取，因而"以讽谏激于王"。所谓的"讽谏"体现了《诗经》中"风"的传统。[34]与伍子胥声嘶力竭的直谏不同，太子友的讽谏采用了典型的比兴手法。他故意清早手持弹弓从花园而来，让夫差感到诧异，忍不住问他发生了什么。太子友于是借机讲述了适才花园中"螳螂捕蝉，黄雀在后"的故事，以此来暗示夫差在伐齐之时要考虑到越国在背后虎视眈眈。太子友的进谏方式与包括《韩诗外传》在内的传统说理模式非常相似：用故事来间接地表达自己的观点——这也是我们在第一章所讨论过的。如果太子友真的认可伍子胥的进谏方式，那么他大可直谏；但是他显然知道伍子胥的方式并不可取，因而才作了相应的调整。由此可见，太子友对伍子胥的评价也是复杂的。他一方面为伍子胥之死而惋惜，另一方面也通过自己的行为间接否定了伍子胥的为臣之道。也许在称赞伍子胥"忠"的同时，太子友更多地只是想强调自己对吴国现状的担忧。

由上可见，《吴越春秋》中和伍子胥同时代的人物并没有完全认可伍子胥。他们虽然把伍子胥称为"忠臣"，但是他们之所以这么做，并不是因为"不知"伍子胥的种种行径，而是因为各自怀着不同的目的。或者说，他们对伍子胥的"赞誉"本身就是一种"谎言"，会使得读者轻易地相信他们的"判断"，接受伍子胥的忠臣身份。就《吴越春秋》来说，"谎"和"知"之间的关系至少包含了三个不同层次的交流。第一层次是在伍子胥、勾践、夫差等角色之间的交流，书中的角色有的"说谎"而有的成为了"说谎"对象，他们之间的"知"决定了各自的命运；第二层则是这些角色和读者之间的交流，读者可以识破他们的"谎言"，也可能对他们的"谎言""不知"，读者会根据自己的理解给予他们相应的评价；第三层则是赵晔和读者之间的交流，读者通过发掘并思考赵晔笔下的细节，管窥赵晔对历史人物的评价，从而形成自己的判断。

就第一个层次而言，"谎"和"知"是一种体验或是经历。《吴越春秋》中的角色真真正正地在"谎"与"知"之间展开了进攻与防御，这是他们真实的人生体验。对他们来说，在评价和审视自己所面对或听说的人物时，带有极强的"当下性"，这是因为一方面他们所评价的人物对他们所面对的局面、所需要解决的问题或是所处的境地有着直接的影响；而另一方面，他们对这些人物的评价也将对所面对的局面、所需要解决的问题或是所处的境地产生直接的影响。前一个原因使得他们通常在无法及时消化所有当下信息的情况下就作出判断；而后一个原因则使得他们所作的判断在相当程度上出于当时的需要。以伍子胥为例，由于文种和伍子胥感同身受，又要为越国伐吴找到合理的理由，自然就会对伍子胥加以格外的肯定。事实上，在勾践为奴之时，文种和范蠡并未如此夸赞伍子胥的"忠"，而范蠡在回忆起这一段经历时明确说"蠡所以不死者，诚恐谗于太宰嚭，成伍子胥之事"，换言之，当时一心想要安全回到越国的范蠡把伍子胥视为复仇之路上的绊脚石。

就第二层来说，"谎"和"知"是一种基于读者视域的评价。读者总是自以为站在高处俯视着历史人物们——因为读者了解他们所要经历的前因后果，甚至于对后世的影响。就伍子胥来说，从逃离吴国到复仇成功再到最后被夫差赐死，前后数十年，同时代的人物看到的也许只是其中几年的伍子胥，因而作出的评价也就难以全面；对于读者来说，几十年也不过是历史长河中的一瞬，评价的视角也就自然不同。以伍子胥为例，他的的确确想要通过"谎言"复仇而获得世人的肯定，即使在临死前也不忘被后世铭记。他说："自我死后，后世必以我为忠。"伍子胥所说的"后世"也自然包括我们。这不仅意味着伍子胥期望自己被后世夸赞，而且更重要的是，他默认自己会成为历史的一部分，与后人产生互动。在抱着这一目的的情况下，他的"说谎"对象就不仅是他当下的敌人，还包括了后人。为了让后世之人崇敬他（们）的言行，伍子胥以及其他"说谎者"们也完全可能有意识地隐藏自己的真实想法。那么，后世的读者在完全洞悉伍子胥"谎言"的情况下，又如何会被他"欺骗"呢？伍子胥最后惨死，有的读者自然对他产生同情，会无视他之前的某些行为，用昏君、忠臣的两分角度来评价伍子胥，就会扬伍子胥而抑夫差。然而，如果说这些人物可以通过自己的"谎言"来操纵他们的"说谎"对象，那么他们并无法彻底操控后世的读者们。只要我们全面地考量他们的言行，就可能会得出不同的评价。

在最后一个层次中，"谎"和"知"可以被视为一种交流。这是叙述者和读者之间的交流。在历史叙述中，历史人物所有的言行都出自叙述者之手，叙述者对细节的描述以及对各种信息的详略处理，都有着自己的考量。一方面，在这样的交流之中，看起来是叙述者占据着主动，因为所有的交流都基于他的文字，而他可以利用自己的叙述来引导读者。从另一方面来说，读者同样具有主动性，因为读者所面对的不仅仅是一位叙述者的文本，对于同样的历史事件，不同的叙述者有着各自的讲述，读者完全不需要局限于某位叙述者的文本，而是可以在众多的文本中进行比较，从而作出自己的判断。同时，读者也可以根据叙述者的文本，在其留下的草蛇灰线中找寻自己所感兴趣的信息，以此展开自己的解读，为其笔下的人物作出自己的评价。因此，这样的交流也是一种双向互动的交流。在这种交流中，读者需要看破叙述者的"谎言"——也就是隐晦的笔法——方能对人物作出合理的评价。尽管我们对吴越争霸的了解依赖于赵晔的叙述,然而我们也依然具有与赵晔交流的自主空间。

因此,我们并不试图评价历史中的"伍子胥",评价伍子胥意味着考察所有古籍中所记载的伍子胥形象[35];我们试图评价的是《吴越春秋》中的伍子胥,思考的是赵晔如此描写的背后所传达的他对伍子胥的看法。当我们认为《吴越春秋》中的伍子胥是一个忠臣时,我们有可能不但"不知"伍子胥,而且"不知"赵晔。就好像市人们无法看穿伍子胥的伪装一样,后世的读者也同样有可能无法看清伍子胥;而之所以看不清楚,则是因为赵晔给我们留下了不少的"烟幕"。

赵晔给我们的"谎言"主要有两处,让人觉得他对伍子胥抱有赞美。一处是越国大军最后全力进攻吴国时,"望吴南城,见伍子胥头巨若车轮,目若耀电,须发四张,射于十里。越军大惧"。文种和范蠡赶紧向伍子胥跪拜,结果伍子胥托梦给文种、范蠡说曰:"吾知越之必入吴矣,故求置吾头于南门,以观汝之破吴也,惟欲以穷夫差。定汝入我之国,吾心又不忍,故为风雨,以还汝军。然越之伐吴,自是天也,吾安能止哉? 越如欲入,更从东门。我当为汝开道贯城,以通汝路。"于是次日越军改变路线,最后顺利攻破吴国。

这一幕的转折清楚却出人意料。最初挂在吴国南门外伍子胥的脑袋似乎是在保护吴国,居然吓退了气势汹汹的越军。然而,伍子胥对文种和范蠡说的这番话却让他的面目又变得模糊:他虽然对吴国还有感情,但却愿意帮助越国灭吴,而之所以乐于看到越国灭吴，不过是想"穷夫差"而已。换言之，他对夫差的仇恨远远超过了对吴国的感情。伍子胥这种与夫差赌气的心态多少有些儿戏，出乎人的意料。赵晔用充满了神话色彩的叙述向我们提出了一个问题：如果我们把伍子胥视为忠臣，他是"谁"的忠臣？夫差的忠臣吗，吴国的忠臣吗？

赵晔给我们展示的另一幕也同样充满了神话色彩。在文种被勾践赐死后的第七年，伍子胥"从海上穿山胁而持种去，与之俱浮于海"。伍子胥和文种各自被君王赐死，自然有"道不行"之感，而"道不行"时"浮于海"，则是孔子的理想。因此，这样的结局似乎意味着赵晔为伍子胥和文种的"美名"盖棺定论了。但是，赵晔的叙述依然给我们留下了思考的空间。在吴国和伍子胥抗衡的是太宰嚭，而在越国和文种齐名的则是范蠡。如果说太宰嚭被很多人斥为奸佞，那么范蠡则是贤臣的典范。他不但功劳与文种不相上下，而且懂得全身而退。重要的是，他的全身而退保全的不仅是自己的性命，更是越王勾践的声名。范蠡的隐退避免了勾践赐死范蠡而背上恶名。那么，作为臣子，文种和范蠡究竟谁更优秀呢？最终伍子胥和文种联袂浮于海，到底是不是对伍子胥的最高褒扬？如果伍子胥和文种能够像范蠡一样全身而退，那是不是一种更好的结局？

五、是否昏君：夫差的两种死法

如果说伍子胥自我塑造的"忠臣"形象可能使读者"不知"他的自我欺骗，从而将《吴越春秋》中的伍子胥视为忠臣的代表，那么他的这一形象还导致了夫差昏君形象的流行。如前所述，忠臣的出现总是与昏君的存在联系在一起。在很多人的眼中，夫差似乎总是与好色误事、好大喜功、好听谗言联系在一起，是昏君的典型，而不愿听从伍子胥的"忠谏"可谓是夫差昏庸的又一大铁证。

这一偏见在很大程度上来自赵晔有意识的"误导"。在现存的《吴越春秋》中，他完全没有提及夫差打败勾践为父亲阖闾报仇的经过。在《夫差内传》一出场，夫差就面临着伐齐而复伐齐的局面。伐齐历来是夫差好大喜功的证明，也是吴国亏空国力，让越国趁虚而入的原因。在《勾践入臣外传》中，夫差一出场面对的就是来吴国为奴的勾践，从此之后他一步一步地相信勾践的"谎言"，昏君的形象也就越来越"巩固"。因此，赵晔笔下的夫差并没有明显的前后对比，读者们看到的似乎是一个从一开始就在走向灭亡的夫差。

这样的"忽略"究竟出自赵晔的本意，还是由于两千年来文本流传的散佚，我们已经没有准确的答案。可以确定的是，现存的《吴越春秋》在忽略夫差为父复仇的精彩画面的同时，隐藏的也有勾践曾经的失败。赵晔给了我们两条方向单一的轨迹：夫差的发展轨迹是从上到下，而勾践的则是触底反弹。两条轨迹是以严格的反比呈现在我们面前的。因此，如何评价夫差，和如何评价勾践是不可分的。

作为对手，夫差和勾践有着截然对立的不同之处：比如夫差好色而勾践自律，夫差生活奢靡而勾践朴素节俭，夫差讲究仁义而勾践心狠手辣……不过要说到最大的不同，则当属夫差不会"说谎"而勾践是个中高手。赵晔的叙述特点在于不作"非此即彼"的两分，如果我们习惯性地将夫差和伍子胥分别视为昏君和忠臣，否定前者的一切行为而赞扬后者的一切举动，那么就会无法领会赵晔叙述的委婉之处。可是，夫差和勾践的对比却分明呈现出突兀的两分：一方刚好是另一方的反面。于是，读者忍不住会想，如果把这两个看似拼得你死我活的敌人合在一起，岂不刚好是一个"完整"的人：一个充满了欲望又懂得克制的人，一个手腕强硬想追求仁义之名的人，一个无时无刻不在"说谎"却又试图保持诚信的人……抱着这样的视角去看夫差和勾践之间的斗争，最终打败夫差的与其说是勾践，不如说是夫差自己。

正是在这个意义上，我们不妨将《吴越春秋》中的夫差与勾践合二为一来看。我们已经反复借用过心理学家荣格的理论，他认为一个人的人格是由意识和潜意识组成的。占据个人意识主导部分的"自我"经常被误认为是一个人的全部，而潜意识组成的"影子"尽管被自我所压制，但却是真实的存在，又会对自我产生影响。我们可以把夫差看成是"自我"，那么勾践就是他的"影子"；反之亦然。一方面，夫差希望自己是一个仁义的君王；而另一方面，他的潜意识可能知道要强大就必须要"说谎"，因此他竭力否定或者说完全无视"说谎"的潜意识。同样，勾践希望自己是一个强大的君王，而与此同时他也希望人们称颂自己的德行，当两者出现冲突时他会选择不择手段地用"说谎"来追求"强大"。

更重要的是，自我和影子的关系并不只限于个人，社会群体一样具有着"集体潜意识"，而集体潜意识则是相对固定不变的。[36]越国的百姓希望有一个强大的君王带领他们复仇，但是也希望自己的君王是仁义的；同样，吴国的百姓希望自己的君王在推崇仁义的同时，也能捍卫吴国的霸主地位。但是，在现实中要同时做到却是如此得困难。那么，在复仇的重要性压倒一切时，大家就会无视"信"；而在仁义成为最高准则时，也会由于扼杀那个逐"利"的"影子"从而导致了吴国的衰落。夫差和勾践各自在不同的时期都取得了显赫的政绩，但也均非完美的君王。《吴越春秋》暗示我们，把夫差和勾践的优点合在一起，才可能会出现一个春秋时代的"理想"君王。

在《吴越春秋》中，夫差之死有两种不同的经过，这两种不同的"死法"让人真切体会到夫差和勾践的相反相通。在这两种"夫差之死"中，夫差和勾践均有不同的表现。在《夫差内传》中，越王勾践于夫差二十三年十月破吴屠城，吴王夫差率领群臣逃至山中，又饥又渴，只能"顾得生稻而食之，伏地而饮水"。夫差问左右他们吃的是什么，回答说是生稻。夫差想到了公孙圣曾预言说"不得火食"。接着他们又吃了"生瓜"，这是一种过路之人都不吃的瓜，它让吴王想到伍子胥曾预言的"且食者"。夫差的反思之心就这样慢慢呈现在我们面前。夫差的反思表明他并非是执迷不悟的昏君，身处绝境而反思，多年前的勾践不也正是如此吗？

不久文种和范蠡带着越兵包围了吴王一行。吴王用箭将书信射至越军之中，提醒文种、范蠡"狡兔以死，良犬就烹"，婉转地请求对方撤兵。夫差所言实则预判了文种的结局，但是文种丝毫不为所动，回信怒斥了夫差的过错，并向越王进谏，督促他结果吴王的性命——此时范蠡微妙地并未有任何表示。越王问文种应该怎么做，文种说："君被五胜之衣，带步光之剑，仗屈卢之矛，瞋目大言以执之。"越王于是照着文种的建议令吴王自杀。然而，"吴王不自杀"。

越王于是再次对夫差说："何王之忍辱厚耻也？世无万岁之君，死生一也。今子尚有遗荣，何必使吾师众加刃于王？"但是吴王依然不肯自杀，对夫差来说，性命比所谓的"遗荣"更加重要——这让我们想到了当年的勾践，而夫差显然也想到了当初的勾践，如果能留下一条性命，那么就算没有尊严又怎样？

不知所措的勾践问文种和范蠡说："二子何不诛之？"文种和范蠡表示自己身为人臣不敢诛杀君王——这也让我们想起了鞭打楚王尸体合谋刺杀吴王僚的"人臣"伍子胥。于是越王只好再次斥责夫差，知道毫无生机的吴王才叹息着伏剑而死。临死前吴王对左右说："吾生既惭，死亦愧矣。"他特意指出自己死后无颜面对"忠臣伍子胥"。这标志着临死前的夫差对自己的反省非常彻底。当他称伍子胥为忠臣时，潜台词把自己视作了"暴君"或是"昏君"。一个敢于承认自己昏庸残暴的君王，是充满了潜力的。夫差觉得无言面对伍子胥，意味着他应该听从伍子胥的建议，这也就意味着他抛弃了自欺，意识到从实际出发决定策略的必要性。此时的夫差已经有了绝地反击的能力，与之前那个一心遵循仁义而听信勾践"谎言"的夫差有了鲜明的对比。

我们需要注意的是，伍子胥不仅在临死前对夫差满怀恨意，甚至在死后都不忘看夫差的笑话而托梦给文种、范蠡，告诉他们如何灭吴。这表明伍子胥完全没有任何的自省，自始至终把自己的悲剧归咎于夫差一人。相反，夫差并没有因为自己的悲惨下场而怨天尤人，在临死前已然意识到了自己的错误。《论语·里仁》篇中孔子曾说"朝闻道，夕死可矣"，而此处的夫差的确闻道即死，按照孔子的标准，夫差在临死之前的反省无疑是值得后人肯定的。他不但认识到了自己曾经的错误，而且愿意不惜一切代价获得一雪前耻的机会，这难道不就是曾经的勾践之所为吗？此时的王者勾践不也曾犯下相似的错误，在卧薪尝胆之后才迎来今日的胜利吗？如果已然悔悟的夫差有同样的机会，谁又可以预言将来呢？因此，勾践明确地一次又一次催促夫差自杀，他不想给夫差任何的机会再现自己的复仇之路。这一个令勾践都感到害怕的夫差，我们还能给他戴上一顶昏君的帽子吗？

然而，在《勾践伐吴外传》中，吴王夫差面对战败的局面却有着不同的选择。吴王派王孙骆向越王求和，希望勾践看在过去的情面上网开一面，表明"今日之姑胥，曩日之会稽也"，若是勾践接受，那么"吴愿长为臣妾"。在读者看来，这是一个毫无逻辑可言的请求。已然接近复仇胜利的勾践怎么会喜欢听人再提起当年的耻辱？而勾践又怎么会相信吴王愿意"长为臣妾"——他完全知道自己当年愿意为奴的真正目的。夫差这样简单复制勾践当年"谎言"的请求必然会被勾践拒绝。出人意料的是，一向报仇心切的勾践竟然在这个关头开始仁慈之心泛滥，"不忍其言，将许之成"——这让我们看到当初面对勾践入吴为奴而于心不忍的夫差，可见自欺以仁并非是夫差的专利，而是每一个自以为成功的君王都可能出现的状况。

眼看勾践要答应夫差的请求放虎归山，范蠡赶紧劝阻，问勾践是否忘记了当年的困窘。勾践说自己想要听从范蠡的建议，但是实在不忍心拒绝夫差的使者。于是，范蠡鸣鼓进兵，催促使者离去。看着吴国使者涕泣横流的样子，勾践的同情心再一次泛滥，让使者转告夫差说愿意将他安置在甬东，给夫差三百余家保障他的生活。可是，听到勾践安排的夫差再一次让读者大跌眼镜：他居然拒绝了能够保住性命的机会，表明自己拒绝向勾践称臣，在慷慨激昂地说出"孤老矣，不能臣王"之后，选择了伏剑而死。

在这一幕中，夫差和勾践都与前一幕有不同的表现。夫差没有展现出前一幕中的变化，他向勾践提出的请求毫无说服力，最后也失去了应有的求生欲，拒绝了勾践已然非常慷慨的提议。这表明夫差经受不了挫折，也没有从吴越争霸中学到经验和教训。反观勾践，也同样显得异常软弱，居然反复不忍心面对吴国的使者，最后更是主动放夫差一条生路。勾践完全忘记了自己的复仇之心，也忘记了自己曾经遭受的耻辱，变成了一个像夫差那样"仁义"的君王。两人都没有从多年的吴越争霸中汲取教训。相反，前一幕中的夫差则在临死前作了彻底的反思，并且为了获得求生的机会而一再拒绝自杀；勾践则一再逼迫夫差自尽，表现出坚定的复仇之心。吴越争霸对他们来说，都是弥足珍贵的一课。

既然有两个版本的夫差之死，读者自然会认为它们都不是夫差之死的"真相"，而是"虚构"的结局。这也是赵晔给读者留下的"谎言"，它使读者和赵晔之间的交流充满了张力与可能。也许有的读者会忽视其中的细节，只关注勾践的胜利与夫差的灭亡；而有的读者则会从中作出多样性的解读。夫差究竟是不是一个昏君？赵晔虽然没有给出直接的答案，但是他的叙述让人可以有多重的答案。在第一种叙述中，夫差能在最后的关头作彻底的反思，不但认识到伍子胥的正确之处，还向对手勾践学习，愿意不惜受辱而争取生存的机会。此时的夫差显然与之前的夫差相比有了根本性的转变。即使他曾经无法看穿勾践的"谎言"，作出愚蠢的决定，但此刻的夫差却已不再"昏"。他清楚地看到了自己曾经的自欺，也领会了勾践曾经的"谎言"，并且表示愿意臣服——做一个像勾践那样的"说谎者"。

　　然而，在第二种叙述中，不但夫差没有作出转变，甚至连接近胜利复仇的勾践都开始变得心慈手软。在这一幕中，夫差可谓至死依然是一位昏君，而勾践也同样暴露出成为昏君的潜在可能性——当他开始以仁义为怀准备给夫差生机之时，就意味着他复制了当初夫差战胜勾践时的选择。很显然，赵晔并不想对夫差或勾践作出任何直接的历史评价，而是让读者自己在夫差选择结局的前提下作出自己的判断。这便是"虚构性"叙述的力量所在。它不再像《春秋》那样看似隐晦地对历史人物作出叙述者自己的评价，而是彻底将自己的态度隐藏在文字之中。同时，两种夫差之死表明赵晔的叙述并非是为了求"真"，而是为了寻求我们与历史人物——以及我们与"他"之间交流的可能性。既然夫差之死可以有两种截然不同的过程，那么就完全有多种不同过程的可能性。每一种过程都体现了叙述者对吴越争霸意义的理解，以及对夫差的评价。相信夫差有改过自新能力的读者，会倾向于第一种叙述；被伍子胥的"忠"所感动而痛恨夫差的读者，会倾向于第二种叙述；而对夫差和伍子胥有着其他评价的读者，则可能会有自己的想象和判断。赵晔笔下两种夫差之死生动地让我们感受到历史评价与历史叙述的紧密结合。

在这一场赵晔与我们的对话中，赵晔给予读者自己做主动选择的权利：喜欢、相信或认同哪一种"夫差之死"。这是一种非常现代化的叙述手法。读者的选择就如同在有着两扇门的迷宫中打开其中的一扇门，接下来就会相应地走上不同的路径，从而与赵晔的交流也会不尽相同。但是，读者的选择也并非全然主动。我们的选择在相当程度上取决于赵晔先前的叙述，是他的叙述一步一步形成了我们对夫差、伍子胥以及吴越争霸过程中所有人物的看法，从而引导我们在吴越争霸大幕落下之际，对"夫差之死"作出自己的选择。这一选择首先体现了我们对夫差和勾践的"知"，我们对夫差和勾践的历史评价；同时也体现了我们对赵晔的"知"，我们对其虚构的内容所具有的反应和理解。

赵晔毫不隐讳自己叙述中的虚构性，并且不愿意通过叙述阐述自己对善恶的褒贬，这样的态度与司马迁"欲以究天人之际，通古今之变，成一家之言"的雄心有着本质的区别。赵晔在《吴越春秋》中的"虚构"可谓是现代意义上的小说的滥觞。郝敬曾指出秦汉之间是中国小说兴起的时代[37]，不过他是用中国古代"小说"一词的内涵来定义当时的小说的——当时"小说"一词强调的是"小道"[38]，似乎总是难登大雅之堂。事实上，今天我们在说《吴越春秋》是小说时，更多的是从现代小说的定义出发的，强调的是"虚构性"，并且在虚构的基础上用与生活相一致的叙述方式，展现人与世界的矛盾与对立。[39]所谓与生活一致，指的是生活本身就充满了多种的可能性，无法用非善即恶的原则来评价每一个人。这正是《吴越春秋》和其他当时史传相比的显著特点。虽然秦汉小说最初与史学一脉同生[40]，但是《吴越春秋》显然无意通过叙述来构建一个统一的评价体系或论述固定的道德准则。用罗蒂的话来说，文学的一大特点就在于"放弃论证"[41]。但是，这样的放弃恰恰是以退为进。赵晔通过对同一历史事件作多角度的描述，让他的叙述更加贴近读者生活中所可能遇到的道德困境，从而可以让大家从自己的视角来审视其叙述背后所蕴含的思想，不仅"知"《吴越春秋》中的人物，还更好地"知"自己。为了达到这个效果，赵晔不但没有给我们任何明确的答案，反而向我们提出了诸多的问题：言和意之间究竟关系如何？天人之间的关系如何？我们应该如何审视人与人之间的关系？人性究竟是善还是恶？

不难发现，这些问题正是从两汉到魏晋的思想家们所关注的话题。因此，赵晔的虚构性叙述不仅仅是汉代小说的滥觞，还是对儒家思想的独特阐释。在最后一章中，我们所要探讨的，正是《吴越春秋》中关于"谎言"的种种叙述，是如何成为赵晔哲学思想之载体的。

第六章

赵晔的"谎言"：藏思想于故事

一、《吴越春秋》：一种阐述思想的新模式

赵晔是否对我们说了一个"谎言"，把自己的思想装进了故事的外壳之中，将自己思想家的身份伪装起来，变成了一个故事的讲述者？换言之，我们究竟是否能将《吴越春秋》视为赵晔思想的载体，将其视为赵晔阐述儒家思想的特殊形式？

在《吴越春秋》临近结尾处，赵晔讲述了一个细节，委婉地表明了吴越争霸与孔子之间的关系——更严谨地说，是讲述了孔子对"吴越争霸"的态度。成功复仇后的越王诛杀了文种，称霸关东，广求贤士，"孔子闻之，从弟子奉先生雅琴礼乐奏于越"。越王"被唐夷之甲，带步光之剑，杖屈卢之矛"，隆重地迎接孔子。勾践问孔子有何指教，孔子说："丘能述五帝三王之道，故奏雅琴以献之大王。"越王叹气说："越性脆而愚，水行山处，以船为车，以楫为马，往若飘然，去则难从，悦兵敢死，越之常也。夫子何说而欲教之？"于是，孔子没有作答就辞别而去。

这看似是一段无关紧要的情节，却绝不是一段可有可无的

情节。如果说赵晔在整个吴越争霸的叙述过程中隐藏了自己的评价，那么在这一段情节中他隐藏得最为明显。在这一段情节中，勾践向大家展现了可能是《吴越春秋》中的最后一个"谎言"：在诛杀了贤士之后再广求贤士，他究竟是不是真的在"求贤士"？他对"贤"是否存在着误解？孔子显然看破了越王的"谎言"，知道他所谓的"求贤"不过是想寻找能够辅佐他扩张霸业之人而已，并不是想寻求以礼乐治国之人。当我们看到越王戎装与携礼乐而至的孔子相见时，就知道勾践根本不谙治国之王道，而只是一味施以霸道。孔子表示勾践应当遵循古代圣王之道，而越王的回答看似自谦而实则婉拒。他强调了越国的特性，指出"悦兵敢死"才是越国的特点，从而否定了孔子礼乐之道的可行性。孔子没有作答而去，自然是看到勾践与自己道不同，才决意不相为谋。

从汉武帝时期以降至魏晋，孔子一直被视为素王或是圣人[1]，我们有理由相信作为儒者的赵晔也同样把孔子作为道德的标杆，勾践尽管在吴越争霸中获得了胜利，却显然并非儒者眼中的真正成功者。若是按照这个逻辑，那么伍子胥的成功也就同样值得商榷——伍子胥在阖闾时期的成功也与礼乐无关。在吴越争霸临近尾声之际，孔子的出现可谓是对整个吴越争霸作了总结。他与勾践之间的对话则可以被视为对当下越王的隐晦批评。

因此，赵晔在叙述中并未完全隐藏自己的评判，孔子的态度应该就是他的态度。此时的孔子所褒贬的并不仅仅是越王勾践，而是整个吴越争霸中的各色人物。通过他对勾践的态度，我们可以相应地推测出他对其他人物的评价。正是在这个意义上，赵晔让孔子和其他人物交流的同时，也让孔子和读者进行了交流。当读者用孔子的视角来审视这些人物时，就自然地把儒家思想作为准则。于是，《吴越春秋》中人物的言行反过来成为思考儒家哲学的实例。

用历史叙述作为思想的载体，这并不是赵晔的创造。我们早就指出，五经之中，《春秋》和《尚书》都用历史来表达思想；而徐复观等不少学者也将司马迁视为汉代重要的思想家，《史记》则是其表达思想的文本[2]。诚然，从20世纪上半叶出现《中国哲学史》或是《中国思想史》以来，位列其中的绝大多数的哲学家或思想家都不是史家，这无疑是由于现代学科划分之弊。在中国文化的传统中，故事——过去的事，一直都是表达思想的重要形式，更是韩诗一派的特色[3]，而深受韩诗传统影响的赵晔用历史叙述来表达自己的思想是自然而然之举。

自冯友兰《中国哲学史》以来，大部分学者都把《春秋繁露》《淮南子》《法言》或是《论衡》这样的论述性文本作为研究汉代思想的主要来源，不可不谓是一种成见。这种成见完全以西方哲学的相关文献为参照物，忽视了中国思想表达方式的固有特点。在中国的传统中，《春秋》属于经，经是中国思想发轫的基点。用过去所发生的事情作为例证，以更好地表达自己的思想，这是《孟子》《韩非子》到《吕氏春秋》都沿用的传统。当《孟子》通过"揠苗助长"的故事来解释自己为何"四十而不动心"时，他的表达方式像是一个谜语，故事本身是一个谜面，思想则是谜底。同样，《韩非子》的"滥竽充数"和《吕氏春秋》的"刻舟求剑"也都可以被理解成谜语。正如我们在第一章所指出的那样,《论语》《诗经》《春秋》等典籍都大量采用近乎谜语的方式来传达思想,让读者自己找出答案。

这一传统在汉代得到了继承与发扬,《新语》《说苑》《韩诗外传》等现存的汉代文献也是故事加上观点的模式。与此同时,《淮南子》《太玄》《法言》《论衡》和《潜夫论》等则大量采用了论述的模式。相比较而言,论述性的表达方式是直接说出答案,完全抛弃了谜语的色彩,这样能够相对直观而系统地表达自己的思想,也容易为读者所理解。相反,司马迁开辟了另一个方向,主要用故事说话,不过依然通过"太史公曰"让读者知道他的基本态度;而赵晔则更进一步,只讲述谜面,而没有留下谜底。

这样的一种模式既可以视为传统"谜语"模式的发展,也可以看作对论述性模式流行的反动。在传统的谜语模式中,故事的讲述者还是会阐明自己的立场或观点,故事只不过是为了让自己的观点更容易被读者理解。而在赵晔的叙述中,他彻底隐藏了自己的观点,把解释的权利留给了读者。面对没有谜底的谜语,也许有的读者会感到茫然,于是只看到了赵晔叙述的文字本身,而没有试图揣摩叙述背后所寓含的思想。这一部分读者也许忽视了一个简单的问题:《吴越春秋》为何可以从汉代流传至今?这当然不是一个有确切答案的问题,但可以肯定的是,无论是赵晔创作的初衷还是后人流传的目的,都并非仅在于跌宕起伏的情节。晋代的干宝在《搜神记序》中明确把司马迁作为自己的参照对象。换言之,现代读者眼中的"志怪小说",在干宝心目中却是一种写"史"的方式,其目的和司马迁一样,是为了成一家之言。[4]如果我们接受两汉至魏晋的大部分所谓"小说"在其作者看来都是"史"⁵，那么这些"史"本身自然也或多或少想要"成一家之言"。正如梁启超所说："从前史家作史，大率别有一'超史的'目的，而借史事为其手段。"⁶任公所谓的史家理想，正是借助历史叙述而实现自身思想的传承与发扬。事实上，在最近的中国哲学史研究中，学者们的确已经把编撰了《新序》《说苑》《列女传》《战国策》的刘向及其子刘歆视为哲学家。⁷

那么，为何《吴越春秋》又可能是对当时流行的论述模式的反动呢？这就需要将它置于从两汉到魏晋的历史背景之中了。在汉代直接论述模式的著作中，以扬雄的《法言》最具代表性。他在序中就明确指出了自己之所以撰写书中十三篇的原因和主旨，例如，"天降生民，倥侗颛蒙，恣乎情性，聪明不开，训诸理，撰《学行》第一"，"孝莫大于宁亲，宁亲莫大于宁神，宁神莫大于四表之欢心，撰《孝至》第十三"。(《法言》序)在这样明确的阅读指引下，读者是在作者所制定的框架下展开阅读的。这是一种相对被动而单一层次的阅读。根据序言的指引，读者在阅读过程中只能与扬雄进行单向的交流。无论是同意还是反对，读者面对的都是扬雄的观点——明确的观点。事实上，连扬雄本人都对这种交流方式持保留态度。他说："学，行之，上也；言之，次也。"(《法言·学行》)既然对于"学"者来说最高的境界是"行"，那么在理想的状态下，他人也应该从其"行"中了解其所学。相对来说，"言"是第二层境界，别人从其"言"中获得的感悟不如"行"来得更为具体、丰富与真实。

那么，在哲学家讲述自己思想之时，又如何能够展现"行"呢？如果说"天"通过各种自然现象，"垂象"让世人明白天道，那么人之道则体现在世人的"行"之中。换言之，历史人物的境遇与选择就是"行"的多元体现。也许我们也可以把这样的"行"看作是人之"象"。我们通过了解前人的经历，真切地体会到他们的境界，在对他们褒贬的过程中，将他们的"行"转变成我们自己的经验，就这样前人的"象"也就成为了我们自身的内在组成部分，引导着我们在生活中的"行"。

当《说苑》等通过讲述前人之"行"表达思想时，也是有利有弊的。利当然是生动形象，容易让读者理解。弊则在于两点：一是不够凝练；二是难免重复。我们可以看到，《说苑》《韩诗外传》《新序》等沿用故事加观点的文献中，故事的重复率非常高。[8]当一个故事反复被使用之后，它对读者的吸引力和说服力就会大大下降。因此，扬雄或是其他汉代哲学家的直接论述似乎也是退而求其次的折中之举。当前人的"象"被大家熟知之后，就干脆直接用"言"来阐述自己的思想，以彰显自身观点的独特。

如果我们在这样的背景下去理解赵晔在《吴越春秋》中的表达方式，那么一切都显得顺理成章。很显然，赵晔继承了以史载理的传统，但是又作出了革新，在既有的历史故事已经被反复讲述的情况下，大量加入虚构元素，用全新的虚构细节来吸引读者。尽管这可以被视为小说的滥觞，但是用小说或是历史小说来称呼《吴越春秋》并不合适，因为赵晔并不知晓现代意义的小说，也不会认为它是现代意义的小说。因此，我们将其称为"虚构性历史叙述"。这样的叙述可以根据作者的需要，加入相应的情节，从而可以更为灵活地表达作者的思想。当然这并不意味着此前的历史叙述完全没有虚构的成分，《史记》中的虚构色彩也比比皆是，但是赵晔的虚构更为系统而详细，并且最重要的是，他将自己完全隐藏在文字的背后，没有作出任何直接的评价，把先秦以来的委婉和隐晦表达推向极致。

这种极致隐晦的模式与扬雄等人直接表述的模式形成了鲜明的对比，因而赵晔的"虚构性历史叙述"也可以被视为对直接表述模式的一种回应。西汉时的《淮南子》在《要略》中详细地说明了为何采用这样的表述模式：

> 夫作为书论者，所以纪纲道德，经纬人事，上考之天，下揆之地，中通诸理。虽未能抽引玄妙之中才，繁然足以观终始矣。总要举凡，而语不剖判纯朴，靡散大宗，惧为人之惽惽然弗能知也；知多为之辞，博为之说，又恐人之离本就末也。故言道而不言事，则无以与世浮沉；言事而不言道，则无以与化游息。

简单来说，思想家们写书时有一个困境：说得简洁担心别人不懂，说得详细又怕失去重点。这便是《淮南子》的作者（们）所面临的难题。他们找到的方法是既言道又言事，也就是夹叙夹议。和先秦的文献相比，《淮南子》中大大增加了"言道"的比例。东汉的王充在《论衡》中明确指出，他之所以采用《论衡》的直接表述模式，是为了照顾大多数人的阅读能力："冀俗人观书而自觉，故直露其文，集以俗言。"（《论衡·自纪篇》）"直露"二字形象地概括了《论衡》的特点，而赵晔的"隐晦"正与此完全相反。

如果说直露是为了照顾俗人，那么赵晔的"隐晦"则依然试图保持着《吴越春秋》的阅读门槛，甚至在彻底隐藏自己观点的情况下，提高了原有的门槛。一般认为小说在秦汉之际出现，走的是通俗化的路子，讲述的是街谈巷语[9]，但事实上从充满虚构情节的叙述中提炼出作者的思想并非易事。赵晔笔下的伍子胥和勾践擅长"说谎"和掩饰，而赵晔也同样精于此道——或者说，也许正是因为赵晔想要在叙述中隐藏自己的思想，才将"说谎"作为了吴越争霸的一条主线。当"俗人"仅仅把《吴越春秋》视作杂史、野史或是历史小说时，就好像吴国的市人把伍子胥视作乞丐一样，受到了其掩饰的"欺骗"。而如果我们能"知"赵晔的"说谎"，就可以发现他在《吴越春秋》中通过自己的叙述，以独特的方式对儒家思想进行了诠释。正如在最后孔子与勾践的见面中，我们看到了赵晔对多重问题的思考：孔子这样的"素王"究竟能否影响霸王？孔子为何没有向勾践直谏？在现实中，儒者究竟应该积极进谏还是独善其身？礼乐在现实中究竟有多大的实践可能？在《吴越春秋》中，赵晔的叙述回应了汉代思想中的诸多问题，并且涵盖了魏晋玄学中的热门话题，在一定程度上开启了魏晋思想的先河。尽管从现有的文献中无法明确证明其在两汉至魏晋思想发展中起到了承上启下的作用，但是《吴越春秋》作为汉代"小说"能够流传至今，本身就体现了它对后世思想的影响。在这一章里，我们的目的就是要揭下赵晔伪装的面纱，让他露出思想家的真面目。

在前几章的讨论中，我们已经涉及了《吴越春秋》中所阐述的一些哲学问题，接下来我们将要讨论的几个话题，是从两汉到魏晋的思想家们都关注的焦点：天与人之间的关系、言与意之间的关系、人与人之间的关系以及对人性的探讨。《吴越春秋》中对这些话题的探讨表明赵晔有意识地将自己的哲学思考寓于"虚构性历史叙述"之中，而对《吴越春秋》中这些话题的探讨，则可以帮助我们更好地理解从汉代到魏晋的思想发展脉络。

二、天与人：天是权威还是幌子

尽管我们认为伍子胥和勾践之所以能够雪耻，在很大程度上源于他们"说谎"的力量，但是他们却都认为自己的成功另有原因。有一种神秘的力量在操纵着他们的命运，那就是天。伍子胥在逃亡之时说"性命属天"，而勾践也反复强调越国灭吴乃是上天所赐。他们的一切都是"天"所决定的。

将自己的成就归功于天，这究竟是一种自谦还是一种自是，或者说既是自谦又是自是？之所以说是自谦，是因为这样的态度否定了自身努力的重要性；说是自是，是因为这样的宣言捍卫了自己所做一切的合理性。抑或，这是通过自谦而自是。

对这个问题的理解影响到对天人关系的解读：天究竟是人的决定者，还是人的工具？众所周知，汉代思想中最热门的话题之一就是对天人关系的探讨[10]，其中最重要的当属董仲舒的观点。他认为天是人的曾祖父，人的一切都与天数相符合："人有三百六十节，偶天之数也；形体骨肉，偶地之厚也；上有耳目聪明，日月之象也；体有空窍理脉，川谷之象也；心有哀乐喜怒，神气之类也。"（《春秋繁露·人副天数》）按照这种逻辑，天显然是人的决定者，它不但决定了人的生理，而且制定了人类社会的秩序与道德，对符合天意之人会进行褒奖，而对违反天意之人则施以惩罚。这也是大家通常对汉代天人观的理解。[11]

《吴越春秋》在一定程度上沿袭了这种天人观，不仅人符合天数，连国都也应如此；但是与此同时，赵晔又不断地通过细节，让人对天的权威性产生质疑。当吴王阖闾成功篡位后，要求伍子胥为他建城，伍子胥于是"使相土尝水，象天法地，造筑大城"——都城的建造也要模仿天地，这样才能使国家兴盛。无独有偶，当勾践结束在吴国为奴的生活返回越国后，授命范蠡建城，范蠡也同样根据天文，"西北立龙飞翼之楼，以象天门。东南伏漏石窦，以象地户"。然而，有趣的是"外郭筑城而缺西北，示服事吴也，不敢壅塞。内以取吴，故缺西北，而吴不知也"。在模仿天地而建城池的同时，范蠡居然还能够由此而"欺骗"吴国：城池外表看起来像是对吴国表示臣服，而实际上却是为了日后能够拿下吴国。如果将这样的建筑设计归于对天地的模仿，那么范蠡无疑是在借用"天"之名使越国对吴国的"欺骗"合理化。

对天的这种双面态度也同样体现在伍子胥的身上：一方面充满对天的敬畏，另一方面则在天的名义下为所欲为。当阖闾与伍子胥谋划刺杀吴王僚之子庆忌时，伍子胥说："臣不忠无行，而与大王图王僚于私室之中，今复欲讨其子，恐非皇天之意。"看起来伍子胥似乎自觉地将上天的意志作为自己行为的准则，但是阖闾对何谓"皇天之意"提出了质疑："昔武王讨纣，而后杀武庚，周人无怨色。今若斯议，何乃天乎？"阖闾用武王作为参照物来证明自己杀庆忌乃合理之举——既然武王讨伐自己的君王符合上天之意，那么刺杀庆忌也一样合理。在这番对话中，伍子胥暗示上天反对以下犯上，反对斩草除根；而阖闾则同样用天反驳了伍子胥的顾虑，认为自己所做的一切都符合天意。有趣的是，阖闾看似强词夺理的反驳在逻辑上符合董仲舒的"人副天数"理论——既然天的一切都体现在人身上，而人的一切都源于天，那么他想要刺杀庆忌的念头岂不也是来自天？

这样的逻辑当然存在着相当的危险性。天一旦可能成为作恶的幌子，那么社会道德就将面临着巨大的挑战。诚然，董仲舒论证天人感应的主要目的是鼓励君王行仁政、兴教化，从而得到天的奖赏，反之就会受到天的惩罚[12]。但是他的理论中的确存在着一个问题：如果上天是完美的，而人是天所创造的，那么上天所创造的人之中为何会出现恶人？在《春秋繁露·为人者天》中，董仲舒说：

> 为生不能为人，为人者天也，人之人本于天，天亦人之曾祖父也，此人之所以乃上类天也。人之形体，化天数而成；人之血气，化天志而仁；人之德行，化天理而义；人之好恶，化天之暖清；人之喜怒，化天之寒暑；人之受命，化天之四时；人生有喜怒哀乐之答，春秋冬夏之类也。

如果说天有春夏秋冬而人有喜怒哀乐，那么阖闾的贪婪和残忍又是效仿了天的哪一个方面？如果阖闾所做的一切违背了上天的意志，那么他又为何能够称霸？上天对他的惩罚又体现在哪里？我们可以清楚地看到阖闾对天的解释过于牵强，但是赵晔并没有表明他的态度：无论是他自己对天的理解，还是他对阖闾所言的态度。他只是通过自己的虚构性叙述，再一次让我们对天的角色产生疑问。

夫差显然从父亲阖闾那里继承了对天的态度，把自己伐齐获胜归因于天。他在凯旋后对伍子胥说："……赖天降哀，齐师受服。寡人岂敢自归其功，乃前王之遗德，神灵之祐福也。"这看上去保持了对天的尊敬和谦卑，同时又推卸了自己的责任——伐齐所造成的一切负面影响都是上天的意志。然而，事实上归功于天并不会影响他的功绩。夫差曾经自负地说："吾天之所生，神之所使。"换言之，他是天的代言人，天的功绩也就是他的功绩。最重要的是，归功于天让夫差有理由完全否定臣子们的功劳。他对居功自傲的伍子胥反问说："若子于吴则何力焉？"伍子胥曾经靠天的庇佑成功复仇，为自己所做过的一切杀戮找到了最佳借口，而现在夫差以同样的理由抛弃了伍子胥。既然吴国的一切成绩都拜天所赐，伍子胥的存在也就不再重要。

获得胜利时归功于天可以否定大臣的贡献，而遭遇失败时归咎于天则可以为自己的错误作辩解。在第二种版本的夫差之死中，临死前夫差说："天降祸于吴国，不在前后，正孤之身，失灭宗庙社稷者。"言下之意，吴国之所以在自己手里灭亡，是因为上天恰好在自己在位时降祸，而不是由于自己的错误。

同样，勾践和他的大臣们也把越国灭吴视为天意："会稽之事，天以越赐吴，吴不取。今天以吴赐越，越可逆命乎？"勾践分明是依靠自己的"说谎"和夫差的自欺，才能在忍辱负重多年的情况下回到越国，而他把这一切都归结为夫差违逆天意，"天予不取"。在伐吴的准备过程中，越国也利用"说谎"，向吴国借粮，还的却是熟米，让吴国百姓陷入饥荒；而在伐吴之时，越国大军更是屠戮吴国百姓，而勾践则用天掩盖了对吴国百姓的残忍之举。

尽管阖闾、夫差父子和勾践是敌人，但是他们对天的态度却非常一致：看起来对天保持着崇敬，但实际上天对他们来说更像是一种工具，用来辩解或掩盖他们的行为，使他们个人的利益最大化。在他们的映衬之下，公孙圣对天的敬畏就显得有些偏执而可笑了。在知道夫差让他解梦后，公孙圣选择了直言求死，因为他相信"命属上天，不得逃亡"。修道多年的公孙圣认为自己无法摆脱上天的安排，于是天成为了公孙圣结束自己生命的直接原因。上天并没有像董仲舒说的那样，因为公孙圣的忠诚而奖赏他。

因此，赵晔通过"虚构性历史叙述"，对董仲舒的天人观提出了质疑。他并非要肯定阖闾、夫差和勾践等人对天的态度，而是通过对他们的描写，质疑天人感应理论是否能够在现实中得以实践。我们知道，同样生活于东汉的王充在《论衡》中对董仲舒的天人观作出了直接批评。在王充看来，天是客观存在的自然物，天体运行、天象变化有其客观规律性，地震或是洪水的出现与人是否顺从天意并无关系。[13]王充将天理解成现代意义上的自然，也是为了解决前文所说的逻辑难题：如果天有善恶的意识，那么为何会允许恶人的存在？尽管赵晔没有直接提出这样的疑问，但是当阖闾等人反复提及天时，却会让人想到《论语·阳货》中孔子的名言："天何言哉？四时行焉，百物生焉，天何言哉？"天本身并不会说任何话。在《吴越春秋》中，所有关于上天意志的话，都是不同的人在不同的场合出于不同的目的说的，天的意志其实不过是人的意志。

按照这个逻辑，天虽然孕育了万物，但是本身没有道德指向。换言之，作为万物根本的天，并"无"任何具体的倾向。于是，我们发现赵晔隐藏于其叙述中的思想，居然与魏晋玄学有着渊源：一方面，天人之间天为本，人为末；而另一方面，天人之间之间天"无"言，而人有言。魏晋玄学中重要的本末和有无的观念正寓含于其中。

《世说新语·文学》中有一个著名的故事，何晏作了《老子》注，去找王弼切磋，发现王弼的注解精奇，于是拜服说："若斯人，可与论天人之际矣！"对于这则故事的解读有很多，在此我们关心的是，何晏认为"天人之际"是一个高难度的话题，只有王弼才能成为他的对话者。由此天人关系在魏晋玄学中的地位可见一斑。王弼把天人关系视作本末关系。他说："天下之物，皆以有为生，有之所始，以无为本。"[14] 既然在这里"末"指的是天下之物，那么孕育万物之"本"显然就是天。顾名思义，"以无为本"的要点在于天在孕育万物时是自然无为的，即所谓"天地任自然，无为无造，万物自相治理，故不仁也"[15]。这样的观点很好地解释了为何在上天的名义之下，会出现种种的"恶"。上天任由勾践与阖闾、夫差父子争斗，让他们在相互的冲突中找到相处的模式，而天自身则不会参与其中。与此同时，因为天并没有具体明确的准则，所以天下的万物都处于不断的变化之中，这也可以解释伍子胥在复仇前后的截然不同。此外，勾践临死之前对太子兴夷所说的遗言也表明他相信越国的霸主地位不会永远存在。他说："夫霸者之后，难以久立。"尽管勾践是为了告诫太子谨慎为政，但亲自从"穷越"变成霸主的勾践非常清楚诸侯国的地位是在不断变化的。在《吴越春秋》的最后，赵晔一反生动的虚构叙述，用看似毫无情感的简洁叙述告诉我们吴越争霸的结局：

> 兴夷即位，一年，卒，子翁。翁卒，子不扬。不扬卒，子无强。强卒，子玉。玉卒，子尊。尊卒，子亲。自勾践至于亲，其历八主，皆称霸，积年二百二十四年，亲众皆失，而去琅邪，徙于吴矣……勾践至王亲，历八主，格霸二百二十四年。从无余越国始封，至余善返，越国空灭，凡一千九百二十二年。

这就是上天赐予越国的命运：它从历史中出现，成为"有"，也在历史中消亡，归于"无"。无论是224年，还是1922年，越国最终都会从有到无。如此说来，上天究竟有没有对勾践的自强与杀戮进行奖赏或惩罚呢？抑或，上天其实什么都没有做，只不过让众人自己去决定各自的命运罢了……

因此，当《吴越春秋》中的众人在谈到天时，也许不过是赵晔用他们在质疑董仲舒的天人感应之说。在赵晔的叙述中，天并没有办法控制人们的善恶。按照董仲舒的理论，如果人们做了恶事，上天会通过灾异进行惩罚。[16]值得注意的是，《吴越春秋》中并没有因为阖闾的篡位或是夫差的征伐而出现地震或是洪水这样的灾祸异象，这表明赵晔并不相信所谓的天人感应。勾践在赴吴国为奴之前，曾经对群臣说："今遭辱耻，为天下笑，将孤之罪耶？诸大夫之责也？"勾践并没有把自己的惨败归咎于上天的惩罚，而是把它视为自己和大臣们的过错。当勾践勇于承担自己的责任时，天和人的关系就有了两方面的变化：一方面意味着个人的行为不再受到天的约束；另一方面则表明人不可能像天一样完美。正如汤用彤所示，无作为本原，具有各种可能性；而人一旦成为具体的人，其禀赋就必然是有限的，因而也就"未能全其用"[17]。也许我们可以说，赵晔笔下的人物用天来解释自己的行为时，在一定程度上有着董仲舒天人关系的影子；而当他们用"说谎"来实现自己的目的时，则或多或少有意识地把自己当作了具有自主性的"末"，在达到了目的的同时也暴露了自身的缺点。就这样，赵晔尽管没有直接阐明自己对天人关系的看法，但是其叙述中所隐藏着的思想隐晦地把两汉和魏晋的天人观连接在了一起。

三、言与意：言者和听者交流的可能

言意关系与天人关系直接相关。既然《吴越春秋》中的人物可以在天并不言的情况下"揣摩"到天意，那么以此类推，要领会他人之意，实则并不一定依赖他人之言。在越国大军攻破吴国之后，勾践大设宴席与众臣庆功，面对文种的祝酒，越王"默然无言"；文种继续他的祝辞，"群臣大悦而笑，越王面无喜色"。越王的沉默恰恰展现了其意。范蠡从中看出勾践重视的不是群臣，而是国土与权力，因而决定离开越国。但是，文种从勾践的无言中却领会出不同之意。当范蠡劝文种离开，告诫说"越王必

将诛子"时，文种对范蠡所言不以为然。

这是一个有趣的场面，是我们理解赵晔对言（不言）与意之间关系所持观点的理想出发点。当我们说言与意的关系时，其实包含两个方面：一方面是言者能否通过自己的话完整地表达自己的内心所想；另一方面则是听者能否通过对方所言准确地理解言者之意。在上述的场景中，面对越王的无言，范蠡和文种有着不同的解读与判断。范蠡准确地理解了越王之意，而文种则未能理解。同样，面对范蠡的真言，文种选择了不相信，也可以说是没有真正领会范蠡之意。赵晔的叙述让我们更为关注的是文种分别对越王和范蠡之意的误判。无论是越王之意的隐晦，还是范蠡之意的直白，文种都未能领会。

文种对两人之意的错误解读让我们想起了《淮南子》作者与王充对低水平读者的担忧。《淮南子》的作者和王充似乎并不担心能否准确用文字来表达他们之意，对此他们充满信心。正如董仲舒在《春秋繁露·立元神》中所言："至意虽难喻，盖圣人者，贵除天下之患，故《春秋》重而书天下之患遍矣。""意"的确不容易委婉地表达，但是孔子还是通过撰写《春秋》表达了"除天下之患"之意。作为圣人的信徒，他们完全相信自己也有同样的能力。他们担心的是读者的理解能力。当王充担心俗人无法理解委婉的表达时，他对言意之间关系所考虑的显然只是第二方面：听者（读者）能否准确地理解言者之意。

或许我们可以这么理解，对于言意关系，汉代大多数思想家们都在一定程度上默认"言尽意"，连赵晔也不例外。晋朝的欧阳建以主张"言尽意"而闻名，而他著名的《言尽意论》就是以孔子的名言开始展开议论的：："夫天不言，而四时行焉；圣人不言，而鉴识存焉。"（《艺文类聚》卷十九）而"天不言"正是《吴越春秋》的基本立场。在这一前提下，赵晔和王充一样，相信自己的思想可以通过文字得以展现；如果读者有所误读，那是因为他们像文种一样，自己在理解的过程中出现了偏差。

在《吴越春秋》中，赵晔明确地告诉我们，当古公想要把王位传给孙子姬昌时，他将自己的幼子——姬昌之父更名为季历。他的长子和次子太伯、仲雍说："历者，适也。"他们马上就明白了父亲的心意，这也表明古公通过给幼子更名"尽"了自己之意。当然，尽管语言能够"尽意"，但听众却并不一定明了言者之意。我们还记得在渔父帮助伍子胥成功渡河后，出于好意想要为伍子胥去取一点食物，于是对他说："子俟我此树下，为子取饷。"渔父所言非常直白，别无他意；可是伍子胥却心中开始怀疑，以为渔父可能前去告密，于是就藏了起来。作为读者的我们在看到这一幕时，完全了解渔父之意，但身处其中的伍子胥却无法作出正确的判断。

因此，在言者和听者之间，赵晔似乎认为听者要为误解言者之意负主要的责任，或者说，听者更加需要提高自己的理解能力。我们已经反复地强调，在《吴越春秋》中"说谎者"都获得了成功。其中固然有古公这样的善意"说谎者"，更多的却是伍子胥和勾践这样为了雪耻而"说谎"的人。善意"说谎者"的成功关键在于委婉地让对方了解自己的心意，而对方也能够了解——我们很难想象如果太伯和仲雍不明白自己父亲心中所想会造成什么后果。相反，伍子胥和勾践都不愿意让自己的"说谎"对象看穿自己内心之意,而他们的对手也都为他们的"谎言"所"欺骗",这正是由于吴王僚与夫差等人缺乏阅读"谎言"背后之意的能力。在看到夫差一次又一次被勾践的"谎言"所蒙蔽时,读者们忍不住会感慨,夫差怎么就不能看透勾践心中之意呢?

但是,赵晔是否真的认为言者都能够尽意呢?答案应该是否定的。我们不会忘记,《吴越春秋》中有一种常见的"说谎"方式叫作自欺。自欺者所言,就往往未能准确地表达其意。举例来说,当吴王寿梦要把王位传给幼子季札时,季札推辞说:"礼有旧制,奈何废前王之礼,而行父子之私乎?"此时季札所言显然没有尽其意。他没有指明什么是他所说的旧制,没有解释什么又是他所说的前王之礼。也许他想要的只不过是表明自己不愿意接受王位,但是在读者(听众)看来却是在激烈地指责父王。我们可以追问,季札从何处学到的"旧制"和"前王之礼",才会对它们有着似是而非的理解?

尽管就时间上来说,季札还无法看到经孔子之手修订而成的六经,但是他对旧礼与旧制的学习在一定程度上应该源自古人的记载。古人的记载究竟是否可靠?魏晋时的荀粲对此提出了质疑。荀粲的逻辑非常清楚:子贡是孔子的得意弟子,得到孔子的亲身教诲,可是连子贡都认为"夫子之言性与天道不可得而闻",那么我们这些后人在无法得到孔子亲自教导的情况下,仅仅依靠阅读他所流传下来的典籍,肯定是无法领会圣人的真正教诲的。因而荀粲认为"六籍虽存,固圣人之糠秕"[18]。换言之,六经所言并不能尽圣人之意,只不过是圣人留下的糟粕而已。由此,荀粲也被视为魏晋时期"言不尽意论"的首创者之一。[19]事实上，赵晔笔下的季札正是形象地体现了荀粲的观点。季札拘泥于前人所记载的礼制，并没有学到其中的精髓。这固然有季札本人的缘故，但也离不开典籍自身局限的关系。

无独有偶，当吴王夫差被勾践大军所困时，他对勾践说："吾之在周，礼前王一饭。如越王不忘周室之义，而使为附邑，亦寡人之愿也。"所谓"礼前王一饭"，指的是夫差略微年长。根据韦昭所注，夫差是希望以"少长求免"，想让勾践看在年纪的关系上放自己一马。长幼有序，这的确是儒家传统礼制下的观念，但是在这样兵戎相见的情况下显然并不适用。这固然是夫差在情急之下的"乱投医"，却也表明古代的礼仪并没有能够真正教会夫差如何处理诸侯之间的关系。

因此，尽管赵晔并没有明确像荀粲那样主张言不尽意，却通过自己的叙述让读者对典籍中旧有礼制的记载产生质疑。更重要的是，这样的质疑并不局限于原有的典籍本身。既然对后人来说六籍都是"糠秕"，那么《吴越春秋》又何尝不是呢？如果说在作者和读者之间，王充担心的是读者的理解能力；那么赵晔在担心读者理解能力的同时，也同样对自己的叙述表示了担忧。后人会不会像季札一样，对自己的叙述产生误读，而这样的误读则可能是自己叙述本身的缺陷所导致的。当赵晔笔下的众人大多数都陷入自欺的境地时，他无疑在提醒我们包括他在内的所有人都不应该过于相信自己的能力：无论是通过他人之言理解他人之意的能力，还是用自己之言表达自己之意的能力。

越王勾践在决定赐死文种之前，曾经问他："吾闻知人易，自知难。其知相国何如人也?"从结局来看,勾践是为了给文种最后的机会,可是文种并没有抓住。这是一个简单又复杂的问题:自我评价。如果文种能用自己的话彻底表露对勾践的忠诚,让勾践打消对他的忌惮,那么完全有可能保住性命。不过文种并不具备这样的能力。勾践问文种自以为是个什么样的人,文种回答的却是勾践眼中的自己:"大王知臣勇也,不知臣仁也;知臣忠也,不知臣信也。"这种表达方式首先否定了听者理解的可能性,紧接着文种又说自己"尽言竭忠,以犯大王",因而知道一定会获罪;最后他又自比伍子胥,彻底堵死了自己求生的可能。

文种无疑没有能够"言尽意"。他并不想死,但是却把自己描述成一个从容赴死之人。或者说,临死他也不知道如何来准确地描述自己。他并不是一个有犯上作乱之心的人,可是他却把自己说成了勾践的对立面;他其实并没有伍子胥那样残忍,但是却认为伍子胥就是自己的参照物。在与勾践的这一次对话中,文种既没有理解勾践之意,也没能充分说明自己之意。

在《吴越春秋》中,像文种这样难以作出准确的自我评价的人并不少见。因此,和王充这样主要担心读者理解能力的思想家不同,赵晔也同样指出了言者的能力问题。如前所述,赵晔笔下的言者包括两类:一类是荀粲所说的古代典籍,另一类是吴越争霸中的人物。两者都存在着言无法"尽意"的问题,从而让他们的听众或是读者对其所言产生误读。这一方面可以被视为赵晔对"说谎"的基本态度:如果一个人的言无法尽意,那么"说谎"可能是无法彻底避免的。另一方面,这也是赵晔对自己叙述的反省：他并没有王充的自信，不认为自己的叙述可以完全准确地表达自己的思想。概括地说，赵晔在《吴越春秋》中对言意关系的思考的重要性在于从（汉代流行的）对听者的质疑转向对言者的质疑，从而双向地考虑言意之间的关系，为魏晋时期对言意关系的深入探讨打下了基础。

一般认为，魏晋时期的"言意之辨"包括三种主要观点，除了"言不尽意"、"言尽意"之外，还有所谓的"得意忘象"[20]。主张"得意忘象"的是魏晋玄学代表人物王弼。王弼的观点在言和意之间加入了另一个元素——象。言、象和意这三个要素直接来自《易经》:《易经》通过卦象来表达天道，用卦辞来解释卦象，让大家更好地理解卦象。王弼一方面肯定言、象具有表达意义的功能，另一方面又强调言、象只是表达意义的手段。如果一个人理解了卦象，就可以不用依赖语言；而如果一个人理解了卦象所含之意，那么他就可以不再依赖卦象。这就是他所说的"得意忘象，得象忘言"。[21]

和赵晔一样，王弼的观点也是从作者和读者——言者和听者，两方面出发而论的。当他在说"夫象者，出意者也；言者，明象者也。尽意莫若象，尽象莫若言"[22]时，是从作者的角度出发肯定了象与言分别在表达意与象时的作用；当他说"故言者所以明象，得象而忘言；象者，所以存意，得意而忘象。犹蹄者所以在兔，得兔而忘蹄；筌者所以在鱼，得鱼而忘筌也"[23]时，则是从读者的角度出发，告诉我们应该重视的是语言背后的思想。王弼的双向思考可以说与赵晔的态度如出一辙。如前所述，汉代的思想家们更多从读者的理解能力出发担心作者和读者之间的交流；而魏晋的荀粲和欧阳建尽管观点针锋相对，却都是从作者的角度出发，关注作者能否准确地表达自己的思想。赵晔和王弼则都认为言意关系的基础是作者和读者之间的相互交流：作者和读者都有可能通过言而"尽意"，但对他们双方来说，意都是最终目的，而言则只是手段。

我们无法断言赵晔的思想有没有直接影响王弼，但是两者的观点确有相通之处。赵晔在讲述伍子胥和勾践的"谎言"时，读者都会忘记他们具体所说的内容，而领会他们的真实目的；可是他们的"说谎"对象却迷失在他们的"谎言"之中，不懂得透过语言看到本质。也就是说，后世的读者可以做到"得意忘象"，但是对于当事人来说却非常困难，这也是伍子胥和勾践能够通过"说谎"而成功的原因所在——王弼的"得意忘象"是一种理想的境界。与此同时，赵晔的叙述本身充分体现了"尽意莫若象"的原则。他始终通过虚构性叙述来表达自己的思想。

就赵晔叙述与表达思想的方式而言，王弼所说的言、象和意可以分别对应直接表述、虚构叙述与作者的思想——因为虚构叙述的故事就如同象一样，并没有明确地呈现其中的含义。"言生于象……象生于意"，从逻辑来说，王充等汉代思想家尽可能所采取的直接表述，其实在王弼看来是属于交流的较低等级；而赵晔所采用的虚构性历史叙述则更为接近意本身。换言之，《吴越春秋》这样的叙述手法才能够既更好地表达自己的思想，又尽可能地让读者领会其意。

四、人与人：从等级到独化

如果说《易经》中所说的"言不尽意"讲的是天人之间的关系——人究竟能否用语言完全展现天道，那么赵晔在《吴越春秋》中已经把对这一问题的思考寓于人与人的关系之中——人与人之间能否通过语言达到互相了解。人与人应该如何相处，是中国哲学思考的一大主要话题。[24]以孟子为代表的先秦儒家把人与人之间的基本关系浓缩成五种，也就是所谓的五伦：父子、兄弟、夫妇、君臣、朋友。[25]每一种关系都有相应的理想准则：父子有亲、长幼有序、夫妇有别、君臣有义、朋友有信。当然，在社会中各种关系往往错综复杂纠缠在一起，而孔子认为处理好人与人之间关系的基本原则是"仁"。[26]在董仲舒看来，孔子编纂《春秋》时其文字想要告诉大家的就是"仁"——"圣人所欲说，在于说仁义而理之"（《春秋繁露·重政》）。既然孔子作《春秋》是为了分门别类地讲述仁义，那么赵晔写《吴越春秋》之意自然也包括了对"仁"这一理想准则的解读。

之所以说是"理想"准则，是因为在现实中大家对这些准则的理解和实践会出现分歧和偏差，会造成各种关系之间的问题。以长幼有序为例，季札拒绝王位看起来就是在坚持这一原则，他认为长兄诸樊应该即位；诸樊死后把王位传给二弟余祭，余祭接着又给了三弟余昧。按照这个顺序，余昧死后自然应该轮到季札，可是当余昧去世后，季札还是不肯继位，完全无视当初长兄"必以国及季札"的嘱咐。那么，季札坚持的到底是不是长幼有序，他对长幼有序的理解是否准确？当季札对长幼有序的理解和诸樊所理解的并不一致时，兄弟之间的交流就会出现问题，双方都无法理解对方，兄弟关系也就会变得尴尬。

正是因为在现实中绝大部分人都"言不尽意"——既不能完整地表达自己的想法，又无法准确地理解别人之意——所以人与人之间的关系就几乎无法达到理想的状态。在《吴越春秋》中，最喜欢提及"仁义"的人物是夫差和太宰嚭。这是两个有趣的代言人——读者肯定会认为他们两位根本就不懂什么是真正的仁义。在夫差眼中勾践是一个"仁"人，而在太宰嚭的嘴里夫差是位"仁"君，正是这两位的错误判断导致了勾践阴谋的得逞。可是，赵晔恰恰要通过他们来告诉读者他对"仁义"的理解。或者说，赵晔故意把自己对"仁义"的理解隐藏在夫差和太宰嚭这两个自以为懂仁义的人所说的话之中。这就是赵晔"尽"意的方式。

在勾践到吴国为奴之后，夫差被勾践和范蠡在困境中的行为所感动，想要择吉日宽赦他们，于是找太宰嚭商议。太宰嚭表示支持，说："大王垂仁恩加越，越岂敢不报哉？愿大王卒意。"太宰嚭对"仁"的理解很清楚：夫差不忍心看到勾践的困窘而想要饶恕他，这就是"仁"的体现。这样的仁义之举是从上到下的，因而叫作"仁恩"。勾践和范蠡在自己的安全得到保障之后，也夸赞夫差为"仁者大王"。在太宰嚭看来，"仁"就是大王对臣子的关怀。

夫差认为勾践是"仁人"，则是基于一个事实：为了了解夫差的健康状况，勾践居然愿意亲自尝夫差的粪便。我们可以推测，夫差心中"仁"的标准是臣子对君王的关心和忠诚，或者说，是超出寻常标准的关心和忠诚。按照这个标准，夫差认为伍子胥

"不仁"。夫差得病三个月，身为相国的伍子胥对他一点都不关心，没有进献夫差喜欢吃的美食。这就是伍子胥"不仁"的证据。

伍子胥的确是一个"不仁"之人——这是他父亲自己的评价。在伍子胥父亲的眼中，大儿子伍尚为人"慈温仁信"，而次子伍子胥则恰恰相反。我们知道，"仁信"的伍尚选择听从楚王的命令，与父亲一起赴死；而"不仁"的伍子胥选择逃亡复仇。在伍氏兄弟的这一场选择之中，"仁"意味着服从父亲和君王，"不仁"的表现则是对王命和父命的反抗。

太宰嚭对"仁"的阐述成为了他是佞臣的证据；夫差对"仁"的理解导致了他被勾践蒙骗；伍子胥的"不仁"换得了成功复仇，却也招致了夫差将他赐死。无论"仁"或"不仁"，他们都没有扮演好自己的角色，处理好相应的关系。这是由于他们对"仁"的理解有误吗？

在《论语》中，孔子认为"仁"可以使人和人之间和谐相处。很多弟子都问过孔子一个同样的问题：什么是"仁"？孔子针对不同的学生给出了不同的答案。例如，孔子回答樊迟说："爱人。"孔子给颜回的答案是："克己复礼为仁。"对于司马牛的提问，孔子则说："仁者，其言也讱。"一般认为，孔子每一次的回答只不过说了"仁"的某一方面，而这一方面正是提问者欠缺或特别需要改进的。[27]我们会发现一个有趣的细节：孔子教导弟子从自己做起，用"仁"来提高自己；而太宰嚭和夫差对"仁"的理解则都是向他人提出要求，用"仁"来约束他人——太宰嚭宣扬夫差的"仁恩"和夫差相信勾践"仁人"，都是对他人的要求。因此，他们两人其实与伍子胥并无不同，亦即都不要求自己

"仁"。即使夫差对勾践抱有怜悯之心，也是在他觉得勾践是个"仁人"之后。换言之，如果对方"不仁"，那么夫差也就不义。

显而易见，夫差对"仁"的态度容易导致一个恶性循环，若是双方都要求对方先"仁"，最终的结果很可能就会谁也"不仁"。这也是我们说夫差"自欺以仁"的原因之一。从理想的角度来说，"仁"应该是主动的。在《吴越春秋》中，赵晔提到吴国的始祖之一公刘"慈仁"，走路都不会踩在正在生长着的小草上——"仁"是他主动对万物的爱护。同样，周文王姬昌的父亲季历也主动地"守仁义之道"。在人与人的关系中，如果都只是希望对方主动遵循相应的原则，而自己随机应变，那么就会导致原则无法被实践，五伦的基础也许就会崩塌。在《吴越春秋》中，季札分别让父亲寿梦和长兄诸樊遵守先王之礼制，而自己却找出相应的借口来推卸自己的责任。他和夫差一样，都是主动要求对方，而自己并不主动践行，使得父子关系和兄弟关系都出现了问题。

我们看到，人与人之间的关系之所以会有理想和现实之间的差距，是因为总有人不愿意主动遵守相应的原则。他们中有的人觉得自己对人伦关系的理解更为准确，有的人认为自己的地位比别人高，种种因素都导致所谓的人伦关系在现实生活中的混乱。为了避免这种情况的发生，为了让大家尽可能地遵循相应的人伦准则，汉代的思想家想出了不同的理论。

西汉的董仲舒是从天人关系中寻找人与人关系的依据的。既然天是人的曾祖父，那么人和人之间的相处也就要符合天的"性格"，否则的话会受到上天的惩罚。众所周知，董仲舒用阴阳理论来解释天，认为"恶之属尽为阴，善之属尽为阳；阳为德，阴为刑……是故天以阴为权，以阳为经"（《春秋繁露·阳尊阴卑》）。简单来说，阴阳相辅相成，互相依赖；但是阴阳之中，阳的一方处于主导的地位，而阴的一方作用在于配合。按照天的这种性格，人与人之间的每一种关系也都有阴有阳，阳尊阴卑。具体来说，父子之间父为阳、子为阴，那么子就要服从父，君臣之间君为阳、臣为阴，那么臣就要服从君，夫妻之间夫为阳、妻为阴，那么妻就要服从夫[28]。董仲舒的思想被后来的《白虎通义》所发扬，最终形成了"三纲"的理论——"君为臣纲，夫为妻纲，父为子纲"[29]。说到底，"三纲"就是从天人关系出发，要人们按照天道的原则来处理人伦关系。

我们不能把这样的一种理论简单地看作是对等级的无条件维护。徐复观认为这样的体系恰恰是对当时的统治者提出了劝告，让他们以"德"治国，而不要一味注重刑罚。[30]同样，这种理论也有助于稳定人伦关系。《春秋》中臣子弑杀君王的情况屡见不鲜，父子反目也经常出现。事实上，在西汉初期，吕后就树立了母子关系的负面典型。因此，与其说董仲舒的理论是为了维护当时的等级制度，不如说是对当时混乱的人伦关系进行拨乱反正，用天的威严来警诫人们扮演好自己的角色。

但是，董仲舒的理论在现实中的效果并不明显。汉武帝和太子的关系就非常恶劣，西汉末年王莽的篡位更是证明了社会等级与秩序的脆弱。在这样的局面下，东汉的思想家对人伦关系报以两种不同的态度。以王充为代表的思想家索性放弃了对人伦关系的建构，将重点放在了求知之上，既然对人与人之间关系的思想都无法被真正实践，那就不如索性探求别的领域，因而王充"重知识不重伦理道德"[31]。而以王符为代表的思想家们则试图用更为严格的规定来约束人的行为。王符认为不但要保证社会的和谐，人与人之间需要用忠恕仁义之道，而且强调农工商都要恪守各自行业的职业道德。[32]

在这样的背景下，赵晔在《吴越春秋》中所讲述的故事可以说回应了当时的难题：如何理解并处理人与人之间的关系。如果人与人之间的关系真的严格按照等级，那么就不会出现季札对父王寿梦的批评，也不会出现伍子胥伙同公子光的谋反。《吴越春秋》中的每个人物看似都处于不同的社会关系之中，但是每一种关系都非常松散，随时都可能消解，君臣关系、父子关系、夫妻关系和朋友关系均是如此。从君臣关系来说，范蠡虽然陪伴勾践度过了最艰苦的岁月，但是在他选择离开越国后，就和勾践再无瓜葛；伍子胥在刚到吴国时是吴王僚的臣子，可是在他决定帮助公子光上位后，他与吴王僚之间的君臣关系也就不复存在。伍子胥是以为父报仇的名义而逃离楚国的，但是当他再次回到楚国对楚王鞭尸时，显然已经违背了其父亲的处事原则；吴王阖闾和爱女滕玉原本关系不错，但阖闾一不小心在吃鱼的时候惹怒了滕玉，她就选择自杀结束了父女关系。

赵晔笔下的夫妻关系也一样得脆弱。为了完成刺杀任务，要离毫不犹豫地牺牲了妻子的生命；而公孙圣和文种也均不被他们的妻子所理解。至于朋友，曾经并肩作战的伍子胥和太宰嚭在复仇成功后瞬间反目；而同样携手为越国打败吴国的范蠡和文种，在最后也未能互相信任。面对范蠡的忠告，文种显然觉得他多此一举。

既然人与人之间的种种关系都如此脆弱，那么用具体的原则来规定人与人应该如何相处就有刻舟求剑之嫌疑。伍子胥、夫差、勾践和范蠡等人更像是一个个独立的个体，只不过由于在特定时空内的特定诉求而相互间形成了关系，这样的关系并非固定不变，而是会不断变化的。如果伍子胥没有到达吴国，那么他和阖闾就不会成为君臣，他和太宰嚭也不会从朋友变成敌人。换言之，伍子胥和阖闾并非必然是君臣，伍子胥和太宰嚭也并非必然是敌人。每个人由于各自的原因组成了不同的关系，这样的关系会随着时间和空间的变化而发生改变。当我们回望吴越争霸的过程时，想到的究竟是作为复仇者的伍子胥，还是作为儿子的伍子胥，抑或作为臣子的伍子胥？作为个体，伍子胥在不断地变化；作为人与人关系中的角色，伍子胥也在不断地变化。那么，我们若是对伍子胥提出伦理的要求，究竟让他遵守什么原则呢？

赵晔带给读者的思考，让我们想到了魏晋玄学代表人物郭象的著名论点——独化。所谓"独"，指的是包括人在内的万物都是独立的个体，都是独自的存在，自足、自立而自生；所谓"化"，指的是万物都是在不断变化的。作为个体的万物独自在玄冥中变化，完全不依赖于其他的个体，也就是"物各自造而无所待"，这就是独化论的核心所在。[33]

虽然有的学者认为郭象的独化论是对庄子自然观的回应[34]，但是这一理论更为重要的意义无疑在于解构了董仲舒以来对人与人之间关系的思考。如果每个人都是独立的个体，那么"三纲五常"所包含的各种人际关系就失去了必然性。也就是说，上天并非一定要让我们以别人的父亲或儿子的身份存在，我们之所以存在的首要原因是我们自己。除了我们自己之外，其他的身份都是临时附加在我们身上的。按照这一逻辑，上天没有要求我们必须忠孝或是服从，我们首先需要做好的是我们自己。

赵晔笔下的勾践充分体现了什么叫作"独化"。自入吴为奴开始，勾践就展现出了对夫差的绝对服从。这让夫差以为勾践接受了夫差为君、勾践为臣的这一关系，因而把勾践愿意归顺吴国、愿意亲尝粪便、愿意献出珍宝当作他仁义的证据。但对于勾践来说，这不过是他独自变化——变得强大的一个过程而已。也许有人会问，勾践的身边不是一直有范蠡吗，怎么可以说他是"独自"的呢？之所以说勾践"独"，是因为他不但从未把自己当作夫差的臣子，而且也并不把范蠡当作可以完全依赖的臣子。当夫差想要范蠡弃越归吴时，勾践"伏地流涕，自谓遂失范蠡矣"。也许我们可以这么理解：勾践之所以能自如地在越王和夫差之臣之间转换角色，就是因为他心目中最主要的自我定位是一位复仇者，而和夫差、范蠡以及其他人的相处都是为了复仇。这也可以在一定程度上解释勾践在复仇成功后对越国众位大臣的态度。在勾践眼中，他们不过是自己复仇时的工具，随着吴国的灭亡，勾践和群臣的关系也就自然地有了变化。他和群臣之间并非永恒的君臣关系，因而在复仇成功后也就不再需要对他们保持之前的依赖，而是要另外寻找贤人。

在《吴越春秋》中，赵晔并没有赞美勾践的"独"。"独"意味着摆脱了社会关系的羁绊，意味着绝对的自由，但如果"独化"由此成为了个人不守伦理的借口，那么这样的自在与自足就会带来社会的动荡。与此同时，盲目遵从等级也会给个人带来厄运——公孙圣坚信作为臣子必须忠，而作为忠臣则必须直言，于是等待着他的就只能是惨死。赵晔的叙述引导读者思考在稳固的等级与自在的"独化"之间应该如何找到平衡点，因而我们可以说《吴越春秋》中蕴含着对人与人关系的哲学思辨。

从董仲舒对人与人之间等级的推崇到郭象对个体的强调，无疑是一个巨大的转变，而赵晔在这一转变过程中，将自己对人伦关系的思考隐藏于虚构的历史叙述之中。他对吴越争霸的讲述质疑了董仲舒所谓等级的可实践性，但他并没有给我们提供任何解决的方案，而郭象的独化论则从理论上完成了这一任务。需要再次强调的是，我们无法论证从汉代哲学到魏晋思想的发展过程中，赵晔是否对具体的思想家产生了直接的影响。不过可以确定的是，他的叙述既回应了董仲舒的人伦观所面临的难题，又孕育了独化论思想的萌芽。如果将赵晔对人伦关系的思考置于汉代到魏晋的思想发展之中，就会发现从董仲舒到郭象之间的转向是一个自然而必然的过程。

五、人性：善恶之间选择名教或自然

人应该受到纲常的约束还是应该摆脱所有社会关系自在地发展？这本身就是一个没有简单答案的问题。赵晔的叙述更多地是在提出问题，而并没有回答问题。或者，这就是他的答案：这些问题并没有答案。

这也许是由于对这个问题的态度取决于另一个重要的哲学话题：人性。人性论之所以重要，是因为对人性的看法是决定伦理道德的基础。如果人性是善的，那么自在地独化完全没有问题；反之如果人性是恶的，那么就一定需要伦理纲常的约束。众所周知，先秦的人性论主要分成两派，孟子主张性善而荀子主张性恶。主张性善的孟子认为仁义礼智等道德观念是"我固有之"，也就是每个人天生就具有伦理道德的意识；而主张性恶的荀子则认为人天生就有欲望，如果欲望得不到满足就会引起纷争，为了让大家和谐相处就需要圣人"化性起伪"，用后天的礼仪来改变人性中的恶。[35]

孟子和荀子虽然观点不同，但是在整体上都持非善即恶的两分法。这样的两分和现实其实相去甚远：现实生活中的人总是有善有恶的。因而西汉的董仲舒提出"性三品"说，把人性分为"圣人之性""中民之性"和"斗筲之性"。最上等的"圣人之性"天生而善；最下等的是"斗筲之性"，这一类人生来就"恶"，教化无用，只能采用刑罚的手段来处置他们；而"中民之性"，也就是大多数百姓之性，是"有善质而未能善"，他们必须通过王者的教化才能成善。[36]

《吴越春秋》中的故事告诉我们，赵晔似乎对孟子、荀子和董仲舒的人性论都不满意。在赵晔笔下的主要人物身上，我们几乎看不到纯"善"的一面。勾践、阖闾、夫差、范蠡、文种和伍子胥等人并不乏令人敬佩的品质，但是仁义礼智对他们来说却绝不是必须遵守的准则。吴国先人太伯也许算得上是一个标准的善人，但相对于吴越争霸来说，太伯的存在属于遥远的过去；从寿梦开始，吴国就没有真正的贤王。阖闾的称霸建立在暗杀与讨伐的基础之上；夫差的仁慈导致对勾践的错误判断；伍子胥则在阖闾和夫差时期都从未展现过仁义的一面；而那位被后人传颂的季札更是完全与孟子的观念相悖——孟子说看到有人掉到井里大家都会本能地伸手，这就是人性本善的证明，而季札则看到了吴国下沉的趋势却没有出手。反观越国的几位主角，一心复仇的勾践固然能卧薪尝胆，但是面对吴王和吴国的百姓都堪称心狠手辣；范蠡和文种虽然对越王忠心耿耿，却也并不爱惜他国的子民。即使是孔子的爱徒子贡，也会为了鲁国自身的安危而不惜怂恿他国之间开战。对这些人物来说，善的确是遥不可及的准则。

然而，这并不表明赵晔的叙述符合荀子的性恶论。荀子虽然认为人性本恶，但是却相信圣人所制定的礼法可以让人从善，说到底，恶还是可以被消灭的。赵晔并没有荀子的乐观精神。从季札用先王的礼法作借口拒绝从父王寿梦手中接过王位开始，在吴越两国争霸的过程中，礼法就没有扮演过重要的角色。如果有，那也是勾践用来"欺骗"夫差的工具而已。吴王夫差看见越王勾践和夫人、范蠡即使坐在马粪的旁边，也不忘君臣之礼、夫妇之仪，于是就被感动，想要宽赦他们；勾践回到越国之后，为了感谢夫差的恩典，向吴王进贡了"葛布十万、甘蜜九党、文笥七枚、狐皮五双、晋竹十廋，以复封礼"。吴王对勾践的"复礼"非常满意，认为穷得叮当响的越国能进贡这样的礼物，足以证明勾践的忠心。看似守礼的勾践其实"苦身劳心，夜以接日"地准备复仇，礼对他来说只不过是一个幌子，完全无法让他变得真正仁慈。

同样，董仲舒的理论也被赵晔的叙述所质疑。乍一看董仲舒的理论与《吴越春秋》非常吻合，里面有古公、太伯这样的圣王，也有太宰嚭这样的佞臣，更有要离这样在仁义和道德中挣扎的普通人。可是，董仲舒认为需要君王的教化才能让中民之性向善。这一方面凸显了君王的地位，只有君王才能够将普通的百姓转化成善人；另一方面也强调了君王的义务，君王首先必须是一个善人，才能引导百姓。董仲舒的人性论与赵晔叙述之间的不兼容性就在于此：《吴越春秋》中，除了古公、太伯等传说中的圣王，在吴越争霸过程中的那些君王们没有一个可以被称为圣贤；恰恰相反，他们本身就在很大程度上展现了"恶"的一面。欺骗、谋反、战争、杀戮……这才是这些君王的所好。这样的君王，又如何能够感化万民，引导中民之性呢？

在董仲舒之后，汉代的哲学家中以人性论著名的有扬雄和王充。扬雄认为性"善恶混"，他指出："人之性也，善恶混。修其善则为善人，修其恶则为恶人。"他认为在人的天性当中，同时具有善、恶这两种因素，并且两者混杂。而善人、恶人之分则取决于后天的修养，发扬善的因素的人则为善人，发扬恶的因素的人则为恶人。[37] 王充则在扬雄的基础上把人性分成三类：中人以上的性善，中人以下的性恶，中人则性善恶混。他觉得这三类分别对应了孟子、荀子和扬雄的理论。孟子的性善谈的是中人以上的性，荀子的性恶谈的是中人以下的性，而扬雄所谈的则是中人之性。[38]

相对来说，赵晔可能最为接近扬雄的观点。《吴越春秋》中的主要人物尽管都有"恶"行，但并非纯然的恶人。伍子胥在复仇的过程中充分展现了冷血与计谋，不过在大仇得报之后，并未忘记曾经帮助过自己的渔父和女子，让人感受到了他的知恩图报。同样，勾践虽然对吴国的百姓毫不留情，但是对越国的子民却心怀感激。在从吴国回到越国后，他问范蠡说："寡人不慎天教，无德于民，今劳万姓，拥于岐路，将何德化以报国人？"在勾践的身上，善与恶共存且有着强烈的对比。在复仇成功之前，他对越国百姓的情感是真诚的，对吴国上下的痛恨也是发自内心的；在成功灭吴之后，他对文种的提防是真实的，而对范蠡离去的感伤也是真切的。勾践本身就是一个集善恶于一身的人。

但是，赵晔并不会完全同意扬雄。如果说董仲舒认为让人向善依赖于政治的教化，那么扬雄给出的良方则是"学"。[39]"学"是孔子给大家开的良方，从《论语》《荀子》到《法言》，都以"学"开篇，足以证明"学"的地位。在《吴越春秋》中，赵晔用他的叙述向我们提出了一个问题：不愿意学的人怎么办？如前所述，在临近尾声之处，孔子特意去见勾践，但是勾践全副武装，拒绝学习礼乐。君王的教化具有普遍性，相对而言百姓的向善是一个被动的过程；而儒家所谓的"学"则在很大程度上依赖于个人的主动。当然在现实中，两者的实践同样面临着困难。

也许有人会问，伍子胥和勾践难道不是在复仇的过程中不断学习，才能够洗刷耻辱报仇雪恨的吗？这是一个很好的问题，不过这个问题混淆了学的内容。儒家主张的"学"是从经典中体会到仁义礼智的精神，并能够在生活中实践[40]；伴随着伍子胥和勾践"成长"的是"说谎"的能力，他们"学"的目的只是为了复仇。或许我们也可以把赵晔对伍子胥和勾践成长过程的描述视为他对"学"的思考——如果一个人学的方向和目的有误，那么不但不会向善，而且可能会造成杀戮。

《吴越春秋》中也明确提到了好学之人。吴国的公孙圣"为人少而好游，长而好学，多见博观，知鬼神之情状"。可以看到，公孙圣所学的主要内容是了解鬼神，而鬼神正是孔子所不谈的。了解鬼神的公孙圣并不能解决吴王所面临的难题，也无法保证自身生命的安全。因此，公孙圣可谓所学不当。

人性究竟如何？人究竟能否学而成圣？这不仅是东汉的思想家们所思考的难题，也是魏晋哲学家们的一大思考热点。通常提到魏晋思想，都会想到所谓的玄学，其实魏晋时期对儒家思想的阐述也得到了进一步的发展，皇侃就是其中的代表人物之一。皇侃的传世之作是《论语义疏》，他通过对《论语》作注疏，委婉地表达了自己的哲学思想，而人性论的概念正是皇侃《义疏》的哲学核心。[41]他经常用人性来解释前人对《论语》的阐述。例如，在《为政》第23章，皇侃针对马融所作的注提供了相应的"疏"。马融之注只是提到了"五常"一词，而皇侃则将"五常"和人性论联系了起来：

> 木为仁，火为礼，金为义，水为信，土为智。人禀此五常而生，则备有仁、义、礼、智、信之性也。[42]

又如在《子罕》第30章，孔子评论说"可与共学，未可与适道"，在他的注解中，皇侃通过介绍人性论来解释孔子这么说的原因：

> 言凡人乃可与同处师门共学而已。既未得彼性，则未可便与为友，共适所志之道也[43]。

在《阳货》第2章中，皇侃认为人性有不同的等级，而等级的不同是由于每个人所禀之气各异。他说：

> 性者，人所禀以生也。习者，谓生而后有仪，常所行习之事也。人俱禀天地之气以生，虽复厚薄有殊，而同是禀气[44]。

这样的观点让我们看到了王充的影子。皇侃赞同王充的人性三等级论：

> 夫降圣以还，贤愚万品。若大而言之，且分为三，上分是圣，下分是愚。愚人以上，圣人以下，其中阶品不同，而共为一[45]。

皇侃认为，中人的善恶受到环境的影响，后天的环境才是个人道德之路的决定性因素："澄之则清，搅之则浊。"[46]这句话看起来说的是，如果遇到善人或是善的环境，中等之人就会变善，可是我们也可以换一个角度理解：要是没有善的环境，中等之人就不会变善。于是我们就需要思考另一个问题：究竟能否有善的环境？如果能，如何才有？

我们可以在《吴越春秋》中看到赵晔对外部环境的思考。赵晔将其对人性的阐述寓于历史故事之中，在叙述故事的时候很少描绘人物的内心，因而他对外部环境的思考似乎大于对人性本身的思考。按照王充和皇侃等人的理解，人性的等级是由天生所禀赋的气决定的，赵晔的叙述几乎没有直接涉及这一点。不过，古公的三位儿子、寿梦的四位儿子以及伍奢的两位儿子，都是同样的出身而性格差别明显，这可以用气禀的理论来解释——同样的父母在"合气"生子之时，各自的气有所差异。更多的时候，赵晔引导读者将注意力放在外部环境之中，勾践、伍子胥和夫差等人的善与恶都是在特定的历史环境中形成的。在复仇成功的前与后，伍子胥判若两人，这在很大程度上是他所处的环境决定的。同样，勾践在复仇成功前后对大臣们的不同态度，也是由于环境的改变。然而，无论如何改变，他们所处的环境都无法使勾践和伍子胥成为"善"人。在吴越争霸的大环境下，讨伐、征战、复仇和杀戮成为了主流。这样的环境对人的影响，充其量是促使大家在争斗中学会更多的计谋，不会使人向善。

由此看来，赵晔虽然肯定环境对人的影响力，却否认了有纯粹"善"的环境，更对中人在现实环境中向善提出了疑问。既然在现实环境中一个人的价值与地位取决于战功与霸业，并不和"善"有必然关系，那么当时的文化就无法使中等之人成为善人。《吴越春秋》中为数不多的"善人"不但是天生如此，而且完全不受环境的影响。古公并未受到商朝末年纣王暴政的影响，成为了受到百姓拥戴的君王；当太伯来到未开化的荆蛮之地时，他并没有受到当地环境的负面影响，而是教化改变当地的民众；同样，孔子也在礼崩乐坏的春秋，保持着对礼乐的坚持。但是，善人们对他人的影响也是有限的。到了季札这一代，太伯对后人的影响已经不复存在；子贡虽然极力维护孔子的圣人形象，却并未能真正实践孔子的教诲。

以两汉至魏晋的人性论发展为背景，就可以清楚地看到赵晔书中所隐藏的人性论的特色所在。一方面，他与董仲舒、扬雄、王充以及皇侃等人一样，承认人性分成不同的等级；另一方面，他与这些哲学家们不同，不仅没有指明一条让人向善的路径，甚至让人怀疑这个世界是否能使人向善。他既否定了由君王教化百姓的可行性——以勾践和阖闾为代表的春秋霸王们自己都不相信仁义，又否认了由学而善的可能性——连孔子都无法改变勾践，还解构了社会环境对人的正面影响。不过，我们大可不必判定赵晔是一个悲观主义者。在叙述中他还是给我们留下了一些使人"向善"的痕迹。

我们还记得，在伍子胥逃亡至吴国的路上，得到了一些人的帮助。首先是一位关吏，他听了伍子胥的"谎言"后就打开了城门。由于伍子胥的"谎言"是如此得明显，关吏的开门与其说是愚蠢地被骗，不如说可能是出于善良。赵晔在文中给我们留下了线索：连渔父都知道伍子胥被悬赏的身份，关吏又怎会不知？第二位帮助伍子胥的就是渔父，他在帮伍子胥渡江之后，为了让伍子胥安心逃走，毫不犹豫地投江自尽。伍子胥遇到的第三位"贵人"是一位不肯出嫁的大龄女子，她在向伍子胥提供了饮食之后，也为了让伍子胥放心而选择了投江。

这几位向伍子胥提供帮助的都是社会地位相对较低之人。渔父和女子还向伍子胥提供了食物，这象征着他们才是伍子胥的衣食父母。尽管他们的家人在伍子胥复仇成功之后获得了相应的利益，但是他们在向伍子胥伸出援手之时，在我们眼前的只是两位帮助伍子胥的好人——愿意用自己的生命来帮助伍子胥的好人。只有社会地位较低之人才愿意这么做。他们显然并没有由于春秋时期战乱频仍而麻木不仁，也没有因为楚国、郑国以及吴国的统治者们喜好争斗而上行下效。他们当然不是孔子那样的圣人，但却怀有本能的善意。孟子说我们看到孺子落井时，会本能地伸出援手，这就是我们天生具有的恻隐之心。同样，这几位在看到慌乱逃窜的伍子胥时，也本能地报以同情，帮助伍子胥逃离困境。恻隐之心，正隐约体现在了这几位看似不起眼的人身上。

社会地位较低之人对善的追求还体现在要离的自尽之中。要离在完成刺杀庆忌的任务之后，内心充满了煎熬。他为了成功"欺骗"庆忌而亲手葬送了自己妻儿的性命。当别人都劝他去向吴王阖闾邀功请赏时，他毅然选择了自尽。要离的选择和旁人的态度形成了鲜明的对比。很显然，对绝大部分人来说，金钱地位远比妻儿的性命更为重要，要离在众人之中是如此得独特，以至于无人理解他的痛苦。事实上，要离是《吴越春秋》中唯——位因对自己不满而主动自杀的人。赵晔用这样的对比暗示要离对道德的追求并非来自其所处社会环境的影响；或者说，要离对道德的追求远远高于社会中的其他人。他既对君王保持着忠诚，又无法无视自己内心对家人的愧疚。这意味着要离能够自我反省，而《吴越春秋》中的其他人物几乎都未主动反省自己的所作所为。反省正是道德修养的起点，在《论语》中曾子说每天会"三省吾身"，但是在《吴越春秋》中，勾践只有在兵败为奴后才会被动地反省，而伍子胥到临死之前都未对自己的一生做任何反思，因而要离的反省显得格外珍贵。

本能与反省正是赵晔给我们指出的两个向善的可能路径。可是，千万不要以为赵晔是一位性善论者。在他的叙述中，只有极少数次要角色才具有恻隐之心或是反省的自觉，而大多数的主要角色却沉迷于复仇和征伐之中不可自拔。因此他的观点更为接近两汉至魏晋的主流：人性分等级，不同等级的人性善恶各异。和董仲舒、扬雄、王充及皇侃所不同的是，赵晔并不认为君王或是外部环境有能力使百姓向善。在他的笔下，善的恰恰是百姓——零星的百姓。由此赵晔否定了由上到下进行教化的必要性和可能性，渔父也好，女子也罢，他们都没有接受过良师的指导，也没有接触上层政要的机会。他们的善是独自出现的，我们不知道别人对他们的影响，也不知道他们对别人的影响。这一切恰如"独化"，自生而自足。

我们很容易就会注意到，赵晔笔下的善人距离圣贤尚有相当的距离。他们只是在瞬间做了些许善事，或是在事后做了反省，与太伯或是孔子完全无法相提并论。可以说，赵晔并不相信中人能够不断向善成为圣人。如果说董仲舒和扬雄等人依然将成为圣贤作为儒者的目标，那么赵晔的叙述则告诉我们，能够像一个普通人那样行善已经是难能可贵之举。赵晔对中人的定位可以说开魏晋思想的先河。

《世说新语·伤逝》中有一则著名的故事：

> 王戎丧儿万子，山简往省之，王悲不自胜。简曰："孩抱中物，何至于此！"王曰："圣人忘情，最下不及情。情之所钟，正在我辈。"简服其言，更为之恸。

这则故事完美地展现了王戎对自己以及名士们的定位：既当不了圣人，也不想沦落成俗人。[47]也许有人会将王戎所言理解成一种消极的态度——怎么就不想积极进取成为圣贤呢？但是换一个角度来看，王戎是在对世事的无奈和自己的局限有了准确的认识之后，依然没有放弃自己的原则与底线。他对圣贤抱有敬意，知道圣人遥不可及，但也不愿意成为麻木不仁的小人。这样的中人是真实的，他承认自己的缺点，不会沉浸于自欺之中，以为自己可以成为圣贤。这样的中人也是可贵的，他不会放松对自己的要求，根据自己情感的喜怒哀乐真诚行事。这样的自我定位，似乎可以在赵晔对中人的界定中找到渊源。

自己的真实情感，就是魏晋名士所谓的"自然"。嵇康的"越名教而任自然"观点，正是在认为名教在现实社会中缺乏实践可能的情况下，主张听任个人的自然本性。[48] 嵇康的主张和王戎一样放弃了成为圣贤的可能——圣贤必然是遵循名教的。嵇康和王戎与以王符为代表的东汉思想家的不同在于，前者向内而后者向外。王符等人对东汉当时道德败坏的现实也多有批判，但是他们依然相信儒家思想的力量，希望用更为有效的外在名教来约束和教化世人；嵇康和王戎则从内出发，更相信自己本能的感情。如果说人性是抽象而不可捉摸的，那么感情是实实在在的。相信感情，并不一定要否定儒家道德，王戎本人就是著名的孝子，但是他的孝出自自身的情感，不需要外在礼仪的约束和指引，这就是赵晔叙述中所暗示的"本能"。

因此，生活在东汉的赵晔从人性论出发，在其"虚构性历史叙述"中对名教和自然的关系也做了思考，而他的思考则同样可以帮助我们理解汉代到魏晋相关观点的传承与变化。他显然对名教的力量表示怀疑，用多个细节告诉我们外在道德的无力。在《吴越春秋》中，很多人物并没有忘记名教，公孙圣就是在求道和仁义之间挣扎，要离同样因为仁义和忠诚而感到煎熬，甚至于女子在帮助伍子胥之前也纠结于礼仪。但是，所谓的道德并没有给吴越的百姓带来长久的安宁，也没有使君王们放弃征战。可见赵晔应该不会同意王弼"名教本于自然"的观点[49]，在吴越争霸中，成功者们的本能是"说谎"。我们可以说，相对于名教而言，赵晔更加相信"自然"，相信人在"善恶混"的情况下所具有的本能的"善"。不过，赵晔并不像嵇康他们那样相信"自然"。在他的叙述中，这种自然之"善"的力量是有限的，因而并非全然可以"任自然"。可以看到，从董仲舒对儒家道德的提倡，到东汉名教的盛行[50]，再到汉末对名教的质疑，魏晋王弼对名教与自然的调和，以及嵇康对自然的崇尚，这是"名教与自然"观念的发展过程。在这一过程中，赵晔的观点承上启下，为我们理解个中的转变提供了鲜活的事例，也让我们可以更好地理解魏晋名士们的立场。

当我们把"说谎"看成《吴越春秋》的主线时，发现《吴越春秋》中的终极"谎言"正是来自赵晔本人。在《吴越春秋》中，赵晔把自己打扮成一个讲故事的人，以至于让读者忘记他原来也是一位思想家。正如在吴国都城的集市中乞讨的伍子胥一样，赵晔没有向大家亮出自己的真实身份，而是等待能识人的读者去发掘他故事背后的思想。如果我们能够一环接着一环地识破其笔下人物的"谎言"，那么最终自然也就能揭开他身上的伪装。或许，赵晔的"说谎"和古公、太伯属于同一类型，本身并不是为了"欺骗"，而是为了让对方间接地"知"——这样的"知"方能够让人印象深刻。

赵晔用来表达其思想的"谎言"具有三个特点。首先当然是他的故事——也就是我们反复提到的"虚构性历史叙述"。他的思想表达方式和扬雄、王充和王符形成了鲜明的对比，让读者置身于吴越争霸的故事之中去自行探索其中的成败得失与经验教训。这种方式不但给予了读者自主性，甚至会让读者有一种自己才是思想家的错觉。读者在见识了伍子胥的人生起伏之后，对"谎言"、忠诚或是复仇有了感悟，但也许并没有认识到这份感悟其实源自赵晔的启发。这种潜移默化正与《诗经》中"风"一样的教化相吻合[51]，读者在阅读《吴越春秋》时，会根据自己的领悟自然地发现赵晔隐藏于其中的思想。因此，赵晔的思想对别人的潜在影响也许远远大于我们的想象。

其次，赵晔在《吴越春秋》中没有直接批判任何思想家。在对其他思想家批判的基础上展开自己的论述，是孟子和荀子在先秦就惯于采用的方法，这一传统也得到了扬雄和王充等人的继承。在赵晔的笔下，由于出场的主要人物大多来自春秋时期，有的甚至早在周朝出现之前，因而即使在人物的对话中，也找不到对任何先秦两汉思想家的直接批评。这使得读者不容易寻找赵晔思想的对话者——他对谁的观点表示赞同，又对谁的观点提出了质疑。因此，探寻赵晔思想对读者提出了更高的要求，读者必须对春秋以降的思想史非常熟悉，才能够理解赵晔叙述中的思想碰撞。

最后，赵晔完全没有进行立论。立论意味着自身思想的定型。我们知道，一位思想家在不同时期完全可能改变自己先前的具体观点，如果没有立论，那么赵晔在《吴越春秋》中的观点本身就充满了不确定性。这意味着一方面赵晔自身的思想可能随着叙述的展开而不断变化，另一方面则读者对赵晔思想的理解也会随着吴越争霸的深入展开而有所不同。这种对思想的动态阐述方式让读者在阅读过程中不断改变自己对赵晔思想的认识，"真正"的赵晔也就变得在可知与不可知之间。也许，读者也需要先有一份自知，才能够"知"隐藏在故事中的赵晔的思想吧。

故事即思想

这是一本讨论说谎的书，但是，它又不是一本讨论说谎的书。这是一本讨论《吴越春秋》的书，但是，它又不是一本讨论《吴越春秋》的书。

从头到尾，我们的目光都聚集在一个词——"说谎"，与一本书——《吴越春秋》之上。我们把"说谎"当作解读《吴越春秋》的一条主线，把"说谎"理解成吴越争霸中的关键要素，所有话题的探讨都以"说谎"为中心而展开。因此，这毫无疑问是一本讨论"说谎"的书，甚至可能是第一本如此详细讨论"说谎"的中文书。

然而，我们之所以讨论"说谎"，是因为希望为解读古代典籍提供一个新的视角，并不是把"说谎"当作《吴越春秋》的唯一主线，也绝不是为了推崇"说谎"而讨论"说谎"。从这个意义来说，这又不是一本只讨论"说谎"的书。一直以来，大家大多认为《吴越春秋》的主旨在于讲述吴越争霸中的起起伏伏，其中尤以伍子胥的复仇与越王勾践的称霸为最。不过，一位汉代的儒者讲述几百年前的"故事",真的只是为了让读者了解那一段历史吗?他究竟有没有出于对当时社会现实与哲学思想的反思,而希望通过"故事"来委婉地表达自己的思想呢?

相信在看似纷杂的叙述中有一条主线,是相信先秦以来的思想家们在讲故事的时候都不只是为了讲故事,他们讲故事都是为了传达自己的哲学思想。赵晔当然也不例外。不同的无非是在孟子、庄子、韩非子的眼里,故事更多地处于配角的地位,他们在讲述思想的过程中夹杂故事,是为了帮助读者更好地理解他们的思想[1];而在赵晔的笔下,故事本身已经成为了主角,或者可以概括成一个观点——"故事即思想"。在没有用其他笔墨明确阐述思想的情况下,故事本身就是思想的载体,而思想则是贯穿整个故事细节的主线。故事——也就是"虚构性历史叙述"就这样与思想合二为一。

从广义来说,"故事即思想"这一命题试图为研究中国哲学提供新的思路。关于中国哲学是否属于哲学的问题,早有诸多学者进行了各种论述。在此我们不必赘述。在我看来,甚至也没有必要严格区分中国哲学与中国思想,两者在很大程度上是重合的。根据葛兆光所说,中国古代思想家讨论的焦点主要有五个:第一是有关世界的观念,第二是有关政治的观念,第三是有关人尤其是人性的观念,第四是有关生命的观念,第五是以阴阳五行为基本框架的观物方式。[2]他对中国古代思想的界定与中国哲学的内涵并无二致。因此,在这里中国思想和中国哲学基本是一对可以互换的概念。我们一方面说"故事即思想",而不是"故事即哲学";另一方面又要强调"故事即思想",对中国"哲学"的研究来说可能是一条新路径。这种看似有些矛盾或是出于疏忽的对比，其实是有意为之。之所以如此，是为了强调中国思想和中国哲学的互通性。

"故事即思想"的观点事实上古已有之，明末清初的著名才子金圣叹就认为四大名著之一的《水浒传》充满了"神理"，把它视为一部"格物"之书。金圣叹明确指出，圣人用六经传道，而庄周、屈原、司马迁和杜甫等人虽然不及圣人，但具有各自之才，都在用自己独特的方式在传道。他们充满了文学性的文字——无论是寓言、史传还是诗歌都蕴藏着道理。这些道理实则源自六经，只不过六经出自圣人之手，而后世之人则根据自己之"才"而选择了适合自己的表述方式。[3]在他看来，《水浒传》也正是这样的"文章"，并赞叹说："天下之文章，无有出《水浒》右者；天下之格物君子，无有出施耐庵先生右者。"[4]

金圣叹的论断看起来非常奇特。在通常的观点看来，施耐庵是一位小说家。在现代学科的分野下，几乎没有人把他视为哲学家或是思想家。与此同时，庄子是哲学家，司马迁是史家，而屈原和杜甫是诗人。他们这几位的身份是如此得不同，似乎怎么也无法被归为同一类，尤其是屈原和杜甫，很难想象他们被贴上思想家的标签。金圣叹把施耐庵和他们四位列在一起自有他的原因，觉得他们都继承了《论语》的叙述手法，文章之中都有主线将他们的思想一以贯之："庄生意思欲言圣人之道，《史记》摅其怨愤而已。"[5]在金圣叹看来，《水浒传》的主旨在于"忠恕"[6]，施耐庵并非推崇梁山好汉的所作所为，而是将他们视为反面教材，就好像《国风》记录了"淫"诗，《春秋》记载了弑夺一样[7]。可以说，金圣叹对《水浒传》的解读与定性中就蕴含了"故事即思想"的观点。

因此，我们必须承认，将《吴越春秋》中的故事视为赵晔思想的载体是对金圣叹的一种模仿。这样的模仿并不仅仅是为了发掘吴越争霸背后所隐藏的赵晔的思想，更是为了希望复兴"故事即思想"的观念，从而真正地从中国文化的特性出发思考中国哲学。劳思光在其《新编中国哲学史》序言中说："哲学史的主要任务原在于展示已往的哲学思想"[8]，那么哪些才属于中国"已往的哲学思想"，这是一个需要重新探讨的问题。"故事即思想"，意味着文学和哲学之间没有界限，合二为一；意味着哲学可以通过迂回委婉的方式表达，而不一定要采取直接论证的方式。或者说，迂回表达和直接论证都可以合理地阐述哲学思想，两者并没有必然的高下之分。哲学家会根据自己的才性和喜好选择一种表述方式。

"故事即思想"的观念在清末民初之时也依然存在。梁启超在讲述明清之交中国思想的代表人物时，赫然将孔尚任、曹雪芹这两位文学家与黄宗羲、颜元、李塨以及方以智等出现于各种《中国哲学史》的常客并提。[9]然而，这一观念随着20世纪现代学科分类的细化而逐渐式微。不用说《水浒传》或者是其他小说，即使是《诗经》也渐渐淡出了哲学史家们的视野，成为了先秦中国哲学研究中相对边缘化的文献——而诸子才是先秦哲学的主角。[10]问题在于现代学科分类是西方的产物，在这样的分类下，即使有学者强调中国哲学的特殊性，也会自然地把探讨文学作品中的思想视为文学研究的范畴。

事实上，自20世纪以来西方哲学与文学的界限也已经开始模糊。越来越多的哲学家同时也是文学家，罗素、柏格森、萨特等著名哲学家获得诺贝尔文学奖，证明了文学是哲学的载体之一。这些哲学家有意识地用文学作品来表达自己的思想，而不再局限于纯粹的哲学性写作。例如萨特的《恶心》(*La Nausee*)，就是一篇阐述了哲学思想的小说，其主旨在于探讨自由的可能性。[11]在这种趋势下，西方哲学史和思想史的学者们也频繁地把文学作品作为哲学史和思想史的研究文本。我们在前言中已经指出，在西方马克思主义代表人物之一乔治·卢卡奇看来，司汤达、福楼拜与罗曼·罗兰等人的小说本身就是西方哲学的载体之一，历史小说的发展本身就代表着西方哲学的发展[12]。

美国存在主义哲学家威廉·巴雷特(William Barrett)在其代表作《非理性的人》中，也明确指出尽管"华兹华斯本人从未以概念的方式"来表达哲学，但是华兹华斯诗歌中具有存在主义色彩[13]；同时，陀思妥耶夫斯基的小说则展现了"万变不离其宗的哲学主题"——理性的破坏性[14]；而托尔斯泰小说中所展现的哲学则是"面对生活站着"[15]。在文学和哲学不再有明确界限的情况下，诗歌可以是哲学，而小说也同样是哲学。换言之，对陀思妥耶夫斯基和托尔斯泰们来说，"故事即思想"这一命题也是成立的。

西方哲学与文学之间界限的消解，在很大程度上是源于对体系型形而上学的质疑。"哲学家们不能再……试图用简单观念和基本感觉构建人类经验。"[16]美国哲学家理查德·罗蒂(Richard Rorty)认为当人们意识到抽象而高高在上的超越性"真理"并不存在时，我们就必须依靠在生活中不断试验来感知"真理"[17]。

同样，威廉·巴雷特也反复强调从古希腊开始，哲学就"是一种具体的生活方式"[18]。换言之，哲学的真理就体现于大家平时的生活之中，而小说讲述的则正是生活本身。普鲁斯特在《追忆逝水年华》中看似琐碎的叙述，正是生活本真的体现。因此就哲学思想而言，"尼采、海德格尔……与普鲁斯特一样地伟大"[19]。

在这样的趋势之下，不少汉学家也开始将传统意义上中国古代的文学家视为哲学家，并将他们的作品视为哲学文献。例如罗秉恕（Robert Ashmore）将陶渊明的诗作视为对《论语》的注释，把陶渊明视为一位魏晋之际的儒家思想家[20]；而胡明晓（Michael Hunter）则认为《诗经》是中国哲学的奠基之作，对先秦以降中国哲学的形成和发展具有着决定性的深远影响。在胡明晓看来，奠定中国人世界观的是《诗经》而不是诸子，因而他指出从文学作品才能发现中国哲学的传统。[21]

胡明晓的呼吁与刘勰遥相呼应。刘勰在《文心雕龙》的第一章《原道》中说："唐虞文章，则焕乎始盛。元首载歌，既发吟咏之志；益稷陈谟，亦垂敷奏之风。"这就是说"文"包含了对人生和政治两方面的阐述，而"人文之元，肇自太极，幽赞神明，易象为先"，指的则是对宇宙万物关系的思考。刘勰的观点很好地体现了中国传统对文和道之间关系的认识：那就是文来源于道，又是为了阐明道。无论是荀子指出的"文以明道"，还是曹丕、周敦颐所说的"文以载道"，都和刘勰的观点相吻合。[22]刘勰所说之"文"几乎涵盖了所有的文学体裁，从诗歌、铭箴、杂文、史传、论说、诏策到议策都在其中。值得注意的是，金圣叹对《水浒传》的观点与刘勰一脉相承。他把《水浒传》称为"文章之总持"[23]，可见在金圣叹看来，被大家视为小说的《水浒传》不但属于刘勰所说的文章，而且是文章的集大成者，蕴含着对中国哲学的阐述。那么，是否所有的小说（故事）都可以被视为哲学文献？如果不，那么哪些可以而哪些又不可以呢？清代学者阮元指出，"文"的传统来自《易传》的《文言》，因而讲述的当然是"道"，即今天所谓广义的中国哲学。不过后来有的文章只剩下了雕琢的形式，而失去了对"道"的诠释。[24]也就是说，在古籍中的确存在着徒具娱乐性而缺乏思想性的文章。根据这一观点，那些内容空泛而与"道"无关的小说，就不是哲学史需要考察的对象；而只要主动对"道"做了探讨的小说，就符合"故事即思想"的原则。

因此，当我们说《吴越春秋》是两汉到魏晋之际哲学思想发展的重要一环，赵晔是东汉不可忽略的哲学家时，并不只是想为《吴越春秋》和赵晔正名，更是希望包括"虚构性历史叙述"在内的众多"文学性"文献能够成为研究中国哲学的史料。正如胡明晓所言："把诸子视为早期中国思想的主角是晚近历史发展的结果。"[25]在西方新观念的冲击下，20世纪初的中国学者为了找到能与西方哲学相抗衡的"中国哲学"，而将注重直接论证的诸子学视为早期中国哲学的核心，并按照这个标准选择了两汉以降的中国哲学家，但是此举却忽视了中国哲学的真正特质，"使中国哲学丧失了自我认同"[26]。从《吴越春秋》出发重新主张"故事即思想"，正是为了重新找回中国哲学的特质，唤起中国哲学的自我认同，从而可以更为合理地梳理中国哲学的发展脉络。这并不是想要否定诸子以及其他现已公认的古代哲学家们的价值，而是为了肯定更多尚未得到重视的古代哲学家们的价值。

美国汉学家普鸣（Michael Puett）指出，和西方哲学相比，中国哲学的特质之一就是不崇尚抽象思维，而是将对自然和世界的理解与王朝兴衰联系在一起。[27]因此，当赵晔在讲述吴越争霸之时，讲的正是他的哲学思想。我们完全可以把这样的思想表达方式视为一种"说谎"行为。这是一种不具有"欺骗性"的"说谎"，就好像古公与太伯父子之间的"谎言"一样。这种"说谎"就是为了等待能够"知"的人来领会。在金圣叹看来，施耐庵用的也是这种"说谎"方式，他用讲述梁山"好汉"的故事来阐明忠恕之道理。不"知"施耐庵用心的读者"犹如常儿之泛览者"[28]，会误以为他在宣扬"杀人夺货之行"[29]；正如有的读者会以为赵晔在赞扬伍子胥的复仇或是勾践的称霸一样。

当然，我们并没有金圣叹那样的自信。如果我们自信到认为别人的解读都有问题，而自己的解读方是正解，那无疑是一种自欺。我们将"说谎"视为《吴越春秋》的主线，并在此基础上探讨赵晔的哲学思想，是想表明这种解读是可能的，而并不想证明这是唯一的可能。一种委婉的叙述注定有多种的解读方式，这正是作者与读者、言者与听者之间博弈的魅力所在。当然，也会有人不喜欢没有谜底的谜语，他们可能会推崇诸子们相对直接的论述；而那些喜欢没有谜底的谜语之人，则会沉迷在故事之中，不断地发现其中的思想，甚至会用自己新发现的谜底来否定自己已发现的旧谜底吧。

注 释

前 言

1 关于伍子胥的形象，参见David Johnson, "Epic and History in Early China: The Matter of Wu Tzu-hsü", *Journal of Asian Studies*, Vol. 40, No. 2 (Feb. 1981), pp.255–271.

2 关于"言意之辨"，参见汤用彤《魏晋玄学论稿》中的相关论述，《中国现代学术经典·汤用彤卷》，刘梦溪主编，河北教育出版社，1996年，第678—695页。

3 唐茂松：《论太伯奔吴的历史贡献》，《江苏社会科学》1996年第3期。

4 ［美］柯文著，董铁柱译：《与历史对话——二十世纪中国对越王勾践的叙述》，香港中华书局，2021年，第33页。

5 同上，第31页。

6 Paul A. Cohen, *History in Three Keys The boxers as Event, Experience, and Myth*, New York: Columbia University Press, 1997, p.3.

7 Andrew H. Plaks, *Chinese Narrative: Critical and Theoretical Essays*, Princeton, NJ: Princeton University Press, 1977, p.28.

8 E.S. Klein, *The History of a Historian: Perspectives on the Authorial Roles of Sima Qian*, NJ: Princeton University, 2010, p.47.

9 Michael Nylan, "Sima Qian: A True Historian?" *Early China*, 1998, pp.203–246.

10 Stephen W. Durrant, et., *The Letter to Ren An and Sima Qian's Legacy*,

Seattle: University of Washington Press, 2016, p.30.

11 参见李长之：《司马迁之人格与风格》，天津人民出版社，2015年，第 59—96页。

12 据徐复观所言，《左传》"特别凸出行为的因果关系，以作成败祸福的解 释，并为孔子的褒善贬恶，提供有力的支援"。徐复观：《两汉思想史》 第三卷，华东师范大学出版社，2001年，第199页。

13 Jerzy Topolski, "Historical Narrative: Towards a Coherent Structure", *History and Theory*, Vol.26, No.4 (Dec. 1987), pp.75–86.

14 Frank R. Ankersmit, *Meaning, Truth and Reference in Historical Representation*, Ithaca: Cornell University Press, 2012.

15 Jerzy Topolski, "Historical Narrative: Towards a Coherent Structure".

16 ［美］柯文著，董铁柱译：《与历史对话——二十世纪中国对越王勾践的 叙述》，第271页。

17 同上。

18 徐复观：《两汉思想史》第三卷，第196页。

19 王鹏：《当代〈吴越春秋〉研究简述》，《黄山学院学报》2005年第5期。

20 ［美］柯文著，董铁柱译：《与历史对话——二十世纪中国对越王勾践的 叙述》，第4页。

21 Sheila Murnagham, *Disguise and Recognition in the Odyssey*, NJ: Princeton University Press, 1987; Douglas J. Stewart, *The Disguised Guest: Rank, Role, and Identity in the Odyssey*, London: Associated University Press, 1976.

22 唐长孺：《魏晋南北朝隋唐史三论》，武汉大学出版社，1993年，第68— 70页。

23 参见汤用彤《魏晋玄学论稿》的相关论述，《中国现代学术经典·汤用 彤卷》，第678—695页。

24 参见金春峰：《汉代思想史》，中国社会科学出版社，2018年。

25 Michael Nylan, "A Problematic Model: The Han 'Orthodox Synthesis,' Then and Now," *Imagining Boundaries: Changing Confucian Doctrines, Texts, and Hermeneutics*, Albany: Suny Press, 1999, pp.17–56.

26 徐复观：《两汉思想史》第三卷，第1页。

27 同上，第5页。

28 同上，第193页。

29 Sheldon Lu, *From Historicity to Fictionality: The Chinese Poetics of Narrative*, CA: Stanford University Press, 1994, p.42.

30 Georg Lukács, *The Historical Novel*, Lincoln, NE: University of Nebraska Press, 1983。

31 见［俄］列夫·舍斯托夫著，董友等译：《在约伯的天平上》，生活·读书·新知三联书店，1989年。

32 见［英］以赛亚·伯林著，彭淮栋译：《俄国思想家》，译林出版社，2011年。

33 徐复观：《两汉思想史》第三卷，第20页。

34 W. K. Wimsatt, *The Verbal Icon: Studies in the Meaning of Poetry*, Lexington: University of Kentucky Press, 1954.

35 Lei Yang, "Review of The Letter to Ren An and Sima Qian's Legacy", *Early China*, 2016, pp.1–5.

36 黎靖德编：《朱子语类》第二册，中华书局，1994年，第431页。

第一章

1 例如樊祥恩认为《吴越春秋》至少包括对历史进行反思、宣扬复仇主义、崇尚侠义精神和突出江南情怀四个主题，这样的概括代表了主流的观点，而"说谎"则一直是未曾被涉及的话题。参见樊祥恩：《〈吴越春秋〉的四大主题》，《西南农业大学学报（社会科学版）》2008年第4期。

2 Michael Nylan, "A Problematic Model: The Han 'Orthodox Synthesis,' Then and Now," *Imagining Boundaries: Changing Confucian Doctrines, Texts, and Hermeneutics*, pp.17–56.

3 参见李洲良：《春秋笔法的内涵外延与本质特征》，《文学评论》2006年第1期。

4 徐复观：《两汉思想史》第三卷，第165页。

5 同上，第4页。

6 John Makeham, *Transmitters and Creators: Chinese Commentators and Commentaries on the Analects*, Cambridge: Harvard University Asia Center, 2004, p.216.

7（梁）皇侃撰、高尚榘点校：《论语义疏》，凤凰出版社，2020年，第

236页。

8 同上，第237页。

9 董铁柱：《说谎与个人道德价值：从〈小西皮雅斯〉篇看"父子互隐"》，《孔子研究》2012年第5期。

10 朱熹：《论语章句集注》，见《四书五经》上册，中国书店，1982年，第31页。

11 （梁）皇侃撰、高尚榘点校：《论语义疏》，第124页。

12 同上。

13 同上，第122页。

14 同上，第124页。

15 同上，第72页。

16 同上。

17 同上，第77页。

18 参见刘劭：《人物志》，中华书局，2018年，第89—108页。

19 关于孔子与庄子对言义的不同观点，参见温海明：《以"名"出"言"，以"言""行"事——孔子与庄子意义观之比较》，《广东社会科学》2013年第3期。

20 朱熹：《孟子章句集注》，见《四书五经》上册，第61页。

21 同上，第58页。

22 同上。

23 Lisa Raphals: "*Sunzi* versus *Xunzi*: Two Views of Deception and Indirection", *Early China*, 2016, Vol.39, pp.185-229.

24 同上。

25 同上。

26 同上。

27 参见徐平章：《荀子与两汉儒学》，台北文津出版社，1988年。

28 Lisa Raphals: "*Sunzi* versus *Xunzi*: Two Views of Deception and Indirection".

29 夏德靠：《先秦"春秋"类文献的编纂及其文体的演进》，《中央民族大学学报（哲学社会科学版）》2010年第2期。

30 徐复观：《两汉思想史》第三卷，第151页。

31 Francois Jullien, *Detour and Access: Strategies of Meaning in China and*

Greece, New York: Zone Books, 2000, p.113.

32 参见顾颉刚:《春秋三传及国语之综合研究》,巴蜀书社,1988年。

33 徐复观:《两汉思想史》第三卷,第2页。

34 同上,第170页。

35 参见罗军凤:《清代春秋左传学研究》,人民出版社,2010年。

36 Eric Henry, "'Junzi Yue' versus 'Zhongni Yue' in Zuozhuan", *HJAS*, Vol.59, No.1, 1999, pp.125–161.

37 Jacqueline de Romilly, *Histoire et raison chez Thucydide*, Paris: Belles Lettres, 1956, pp.64ff.

38 金圣叹:《贯华堂第六才子书西厢记》,陆林辑校整理:《金圣叹全集》第3册,凤凰出版社,2016年,第904页。

39 金圣叹:《唱经堂左传释》,陆林辑校整理:《金圣叹全集》第5册,凤凰出版社,2016年,第98页。

40 [美]柯文著,董铁柱译:《与历史对话——二十世纪中国对越王勾践的叙述》,第56页。

41 盛大谟:《于野左氏录》,清同治五年《字云巢遗稿》本。

42 罗军凤:《清代春秋左传学研究》,第373—374页。

43 金圣叹:《唱经堂左传释》,第28页。

44 赵吕甫:《史通新校注·六家》,重庆出版社,1990年,第21页。

45 Wolfgang Iser, *The Act of Reading: A theory of Aesthetic Response*, Baltimore: Johns Hopkins University Press, 1978, p. 128.

46 Aristotle, *Poetics*, London and New York: Penguin Classics, 1996, p.16.

47 Wolfgang Iser, *The Act of Reading: A theory of Aesthetic Response*, p.115.

48 引自朱熹:《诗经集传》,中国书店,1994年,第32页。

49 徐复观:《两汉思想史》第三卷,第5页。

50 董舒心:《论"感甄"故事的产生》,《殷都学刊》2018年第3期。

51 徐复观:《两汉思想史》第三卷,第6页。

52 朱熹:《诗经集传》,第28页。

53 房瑞丽:《〈韩诗外传〉》与先秦〈诗〉学渊源关系探略》,《北方论丛》2012年第1期。

54 (清)刘宝楠、高流水点校:《论语正义》,中华书局,1990年,第210页。

354

55 朱熹:《四书章句集注》，中华书局，1983年，第44页。

56 朱熹:《论语章句集注》，第29页。

57（清）刘宝楠、高流水点校:《论语正义》，第266页。

58 John Makeham, *Transmitters and Creators: Chinese Commentators and Commentaries on the Analects*, pp.97–147.

59 朱熹:《论语章句集注》，第27页。

60（梁）皇侃撰、高尚榘点校:《论语义疏》，第108页。

61 朱熹:《论语章句集注》，第18页。

62（梁）皇侃撰、高尚榘点校:《论语义疏》，第77页。

63 John Makeham, *Transmitters and Creators: Chinese Commentators and Commentaries on the Analects*, pp.320–324.

64 Alexander Nehamas, *The Art of Living: Socratic Reflections from Plato to Foucault*, Berkeley: University of California Press, 1998, p.3.

65 Augustine, "Against Lying", in Sissela Bok, *Lying: Moral Choice in Public and Private Life*, New York: Vintage Books, 1989, pp.251–255.

66 Augustine, "On Lying", in Sissela Bok, *Lying: Moral Choice in Public and Private Life*, pp.250–251.

67 Thomas Aquinas, "Whether Lies Are Sufficiently Divided into Officous, Jocose and Mischievous Lies?" in Sissela Bok, *Lying: Moral Choice in Public and Private Life*, pp.255–257.

68 Sissela Bok, *Lying: Moral Choice in Public and Private Life*, p.135.

69 Thomas C. Schelling, "Game Theory and the Study of Ethical Systems", in *The Journal of Conflict Resolution*, Vol. XII, No.1, 1968, pp.34–44.

70 Joseph Fletcher, *Situation Ethics: The New Morality*, Philadelphia: Westminster Press, 1966, p.118.

71 Thomas C. Schelling, "The Strategy of Conflict Prospectus for a Reorientation of Game Theory", *The Journal of Conflict Resolution*, Vol. 2, No. 3, 1958, pp.203–264.

72 Thomas C. Schelling, "Game Theory and the Study of Ethical Systems".

73 David Gauthier, "Morality and Advantage", *Philosophical Review*, 76, 1967, pp.460–475.

74 Sissela Bok, *Lying: Moral Choice in Public and Private Life*, p.141.

75 Ibid., p.144.

76 From David Hume, "Enquiry Concerning the Principles of Morals", in Sissela Bok, *Lying: Moral Choice in Public and Private Life*, p.134.

77 George Steiner, *After Babel: Aspects of language and Translation*, New York and London: Oxford University Press, 1975, p.224.

78 Joseph Fletcher, *Situation Ethics: The New Morality*, p.64.

79 Robert C. Solomon, "Self, Deception, and Self-deception in Philosophy", in *Self and Deception*, ed. by Roger T. Ames and Wimal Dissanayake, Albany: State University of New York Press, 1996, pp.91‒122.

80 Ibid..

81 Ibid..

82 Ibid..

83 Ibid..

84 Carl G. Jung, *Aion: Researches into the Phenomenology of the Self*, Princeton: Princeton University Press, 1975, p.8.

85 Carolyn T. Brown, *Reading Lu Xun through Carl Jung*, Amherst, Cambria Press, 2018, p.46.

86 Amelie Rorty, "The Deceptive Self: Liars, and Layers", in *Perceptives on Self-Deception*, ed. McLaughlin and Rorty, Berkeley: University of California Press, 1988.

87 Roger T. Ames and Wimal Dissanayake, "Introduction", *Self and Deception*, p.8.

88 Carolyn T. Brown, *Reading Lu Xun through Carl Jung*, p.46.

89 金圣叹：《第五才子书施耐庵水浒传》，陆林辑校整理：《金圣叹全集》第3册，第17—18页。

第二章

1 关于王符荣辱观的详细内容，参见王步贵：《王符的荣辱观》，《兰州学刊》1991年第3期。

2 Mark E. Lewis, *Honor and Shame in Early China*, Cambridge: Cambridge University Press, 2020, p.vi.

3 关于春秋时期父子之间的冲突矛盾，参见张力丹：《〈左传〉家庭伦理研究》，广西师范大学2019年硕士学位论文。

4 关于势辱的介绍，参见李富强：《"义辱"与"势辱"：荀子耻辱观的两种面向》，《孔子研究》2019年第3期。

5 关于耻辱感的内在与外在的分析，参见李富强：《"义辱"与"势辱"：荀子耻辱观的两种面向》。

6 Mark E. Lewis, *Honor and Shame in Early China*, p.3.

7 Georg Simmel, *The Sociology of Georg Simmel,* New York: The Free Press, 1964, p.330.

8 Ibid., p.314.

9 关于庄子这一寓言的分析，参见李明珠：《庄子的寓言之象与原创之思——以"象罔""梦蝶""游鱼"之象思为例》，《杭州师范大学学报（社会科学版）》2008年第5期。

10 戴卡琳、崔晓姣、张尧程：《名还是未名：这是问题》，《文史哲》2020年第1期。

11 参见汤用彤在《魏晋玄学论稿》中《读〈人物志〉》篇中第二部分的相关论述。汤用彤：《中国现代学术经典·汤用彤卷》，河北教育出版社，1996年，第665—671页。

12 St. Augustine, "*On Lying,*" in Sissela Bok, Lying: Moral Choice in Public and Private Life, p.250.

13 参见《中国历代战争年表》（上卷），军队出版社，2003年。

14 John Makeham, *Transmitters and Creators: Chinese Commentators and Commentaries on the Analects*, chapter 4.

15 对《易》学中否泰的解释一直与政治紧密相关，参见梁从峨：《否泰之义：两宋党争与南渡易学》，《朱子学刊》2016年第2期。

16 Marcel Detienne, *The Masters of Truth in Archaic Greece*, New York: Zone Books, 1999, p.70.

17 王健如：《犊鼻裈续考》，《学术研究》1983年第2期。

18 见《晋书·阮咸传》。

19 见《世说新语·德行》。

20 关于魏晋名士夸张表演背后的意义，参见拙著《演而优则士——〈世说新语〉三十六计》，中华书局，2022年。

21 Marcel Detienne, *The Masters of Truth in Archaic Greece*, p.70.

22 Shelley Coverman, "Role Overload, Role Conflict, and Stress: Addressing Consequences of Multiple Role Demands," *Social Forces*, Vol. 67, No. 4 (Jun., 1989), pp.965−982.

23 Haun Saussy, *The Problem of A Chinese Aesthetic*, Stanford: Stanford University Press, 1993, p.13.

24 Ibid., p.19.

25 Ibid., p.105.

26 关于"说谎"如何能够创造未来，参见Jacques Derrida, "History of the Lie: Prolegomena," in *The Graduate faculty Philosophy Journal*, Vol.19, No. 2-Vol. 20, No. 1, 1997, pp.129−161。

27 关于孟子对此的看法，可参见彭永海：《试论〈孟子〉中舜与瞽叟的父子关系——以"亲亲"、"尊尊"为视角》，《中北大学学报》2014年第4期。

28 引自（梁）皇侃撰、高尚榘点校：《论语义疏》，第227页。

29 同上，第215页。

30 冯友兰：《中国哲学史》（上），中华书局，1992年，第87页。

31 王钧林、张亚宁：《孔孟"大人"观之比较》，《东岳论丛》2016年第11期。

32 徐向群、闫春新：《皇侃〈论语义疏〉的注经特色》，《哲学动态》2011年第11期。

33 徐复观：《两汉思想史》第三卷，第25页。

34 张靖杰：《缘复仇以明王义——〈公羊传〉"九世复仇"说辨正》，《孔子研究》2022年第1期。

第三章

1 关于古代文学中的渔父形象及其内涵，参见慎春燕：《浅论中国文学中的渔父形象》，《浙江海洋大学学报》2009年第2期。

2 ［美］乔治·莱考夫、马克·约翰逊著，何文忠译：《我们赖以生存的隐喻》，浙江大学出版社，2015年，第23页。

3 关于中国古代芦苇意象的介绍与探讨，参见李倩：《中国古代文学芦苇意

358

象和题材研究》，南京师范大学2013年硕士学位论文。

4 ［美］乔治·莱考夫、马克·约翰逊著，何文忠译：《我们赖以生存的隐喻》，第151页。

5 同上，第23页。

6 参见胡海洋：《"性恶"何以成"善"——荀学进路下从自然之性到礼义之文的跨越》，颜炳罡主编：《荀子研究》第三辑，上海三联书店，2021年，第57—67页。

7 赵桂梅：《萨特的"他人"问题——对海德格尔"共在"概念的批判性考察》，《天津大学学报》2019年第4期。

8 刘伟杰：《由汉代妇女离异与再婚的状况看汉代人的贞节观》，《民俗研究》2007年第1期。

9 汪少华：《古人的坐姿与座次》，《南昌大学学报（人文社会科学版）》1999年第3期。

10 Mark Lewis, *The Early Chinese Empires: Qin and Han*, Cambridge, MA: The Belknap Press of Harvard University Press, 2007, p.156.

11 Michael Loewe, *Everyday Life in Early Imperial China: During the Han Period, 202 Bc-Ad 220*, Indianapolis and Cambridge: Hackett, 2005, p.51.

12 韩进军：《王道三纲：董仲舒对社会等级结构的搭建》，《中国儒学》2016年第1期。

13 Alain Badiou, *Ethics: An Essay on the Understanding of Evil*, Peter Hallward, London & New York: Verso, 2001, p.10.

14 关于道德和牺牲之间的关系，可以参见郭继民：《形上道德之探究》，《南通大学学报》2018年第5期。

15 Alain Badiou, *Ethics: An Essay on the Understanding of Evil*, p.35.

16 Emile Durkheim, *Suicide*, New York: The Free Press, 1951.

17 Eric Henry, "The Motif of Recognition in Early China," *Harvard Journal of Asiatic Studies*, Vol.47, No.1 (Jun.,1987), pp.5-30.

18 关于先秦哲学与文学中水的意象，参见杜春丽：《先秦儒道哲学中的水象》，北京大学2013年硕士学位论文。

19 关于水"回家"的意象，参见Michael Hunter, *The Poetics of Early Chinese Thought*, New York: Columbia University Press, 2021, pp.99-108.

20 （梁）皇侃撰、高尚榘点校：《论语义疏》，第156页。

21 罗维明：《"细人"辨析》，《古汉语研究》2003年第1期。

22 焦东新：《试论春秋时期亲子伦理中的孝与慈》，吉林大学2007年硕士学位论文。

23 瞿同祖：《瞿同祖法学论著集·中国法律与中国社会》，中国政法大学出版社，1998年，第226页。

24 杨鸿雁：《中国古代耻辱刑考略》，《法学研究》2005年第1期。

25 宋杰：《"伏剑"与"欧刀"——东周秦汉"隐戮"行刑方式的演变》，《中国史研究》2013年第2期。

26 参见董铁柱：《从"Confucian"到"Ru"：论美国汉学界对上古儒家思想研究的新趋势》，《文史哲》2011年第4期。

27 关于"情"和"礼"的冲突，参见王海成、陈卓：《先秦儒家道德哲学中"礼"与"情"的紧张及其解决——从〈论语·宰我问章〉说起》，《道德与文明》2013年第3期。

28 关于吴起杀妻，参见王子今：《吴起杀妻论》，《南京师大学报（社会科学版）》2013年第4期。

29 参见张文秀：《论王弼"圣人有情"说及其社会影响和文学意蕴》，《江苏社会科学》1996年第1期。

30 邱忠堂：《论皇侃〈论语义疏〉中的圣人观》，《西藏大学学报》2010年第S1期。

31 白奚：《略论先秦时期的隐士》，《甘肃社会科学》1991年第1期。

32 Donald J. Munro, "The Taoist Concept of Man," in his *The Concept of Man in Early China*, Stanford: Stanford University Press, 1969, p.117-139.

33 王焱：《游世的庄子——兼论庄子为何反对避世与入世》，《中国哲学史》2007年第3期。

34 王国良：《从忠君到天下为公——儒家君臣关系论的演变》，《孔子研究》2000年第5期。

35 孔祥安：《汉代忠君伦理的发展与强化》，《武陵学刊》2020年第4期。

36 魏良：《忠节的历史考察：秦汉至五代时期》，《南京大学学报》1995年第2期。

37 梁宗华：《论东汉后期的儒道融合》，《东岳论丛》2010年第12期。

38 张小琴：《谈庄子言说的隐喻特色》，《人文杂志》2001年第3期。

39 参见董铁柱：《先秦是否有道家：从西方汉学反思先秦思想研究》，（马来西亚）《南方大学学报》，2014年第2卷。

40 分别参见熊永祥：《贾生意象论析》，《中国文学研究》2007年第4期；刘晓东：《试论揉合儒道的思想家——扬雄》，《江西社会科学》1987年第4期；张涛：《王充易学思想简论》，《东北师大学报（哲学社会科学版）》2000年第5期。

41 参见许倬云：《历史分光镜》，中华书局，2015年，第211—212页。

42 冯友兰：《中国哲学史》上，第99页。

43 同上。

44 陈澧：《东塾读书记》上册，朝华出版社，2017年，第81页。

45 关于纵横家的表达方式以及对传统道德的挑战，分别参见展立新：《论纵横家的隐性教育思想》，《学术论坛》2003年第4期；展立新：《论纵横家对传统道德的叛逆》，《中国地质大学学报（社会科学版）》2003年第5期。

46 方朝晖：《从〈春秋〉义法到〈左传〉义法：以楚灵之难为例》，《国学学刊》2012年第4期。

47 关于先秦时期的天下观，参看袁宝龙：《先秦时期天下观的演进》，《长江论坛》2017年第4期。

48 关于先秦儒家的义利观，参见皮伟兵、焦莹：《先秦儒家义利观新探》，《伦理学研究》2011年第6期。

49 李硕：《孔子大历史：初民、贵族与寡头们的早期华夏》，上海人民出版社，2019年，第337页。

50 例如清代学者朱次琦指出班固《汉书》中的《匈奴列传》"违反春秋为尊亲者讳之义"，参见朱次琦：《朱次琦集》，上海古籍出版社，2020年，第227页。

51 参见伯纳德·韦纳，周玉婷译，方文校：《归因动机论》，中国人民大学出版社，2020年，特别是其中的第五章。

52 Bernard Weiner, "An Attributional Theory of Achievement Motivation and Emotion," *Psychological Review*, Vol.92, No.4, 1985, pp.548-573.

53 陈辉：《论东汉魏晋南北朝统治者的道教政策取向》，《陕西理工学院学报（社会科学版）》2016年第4期。

54 李锦全：《徜徉在入世与出世之间——葛洪儒道兼综思想剖析》，《宗教学研究》2004年第2期。

55 白奚:《范蠡对黄老道家的理论贡献》,《社会科学》2016年第8期。

56 李博:《无问西东话"中庸"》,《关东学刊》2020年第1期。

第四章

1 关于自欺的较新研究,可参见 Neel Burton, *Hide and Seek: The Psychology of Self-Deception*, Nashville: Acheron Press, 2019.

2 相关讨论参见 Robert Cummings Neville, "A Confucian Construction of a Self-Deceivable Self," *Self and Deception: A Cross-Cultural Philosophy Enquiry*, Albany: State University of New York Press, 1996, pp.201–218.

3 参见冯寿农:《勒内·吉拉尔对俄狄浦斯神话的新解》,《国外文学》2004年第2期。

4 关于自欺和知行合一之间的关系,可参见卢盈华:《良知是如何被遮蔽的?——基于阳明心学的阐明》,《中国哲学史》2017年第4期。

5 黎靖德编:《朱子语类》第二册,中华书局,1994年,第423页。

6 关于朱熹对"自欺"的阐述,参见陈林:《朱熹〈大学章句〉"诚意"注解定本辨析》,《孔子研究》2015年第2期。

7 黎靖德编:《朱子语类》第二册,第327—328页。

8 参见[古希腊]柏拉图:《游叙弗伦·苏格拉底的申辩·克力同》,商务印书馆,1983年。

9 李硕:《孔子大历史:初民、贵族与寡头们的早期华夏》,上海人民出版社,2019年,第67页。

10 Carl Jung, "The Role of the Unconscious," in *Civilization in Transition.* Edited by Sir Herbert Read, Michael Fordham, and Gerhard Adler, Vol.10 of *The Collected Works of C. G. Jung*, Princeton: Princeton University Press, 1978, pp.2–28.

11 Carl Jung, *Aion: Researches into the Phenomenology of the Self*, Vol. 9. Part 2 of *The Collected Works of C. G. Jung*, p.8.

12 Ibid., p.5.

13 Ibid..

14 Ibid., p.9.

15 Haun Saussy, *The Problem of A Chinese Aesthetic*, p.136.

16 Ibid., p.5.

17 洪波：《先秦汉语对称代词"尔""女（汝）""而""乃"的分别》，《语言研究》2002年第2期。

18 Carl Jung, *Aion: Researches into the Phenomenology of the Self*, p.8.

19 （梁）皇侃撰、高尚榘点校：《论语义疏》，第64页。

20 黎靖德编：《朱子语类》第二册，第704—705页。

21 （梁）皇侃撰、高尚榘点校：《论语义疏》，第64页。

22 关于汉代士人的忠君观念，参见王凯波：《屈骚评论中汉代士人忠君观念的演变》，《哈尔滨师范大学社会科学学报》2014年第3期。

23 关于春秋时期"忠"的观念，参见郭芳：《春秋左传"忠"观念研究》，河南大学2012年硕士学位论文。

24 （梁）皇侃撰、高尚榘点校：《论语义疏》，第129页。

25 牙彩练：《〈左传〉和〈史记〉中吴王夫差形象的比较》，《渭南师范学院学报》2018年第13期。

26 董铁柱：《论司马迁对伯夷和叔齐的评价》，《中北大学学报（社会科学版）》2013年第1期。

27 关于现代意义上的功利主义，参见陈江进、郭琰：《试析西季威克功利主义的性质及其影响》，《道德与文明》2007年第3期。

28 关于道德主义与主张和平之间的关系，参见颜世安：《试论儒家道德主义的和平理想》，《南京大学学报（哲学·人文科学、社会科学版）》2005年第5期。

29 Anthony Yu, "History, Fiction, and the Reading of Chinese Narrative," in *Chinese Literature: Essays, Articles, Reviews*, (Oct. 1988), pp.1–19.

30 黎靖德编：《朱子语类》第二册，第328页。

31 关于《论语》中"仁"的涵义，参见阮元：《论语论仁论》，《研经室集》（上），中华书局，1993年，第176—194页。

32 关于宋襄公因为对敌人"仁义"而战败之事，参见顾建平：《讲"仁义"的宋襄公》，《文史春秋》2012年第5期。

33 分别参见孙秀昌：《孔子"义利之辨"发微》，《孔子研究》2016年第1期；杨海文：《〈孟子〉首章与儒家义利之辨》，《中国哲学史》2021年第6期；黄玉顺：《义不谋利：作为最高政治伦理——董仲舒与儒家义利之辨的正本清源》，《衡水学院学报》2021年第3期。

34 许建良：《自己本位——儒家道德的枢机》，《人文杂志》2006年第2期。

35 苏舆：《春秋繁露义证》，中华书局，1992年，第446页。

36 关于董仲舒"合"的思想，参见张允起：《"物必有合"：董仲舒政治哲学再探讨》，《衡水学院学报》2016年第2期。

37 闻一多：《说鱼》，载《闻一多中国神话十五讲》，江苏凤凰文艺出版社，2022年，第233—255页。

38 黄金辉：《〈诗经〉中的鱼文化》，《湖北科技学院学报》1993年第3期。

39 周群：《季札：一位作用于吴文化基因的贤士》，《江苏地方志》2021年第1期。

40 独孤及：《吴季子札论》，《毗陵集》卷七，《文渊阁四库全书》第1072册，上海古籍出版社，1987年，第214页。

41 杨国荣：《儒家的经权学说及其内蕴》，《社会科学》1991年第12期。

42 陈淳：《北溪字义》，中华书局，1983年，第52页。

43 程颐、程颢：《二程集》（上），中华书局，1981年，第282页。

44 苏轼：《苏东坡全集》第九卷，北京燕山出版社，2009年，第4763页。

45 关于"平庸之恶"的内涵，参见［美］汉娜·阿伦特著，陈联营译：《反抗"平庸之恶"》，上海人民出版社，2014年。

46 黎汉基：《让国的争议——以〈春秋〉季札叙事为研究分析案例》，《现代哲学》2016年第3期。

47 同上。

48 胡安国：《春秋胡氏传》，浙江古籍出版社，2010年，第381页。

49 黎靖德编：《朱子语类》第二册，第331页。

50 黎汉基：《让国的争议——以〈春秋〉季札叙事为研究分析案例》。

51 吴光：《重塑儒学核心价值观——论"一道五德"》，《纪念孔子诞辰2560周年国际学术研讨会暨国际儒联第四届会员大会论文集》，国际儒学联合会，2009年，第325—328页。

第五章

1 Eric Henry, "The Motif of Recognition in Early China," pp.5-30.

2 黄俊杰：《儒家论述中的历史叙述与普遍则》，《台大历史学报》2000年6月第25期。

3　François Jullien, *Detour and Access: Strategies of Meaning in China and Greece*, New York: Zone Books, 2004, p.375.

4　齐志家：《先秦礼文化的发展与古代服饰的关系》，《武汉科技学院学报》2008年第12期。

5　参见霍存福：《复仇·报复刑·报应说：中国人法律观念的文化解说》，吉林人民出版社，2005年，第二章《经书中的复仇规范——复仇事例所反映的规则化过程》，第29—47页。

6　程苏东：《诗赋异源说与"贤人失志之赋"的建构——以刘歆〈遂初赋〉为中心》，《文艺研究》2022年第2期。

7　关于纵横家，参见熊宪光：《纵横家研究》，重庆出版社，1998年。

8　刘康德：《论东汉魏晋名士的清议和清谈》，《探索与争鸣》1990年第6期。

9　参见董铁柱：《演而优则士——〈世说新语〉三十六计》，中华书局，2022年，第56—69页。

10　Sissela Bok, *Lying: Moral Choice in Public and Private Life*, p.92.

11　David Hume, *An Enquiry Concerning the Principles of Morals*, "Conclusion," in *Hume's Moral and Political Philosophy*, ed. Henry D. Aiken, New York: Macmillan Co., Hafner Press, 1948, p.252.

12　John Rawls, *A Theory of Justice*, MA: Harvard University Press, Belknap Press, 1971, p.133.

13　任现品：《略论儒家文化的感恩意识》，《孔子研究》2005年第1期。

14　Sissela Bok, *Lying: Moral Choice in Public and Private Life*, p.113.

15　潘祥辉：《使于四方：先秦"行人"的媒介属性及传播功能》，《西北师大学报（社会科学版）》2022年第1期。

16　同上。

17　曹胜高：《论先秦天人意识的形成及其演进》，《上海交通大学学报（哲学社会科学版）》2007年第3期。

18　Lucy Huskinson, *Nietzsche and Jung: The Whole Self in the Union of Opposites*, London: Routledge, pp.3–5.

19　王弼：《王弼集校释》（上），第20页。

20　王卡点校：《老子道德经河上公章句》，中华书局，1993年，第30页。

21　Sissela Bok, *Lying: Moral Choice in Public and Private Life*, p.167.

22　Francois Jullien, *Detour and Access*, p.113.

23 王弼:《王弼集校释》(上), 第84页。

24 [德] 威廉·狄尔泰著, 艾彦译:《历史中的意义》, 译林出版社, 2014年, 第99页。

25 刘知幾:《史通通释》, 上海古籍出版社, 2009年, 第220—221页。

26 李景星:《四史评议》, 岳麓书社, 1986年, 第63页。

27 Wai-Yee Li, "The Idea of Authority in the *Shih chi* (Records of the Historian)," in *Harvard Journal of Asiatic Studies*, Vol. 54.2 (Dec. 1994), pp.345–405; and Stephen Durrant, "Truth Claims in *Shiji*," in *Historical Truth, Historical Criticism, and Ideology: Chinese Historiography and Historical Culture from a New Comparative Perspective*, Helwig Schmidt-Glintzer, et al., eds., Leiden Studies in Comparative Historiography 1. Leiden and Boston: Brill, 2005, pp. 93–113.

28 Michael Nylan, "A Problematic Model: The Han 'Orthodox Synthesis,' Then and Now," *Imagining Boundaries: Changing Confucian Doctrines, Texts and Hermeneutics*, pp.17–56.

29 董铁柱:《从"Confucian"到"Ru":论美国汉学界对上古儒家思想研究的新趋势》,《文史哲》2011年第4期。

30 Eliot Turiel, "The Development of Morality," in *Handbook of Child Psychology* (5th ed.), Vol. 3: *Social, Emotional, and Personality Development*, W. Damon (ed.) & N. Eisenberg (vol. ed.), New York: Wiley, 1998, pp.863–932.

31 引自曹林娣:《论〈吴越春秋〉中伍子胥形象塑造》,《中国文学研究》2003年第3期。

32 参见刘翔:《直性与直行——〈论语〉中"直"的哲学思想》, 华东师范大学2010年硕士学位论文。

33 Naomi Standen, *Unbounded Loyalty: Frontier Crossing in Liao China*, Honolulu: University of Hawai'i Press, 2007.

34 Haun Saussy, *The Problem of A Chinese Aesthetic*, pp.91–97.

35 参见程仁君:《〈左传〉中伍子胥的形象——儒家核心思想的诠释》,《文学研究》2017年第4期。

36 Carl Jung, *Aion: Researches into the Phenomenology of the Self*, p.8.

37 郝敬:《建构小说——中国古体小说观念流变》, 中华书局, 2020年, 第

47页。

38 同上，第14页。

38 参见［匈］卢卡奇著，燕宏远、李怀涛译：《小说理论——试从历史哲学论伟大史诗的诸形式》，商务印书馆，2018年。

40 郝敬：《建构小说——中国古体小说观念流变》，第76页。

41 Michael Weston, *Philosophy, Literature and the Human Good*, London and New York: Routledge, 2001, p.104.

第六章

1 徐兴无：《作为匹夫的玄圣素王——谶纬文献中的孔子形象与思想》，《古典文献研究》2008年第1期。

2 徐复观：《两汉思想史》第三卷，第185—265页。

3 马振方：《〈韩诗外传〉之小说考辨》，《北京大学学报（哲学社会科学版）》2007年第3期。

4 关于干宝与《搜神记》，参见张庆民：《干宝及其〈搜神记〉研究》，商务印书馆，2021年。

5 参见郝敬：《建构小说——中国古体小说观念流变》，第67—76、91—111页。

6 梁启超：《要籍解题及其读法》，《饮冰室合集》第9册，专集卷七十二，中华书局，1989年，第18页。

7 参见丁四新、龚建平：《中国哲学通史·秦汉卷》，江苏人民出版社，2021年。

8 杨波：《〈新序〉〈说苑〉与〈韩诗外传〉同题异旨故事比较》，《兰州学刊》2007年第12期。

9 袁行霈：《〈汉书·艺文志〉小说家考辨》，《文史》第7辑，中华书局，1979年，第179—189页。

10 向晋卫：《两汉时期的天人关系》，《南都学坛》2009年第3期。

11 韩星：《董仲舒天人关系的三维向度及其思想定位》，《哲学研究》2015年第9期。

12 丁为祥：《董仲舒天人关系的思想史意义》，《北京大学学报（哲学社会科学版）》2010年第6期。

13 黄开国：《论王充的天人观》，《山西师大学报（社会科学版）》1993年第4期。

14 王弼：《王弼集校释》（上），第110页。

15 同上，第13页。

16 余治平：《董仲舒的祥瑞灾异之说与谶纬流变》，《吉首大学学报（社会科学版）》2003年第2期。

17 《中国现代学术经典·汤用彤卷》，第699页。

18 关于荀粲的相关思想，参见才清华：《荀粲论微言尽意》，《社会科学》2011年第1期。引文则见《世说新语·文学》"傅嘏善言虚胜，荀粲谈尚玄远"一句刘孝标注引《荀粲别传》。

19 陈引驰：《"言意之辨"导向文学的逻辑线索》，《文艺理论研究》1994年第2期。

20 关于魏晋之际的"言意之辨"，参见汤用彤《魏晋玄学论稿》中的《言意之辨》，载《中国现代学术经典·汤用彤卷》，第678—696页。

21 宋锡同：《王弼"得意忘象"解〈易〉方法辨析》，《周易研究》2007年第6期。

22 王弼：《王弼集校释》（下），第609页。

23 同上。

24 汪怀君：《儒家人伦思想的精神意蕴》，《船山学刊》2005年第2期。

25 张岱年：《论五伦与五常——传统伦理的改造与更新》，《传统文化与现代化》1997年第4期。

26 黄怀信：《〈论语〉中的"仁"与孔子仁学的内涵》，《齐鲁学刊》2007年第1期。

27 关于孔子对"仁"的论述，参见冯友兰：《中国哲学史》上，第93—102页。

28 参见方越：《董仲舒"三纲"伦理思想研究》，重庆师范大学2018年硕士学位论文。

29 吕本修：《"三纲五常"思想探析》，《湖南师范大学社会科学学报》2018年第6期。

30 徐复观：《两汉思想史》第二卷，第212页。

31 同上，第356页。

32 Ann Behnke Kinney, *The Art of the Han Essay: Wang Fu's Ch'ien-Fu Lun,*

Phoenix: Arizona State University Center for Asian Studies, 1990.

33 关于"独化论",参见韦政通:《中国思想史》上,第466—469页。

34 同上,第469页。

35 参见徐复观:《中国人性论史·先秦篇》,九州出版社,2014年。

36 参见陆建华:《"中民之性":论董仲舒的人性学说》,《哲学研究》2010年第10期。

37 参见问永宁:《从〈太玄〉看扬雄的人性论思想》,《周易研究》2002年第4期。

38 关于王充的人性论,参见韦政通:《中国思想史》上,第382—383页。

39 徐复观:《两汉思想史》第二卷,第317页。

40 参见董铁柱:《孔子与朽木——中国传统思想的现代诠释》,东方出版中心,2019年,第1—18页。

41 甘祥满:《〈论语义疏〉人性论疏解》,《儒家典籍与思想研究》2010年第1期。

42 (梁)皇侃撰、高尚榘点校:《论语义疏》,第29页。

43 同上,第161页。

44 同上,第307页。

45 同上,第308页。

46 同上。

47 参见董铁柱:《演而优则士——〈世说新语〉三十六计》,第209页。

48 陈秀萍、李万轩:《越名教而任自然——嵇康伦理思想探析》,《社会科学战线》2003年第2期。

49 刘飖娇:《"至理"与"无名"——王弼名教革新思想探析》,《中国哲学史》2022年第3期。

50 关于东汉的名教,参见陈苏镇:《东汉的"义学"与"名教"》,《中国历史博物馆馆刊》1996年2期。

51 过常宝:《"风"义流变考》,《北京师范大学学报(社会科学版)》1998年第2期。

余 论

1 关于《孟子》《庄子》和《韩非子》中的故事,参见张国毅:《〈庄子〉寓言中的对辩研究》,青岛大学2014年硕士学位论文。

2 葛兆光:《什么才是"中国的"思想史?》,《文史哲》2011年第3期。

3 金圣叹:《第五才子书施耐庵水浒传卷之一》"序一",陆林辑校整理:《金圣叹全集》第3册,凤凰出版社,2016年,第11—17页。

4 金圣叹:《第五才子书施耐庵水浒传卷之一》"序三",第19—20页。

5 同上,第21页。

6 同上,第20页。

7 同上,第22页。

8 劳思光:《新编中国哲学史》(一卷),广西师范大学出版社,2005年,第4页。

9 参见梁启超:《明清执教中国思想界及其代表人物》,《饮冰室文集之四十一》,《饮冰室合集》,中华书局,1989年,第31—36页。

10 Michael Hunter, *The Poetics of Early Chinese Thought: How the Shijing Shaped the Chinese Philosophical Tradition*, New York: Columbia University Press, 2021, pp.1–2.

11 Timothy Jobe, *Jean-Paul Sartre's Theory of Literature*, West Kentucky University, Master Thesis, 1973, pp.431–444.

12 Georg Lukacs, *The Historical Novel*, University Of Nebraska Press, 1983。

13 [美]威廉·巴雷特著,段德智译:《非理性的人》,上海译文出版社,2012年,第164页。

14 同上,第179页。

15 同上,第185页。

16 同上,第23页。

17 Michael Weston, *Philosophy, Literature and the Human Good*, p.107.

18 [美]威廉·巴雷特著,段德智译:《非理性的人》,第6页。

19 Richard Rorty, *Contingency, Irony, and Solidarity*, Cambridge: Cambridge University Press, 1989, p.119.

20 Robert Ashmore, *The Transport of Reading: Texts and Understanding in the World of Tao Qian (365–427)*, MA: Harvard University Asia Center, 2010.

21 Michael Hunter, *The Poetics of Early Chinese Thought*, pp.1–12.

22 莫砺锋:《"文以载道"价值重估——以杜甫为例》,《文艺研究》2015年第10期。

23 金圣叹:《第五才子书施耐庵水浒传卷之一》"序三",第22页。

24 参见范文澜：《文心雕龙注》（上），人民文学出版社，2000年，第13页。

25 Michael Hunter, *The Poetics of Early Chinese Thought*, p.10.

26 John Makeham, *Learning to Emulate the Wise: The Genesis of Chinese Philosophy as an Academic Discipline in Twentieth-Century China*, Hong Kong: Chinese University of Hong Kong Press, 2012, p.77, p.93.

27 ［美］普鸣著，杨起予译，唐鹤语校：《作与不作：早期中国对创新与技艺问题的论辩》，生活·读书·新知三联书店，2020年，第10、23页。

28 金圣叹：《第五才子书施耐庵水浒传卷之一》"序三"，第22页。

29 金圣叹：《第五才子书施耐庵水浒传卷之一》"序二"，第18页。

后 记

我是二十年前在伯克利东亚语言文化系读博士的时候，开始思考"说谎"这个话题的。现在回想起来，还是颇有一些戏剧性。

读博第三年第一学期的时候，我照例在选课前去杜兰特楼（Durant Hall）二楼导师王安国（Jeffrey Riegel）的办公室，询问除了他的课之外再选一点别的什么课，结果王老师说他的课我不用上了。我当时吃了一惊，还以为要把我劝退了。他笑着说能教的都教给我了，我从他的课里学不到什么新东西，建议我去修一点英文系和古典系的课程。这是一个让我收获良多的建议。在英文系的课上我读了伊拉斯谟（Erasmus），写了一篇关于八股文和伊拉斯谟思想的比较，后来发表在了《文史哲》上。古典系的课程则给了我更多的回报，我在课上读了不少关于古希腊文化的书，慢慢发现西方学者对《荷马史诗》中《奥德赛》的主角奥德修斯用"说谎"而成功复仇做过深入的研究。对于一个家门口就是越王城遗址的萧山人来说，我马上联想到了对中国文化有着深远影响的越王勾践——他的卧薪尝胆与最终复仇同样充满了"说谎"的色彩。

在第四年（2007年）我通过博士候选人考试后，王师安国从工作了三十多年的伯克利退休去了悉尼大学发挥余热。我有了新导师罗秉恕（Robert Ashmore）。当时罗老师正在撰写他关于陶渊明的专著，他师承宇文所安（Stephen Owen），最是擅长从传统的文学材料中分析哲学思想。我与他商量能否将《吴越春秋》中的"说谎"作为我的博士论文课题。我一向醉心于哲学和文学的融合，硕士论文写的就是庄子的神话与哲学，但是在答辩时被一些老师批评不伦不类——说文学不够文学，说哲学不够哲学，因此选择这样的一个话题，我并没有足够的自信。罗老师是一个尊重学生选择的导师，他觉得尽管西方学者对《吴越春秋》的了解不多，但对于中国文化来说，它具有相当重要的意义，这部出现于汉代的"小说"，同样承载着汉代思想的发展与变化。我担心以"说谎"的视角分析在中国古代的文学和思想研究中找不到先例，他安慰我说只要分析得当，没有参考书目都没有问题。

我必须坦率地承认，博士论文的写作有一些虎头蛇尾。虽然一开始豪情万丈，但是由于种种原因，写作的进程和预先的设想相去甚远。2008年夏，我开始找工作，大部分的精力都花在浏览招聘信息、投递个人简历以及等待与准备面试上，在瘦了十多磅、飞了数千英里后，终于在2009年初等到了南卡一所大学的录用通知。为了能在5月之前毕业，我最后不得不草草收尾，就内容来说，自己是极度不满意的。感谢罗师秉恕、王师安国以及另一位答辩委员会成员古典系的David Cohen教授，他们并没有为难我，让我顺利地在2009年5月28日把有着他们三位签名的博士论文交到了Sproul Hall内的研究生院。

2014年，我开始在北京师范大学—香港浸会大学联合国际学院（UIC）开设关于"说谎"的选修课，希望从哲学的维度让大学生们知道"说谎"就像是一把刀，本身并没有对错，关键在于如何"善良"地使用它。我的初衷很简单：从生活的现实来说，"说谎"是不可避免的道德选择，我们不能一味地否定"说谎"，而是需要思考如何通过"说谎"来最大限度地维护正义——对此中国传统文化有着独特的考量。没想到课程大纲一出来，当时负责通识中心的Y教授就对这门课表示了疑问，认为给大学生开设这样的课程并不合适。此时另一位来自保加利亚的M教授对我的课程进行了辩护，指出这是一门"严肃"的课程，不但能够培养大学生的批判性思维，而且可以让他们从多种视角认识到中国传统文化的价值与意义。这一场激烈的交锋让我更加意识到有必要涤清人们对"说谎"二字的成见。最后这门课终于被批准了，不过采用了一个折衷的名字，叫做"中国传统的交流艺术"。这个名字的出现，是因为在看到Y和M你来我往的邮件后，我说《孙子兵法》中的计谋也是"说谎"的一种形式，于是Y教授说《孙子兵法》的英文常用翻译是 *The Art of War*，要不大家各退一步，你可以讲你的"说谎"，但是在课程名称中也搞一下"艺术"如何？

这些年来，在讲授"交流艺术"的过程中，我一次又一次地重新思考《吴越春秋》中的各个相关问题，在和学生的交流过程中也受益良多，对如何以"说谎"为切入点让大家更好地理解耳熟能详的吴越争霸有了更深的认识。然而，最初我仍没有想要把英文的博士论文改写成中文的念头，每一次再看博士论文都觉得漏洞百出，要做修改又不知从何下手而需推倒重来之感。幸运的是，2016年初春我结识了美国著名汉学家柯文（Paul A. Cohen），成为其最后一部著作的译者，而他的收官之作正与勾践有关。在翻译完他的《与历史对话——二十世纪中国对越王勾践的叙述》后，我开始正式考虑如何彻底改写当年稚嫩的博士论文。柯文对此也非常鼓励。之所以决定写成中文而不是沿用英文，则是由于柯文的观点和当初罗师秉恕的话暗合——勾践对西方人来说是一个相对陌生的名字，而对中国人来说则是家喻户晓的人物，如果能以中文跟读者见面，可以让更多的读者对中国优秀的传统文化产生积极的兴趣，为增加文化自信尽绵薄之力。

2022年初，拙著《演而优则士》由中华书局出版，侥幸赢得了一些反响。中华书局上海聚珍的贾雪飞女史询问我未来的写作计划，我便和她谈到了《吴越春秋》和"说谎"的话题。她热情地鼓励我写成书稿，并由年轻有为的董洪波老师担任责编。对于中华书局上海聚珍在这些年来对我的帮助，我的感激之情实在难以用言语表达。在博士毕业十四年后，这本见证了我多年来心路历程的书终于要和大家见面了，距离2003年我飞赴旧金山攻读博士则已经过去了整整二十年。昔日心高气傲的青年已然二毛，当初的女友也从妻子变成了孩子的母亲，当年送我到浦东机场的父亲业已西去……唯一不变的，是一个研究"说谎"的人，始终对中国文化保持着温情的敬意，对学术与生活保持着真诚的热忱。感谢岁月，感谢生活，感谢所有！

是为记！

董铁柱

2023年中秋于蕭轩